艺术体育
高校学术研究论著丛刊

高等学校学生体育运动问题研究

陈玉璞 著

图书在版编目（CIP）数据

高等学校学生体育运动问题研究 / 陈玉璞著. -- 北京 : 中国书籍出版社, 2022.11

ISBN 978-7-5068-9292-6

Ⅰ. ①高… Ⅱ. ①陈… Ⅲ. ①体育教学 – 教学研究 – 高等学校 Ⅳ. ①G807.4

中国版本图书馆CIP数据核字（2022）第213186号

高等学校学生体育运动问题研究

陈玉璞 著

丛书策划 谭 鹏 武 斌
责任编辑 吴化强
责任印制 孙马飞 马 芝
封面设计 东方美迪
出版发行 中国书籍出版社
地 址 北京市丰台区三路居路97号（邮编：100073）
电 话 （010）52257143（总编室） （010）52257140（发行部）
电子邮箱 eo@chinabp.com.cn
经 销 全国新华书店
印 厂 三河市德贤弘印务有限公司
开 本 710毫米 × 1000毫米 1/16
字 数 293千字
印 张 18.5
版 次 2023年3月第1版
印 次 2023年8月第2次印刷
书 号 ISBN 978-7-5068-9292-6
定 价 80.00元

目　录

第一章　绪论

1. 高校学生体育运动概论

1.1　概念界定

“高校学生”是指在国家认可的高等院校内进行全日制学习的学生，这个群体由专科生、本科生和研究生组成。

1.2　体育运动

体育是通过身体活动使人身心得到健康发展的一种社会活动（石岩，2007）[①]。体育不单单是（身体）活动、是运动，而是集“运动性”和“社会

① 石岩. 体育运动心理问题研究[M]. 北京：北京体育大学出版社，2007：1.

性”于一体的复合体。前者是后者的内核，后者包容着前者；前者是小体育，后者是大体育。运动行为不等同于简单的身体活动，而是个体有意识、有目的、有计划地根据自身和外界条件，主动鉴别、筛选并付诸实施的身体运动行为，从而有效地促进其身体和心理健康发展的活动。体育运动是一种复杂的社会文化现象，以身体活动为基本手段，以增强体质、促进健康及培养人的各种心理品质为目的。因此，把“体育运动”界定为：通过科学的身体活动使个体的身心得到健康发展的行为。

综上所述，把大学生体育运动界定为“在国家认可的高等院校内进行全日制学习的学生通过科学的身体活动使身心得到健康发展的行为”。

高校学生体育运动涉及的内容主要包括大学体育课、体质健康测试、体育竞赛、业余体育锻炼、特殊环境下的体育锻炼、体育考试风险管理等几个方面。这些方面具体又包含哪些内容？需要注意些什么？如何科学、有效地使大学生的身心得到健康的发展和安全的保障，使其顺利地修完学业，乃至获得或形成终身体育锻炼的习惯，是本书在随后的章节中将逐一展开论述的重点。

2. 高校体育的内容

2.1 大学体育课

大学体育课是在大学教学中对学生进行身体教育的一门课程。

2.1.1 课程设置原则

2002年，教育部重新编订发布了《全国普通高等学校体育课程教学指导纲要》，其编订的原则是：从增强体质出发，与《国家体育锻炼标准》相结合；要符合学生的认识和生长发育的规律；根据实际情况和今后发展的需要，注意训练现代的运动技术。根据高等学校普通体育课的基本任务，大纲分为基本教材和选用教材，并规定在一、二年级必须开设体育课，如学校条件允许，高年级也可开设体育课，前两学年共授课144学时。

2.1.2　课程特点介绍

大学体育课程有其独特的特点。与中小学体育课统一由国家设置教学大纲相比，大学体育课没有统一教学大纲，各院校根据自己的实际师资情况，灵活安排，自行设定课程项目，自主决定体育教材和参考书。而且，每次课的授课时间明显长于中小学的体育课，这样更有利于学生充分学习和锻炼，使学生的体育锻炼向更高的水平发展。

高校体育课为必修课，一般以自主选课、男女分班的形式进行组织教学。大学体育是必修课程，占有一定的学分，要求身体健康的学生必须参加学习。要求大一、大二必须开设体育课，每周一次，一般要求每学期修满32学时，且完成和通过规定的考试考核才能获得相应的学分，任何人不得挤占和剥夺学生上体育课的权力。大三开设体育选修课，原则上要求学生必须得参加选修并获得学分绩点。

2.1.3　课程设置形式

我国高等学校的体育课为必修课，一般包括以下3种形式。

（1）专项体育课

体育选项课教学是学校根据本校的具体情况开设一定数量的体育项目。专项体育课是为身体素质较好、已达到《国家体育锻炼标准》、并对某项运动有一定基础的大学生开设的。学生从自己的兴趣、爱好 、特长、个人需要出发选择适合自己学习的体育项目，通过教师组织教学，使学生较系统地掌握该项目的基本知识、技术、技能，养成独立锻炼的习惯，掌握科学锻炼身体方法，使学生身心健康得到和谐发展，为终身体育打下基础。其教学组织形式是教师把选择相同体育项目的学生集中起来，以“项目班”的形式来组织教学。使他们在全面锻炼身体的基础上，进行某一专项的学习和提高，以便更好地增强他们的体质，提高他们的运动成绩。现在高校实行体育选项课制度，一般会根据各校自己的师资力量和体育场馆设施及学生群体和专业的特点，开始不同种类的体育选项课程。

（2）保健体育课

体育保健课，有的也称舒缓课，是为了那些患有某些伤病而不能参加正常体育选项课学习的大学生开设的。这项课程主要是通过适当的体育活动，如健身气功、太极拳、体育保健理论知识等，改善他们的健康状况。上课时间、学生分组、教学内容与方法等，都要根据学生身体健康检查的资料和实际情况灵活安排，并经常与医务部门密切配合，随时分析学生健康情况的变化，采取相应措施。

（3）课外体育活动

关于我国高等学校的课外体育活动，教育部颁布的《高等学校体育工作暂行规定》（试行草案）以及《学校体育工作条例》（中华人民共和国国家教育委员会令第8号，1990）中规定：“学生要坚持每天做好早操和课间操，每周参加两课时以上的课外体育活动（列入课表）。未开体育课的三年级以上学生，要自愿组成锻炼小组或运动队，有计划地进行体育锻炼。各年级学生都要保证平均每天1小时以上的体育锻炼时间。”锻炼小组是以参加《国家体育锻炼标准》规定的项目锻炼为主，同时根据个人的兴趣和爱好，参加某些专项的体育锻炼。

2.1.4 高校体育课的内容

根据高校体育课程设置的形式，课程的内容一般设有网球、羽毛球、乒乓球、健美操、踏板操、啦啦操、排舞、体育舞蹈、健美、毽球、花样跳绳、健身气功、排球、篮球、足球、橄榄球、棒垒球、游泳、身体功能锻炼、体适能课、越野行走、武术、瑜伽、定向越野等。

高校体育选项课内容丰富多彩，所设计的教学内容难度并不高，主要是引导和教会学生掌握基本的体育锻炼方法和知识，为其终身体育奠定一定的基础。因此，学生只要保证出勤率，在课上按照教师的要求积极学习，基本上就能够顺利通过。

2.2　大学生体质健康测试

国家规定每年都要对大学四个年级的学生进行一次国家学生体质健康测试，主要是检测大学生的身体生长发育和健康状况，以督促其进行体育锻炼。测试的成绩达不到50分者按结业或肄业处理。测试的项目指标包括身高、体重、肺活量、50米跑、坐位体前屈，立定跳远、引体向上（男）、1分钟仰卧起坐（女）、1000米跑（男）、800米跑（女）。

2.3　高校学生体育竞赛

2.3.1　校运会

根据《学校体育工作条例》规定，高校每年在一个固定的时间要开展一次全校性的综合运动会，用来促进和检验学生的体育锻炼情况和丰富校园文化生活。校运会的综合性特征导致其规模、层次以及参赛人数和社会关注力都比较大，赛事的准备时间较长而且充分。校运会包括的主要活动有开幕式（入场仪式、升旗仪式、大型团体节目表演）、田径运动竞赛、趣味体育竞赛、闭幕式（颁奖仪式）等。

（1）入场仪式

入场仪式一般依次包括国旗队、校旗队、鼓乐队、花束队、彩旗队、裁判队、教职工代表队、各院系代表队等。各代表队排成整齐的方队，伴随着运动员进行曲有序入场。入场仪式主要是为了呈现各院系的风貌特点，力求各团体服饰鲜明、整洁化一，广播稿简明且重点突出，给人留下难忘的印象。

（2）升旗仪式

升旗仪式是所有大型运动会必不可少的组成部分，是对全体公民进行爱国主义教育的重要内容。当进行升旗仪式时，所有人员都要求起立面对国旗方向行注目礼。

（3）大型团体节目表演

大型团体节目表演是学校各级各类艺体代表队展示的绝佳时机，一般包括各种舞蹈、体操、武术操、专业特色展示等。表演时或以动作优美、或以整齐划一、或以苍劲有力的个人和团队表现，辅之以音响、服饰、器材等进行展示形体美、力量美、团队合作的默契程度，给观众强烈的视觉冲击和艺术感染，给人留下难忘的印象。

（4）田径运动竞赛

田径运动竞赛是校运会的重头戏，以奥运精神的“更高、更快、更强”为指导理念，竞赛内容一般以田径运动中的跑、跳、投项目为主。一般以设立100米、200米、400米、800米、1500米、3000米、5000米、跳高、跳远、三级跳远、铅球、4×100米接力、4×400米接力等安全、常见、便于开展的项目为主。

（5）趣味体育竞赛

在校运会的中后阶段，为了活跃气氛，调动全员参与的积极性，一般会设立一些便于全员师生参加的集体趣味竞赛项目，这些项目包括拔河赛、各种趣味接力赛、集体跳大绳赛等，以娱乐为主，也适当锻炼了体能。

（6）颁奖仪式

运动会的颁奖一般会由礼仪队负责，负责颁奖的是学院各个部门的主要领导。单项一般在此项目完赛后就及时颁发奖牌、奖品，团体奖一般是在运动会闭幕式时集中颁发，已确定最终胜出的队伍，以示隆重。

2.3.2 单项体育竞赛及体育代表队竞赛

高校单项体育竞赛主要包括大球类比赛（足球、篮球、排球）、小球类比赛（羽毛球、乒乓球、网球、棒垒球）、操舞类比赛（健美操、啦啦操、排舞、体育舞蹈、瑜伽）、民族传统项目比赛（武术套路、器械、太极拳、太极柔力球、健身气功）、新兴体育项目比赛（毽球、跳绳、越野行走、定向越野、英式橄榄球、飞盘、卡巴迪）等。级别分为国际级、国家级、省市级、校级、院系级等。

上述不同项目和级别的体育代表队分别由不同的部门负责组织训练和参加比赛，参加这些代表队一般都会获得相应的学分绩点，如果参赛获奖，还可以作为评优和评奖学金的加分参考依据。更主要的是可以获得某个运动项目的悉心专业指导和帮助，更能够拓展朋友圈、结识更多志趣相投的朋友，借参赛机会，走出校园，熟悉社会，了解不同地区的风土人情，丰富自己的人生阅历，锻炼自己多方面的为人处世、统筹规划时间和抗压能力。

2.4　高校学生课外体育锻炼

2.4.1　业余体育锻炼

大学生的业余体育锻炼，除了在大一期间会有院系统一组织的早操外，主要靠学生合理安排自己的业余时间，自觉参加体育锻炼，没有统一的强制性要求。学生一般会参加一些体育社团或进行一些田径、大小球类的锻炼活动，具有自发性、随意性，且不容易取得显著的效果和长久地坚持下去的特点。

2.4.2　健身房健身

随着我国经济的飞速发展，人们生活水平的不断提高，大家的健身意识已经越来越强。近年来，国内各种规模的健身房广泛建立，使健身房健身得以迅速推广。从以往的有氧健身操、肌肉健美项目，派生出一些新的健身项目，如街舞、踏板操、拉丁健美操、爵士健美操、瑜伽、普拉提等。这些新的健身项目不仅给大众带来了健康的体魄，而且成为一种不同年龄段的人们共同追求的时尚，健身房健身更是赢得了喜欢追赶时尚的大学生们的青睐。据统计，我国平均100多万人才拥有一家健身房，受众的比例远远不足，存在着巨大的商机。

2.5 特殊环境下的体育锻炼

地球环境恶化，影响人类的健康问题日益加剧，在疫情（新冠疫情、禽流感、流感）、地球严重污染（海洋及淡水资源污染、雾霾、沙尘暴、台风、洪水、干旱、极寒极热等）导致或诱发癌症、哮喘、心脏病等疾病日益增多的情况下，世界卫生组织紧急呼吁全世界人们加快行动，维护和保护卫生与健康（附件1，第12页）。

为了完成学业、强身健体、磨炼顽强的意志力，更好地生活和工作，有些时候大学生们需要在特殊的外界环境下进行体育锻炼。在这样的环境下怎么练、练什么、怎样保证安全，是必须要考虑的问题。

3. 高校学生体育运动研究的意义

3.1 大学体育的功能

体育是从我们上学开始就开设的学科，小到幼儿园大到大学。教育部门十分重视学生的身体素质教育，对于学生来说，比起好的学习成绩，有个健康的身体和心灵更重要。体育锻炼代表一个人的体能好坏，大学期间比较懒散、缺乏自律，使体育课成为大学生唯一正式的锻炼时间。其意义如下所述。

3.1.1　促进健康

在大学期间，没有老师和父母的管制和督促，大家会放飞自我，除了上课就是熬夜，起床很晚，作息很不规律。如果作息不规律就会特别影响身体健康，会消耗身体元气。长此以往，身体健康就会大打折扣。所以，学校开设体育课就是为了让大家身体更健康，有个好身体才能放手去做更多的事情。健康永远是第一位的。

3.1.2　磨练意志力

经常参加体育锻炼的人，他的内心是非常强大的，遇到问题是不会轻易放弃的，也能更好地控制自己的情绪。体育锻炼基本特点是强度大、时间长，当你规定了自己今天要完成什么样的目标，如果你做到了会增加你的自信心，对你以后的人生成长很有帮助。我们看似是在体育锻炼，其实是在丰富强大自己的内心世界。

3.1.3　改善心理问题

经常参加体育锻炼，会让心理变得更加健康。每个人都会有烦恼，特别是步入大学以后，除了有学习上的压力，有些同学可能也会遭受失恋的痛苦或者同学的排挤，这就很容易诱发学生的心理问题。研究表明，参加体育运动可以刺激我们的大脑产生一种分泌物——多巴胺，这种分泌物具备有效缓解压力和不快的作用。大家在体育运动中可以放松一下，释放出自己的情绪，这样就可以让自己的心理恢复正常的水平。如果烦躁了或者不开心了，体育运动无疑就是最好的寄托方式。

总而言之，大学体育的作用不容小觑，希望大家都能爱上体育运动，让自己身心都能健康成长。

3.2 研究的意义

3.2.1 有利于教师教学

在实际教学中，每一位体育教师，尤其是刚刚就职的年轻教师，曾经都遇到过不同的体育教学管理问题，他们对此感到焦虑、困惑、茫然无助。大学体育课具有人际交流频繁、互动作用激烈、个性暴露充分、行为表现明显等特征。由于内外多种因素的交叉诱发，决定了体育课堂的问题发生率较高。体育课堂教学管理问题的研究对于顺利完成大学体育课教学具有极其重要的意义。

3.2.2 有利于学生发展

刚入学的大学生一般会存在以下问题：新环境文化的冲击、对学业人生发展迷茫、缺乏自我管理能力、学习自觉性不强、生活习惯差异、不会利用学校资源、心理压抑、人际交往困难、缺乏自我约束力、盲目地参加各种活动等。对体育教学的研究有利于帮助学生克服这些问题，促进学生发展。

3.2.3 有利于学生学习

与大学以前的体育课程比较，中小学的体育课有统一的教学大纲，严格按照大纲进行体育课的教学时间安排和教学内容安排。大学体育则没有统一的教学大纲限制，课程内容的设置由各高校自行设定，一般是根据高校自身的师资力量和场馆器材状况，开设一定数目的体育选项课，并在每学期伊始由学生根据自己的兴趣爱好及身体状况，通过教务系统管理软件自行选课。由于没有任何操作经验，致使许多大学生盲目选课、被动选课，造成不感兴趣、完不成所选体育课的学习等一系列的问题发生，导致白白浪费了大好的时光，最终却一无所获。体育课选课问题的研究可以帮助大学生们了解大学体育课的选课学习等一系列问题。

3.2.4 有利于锻炼指导

由于中小学的学习任务繁重，与国外学业竞争压力不大的一些国家相比，在中国很少有孩子像他们那样每天有大量的业余时间进行体育兴趣的培养和参加体育锻炼。因此，中国的大学生在上了大学以后，才开始考虑和培养自己的体育爱好和健身意识，突然面对丰富多彩的体育健身项目，感觉一片茫然，不知所措，不知道该如何选择，更不懂得如何进行科学系统的锻炼，急需专业指导。

3.2.5 有利于科学健身

许多大学生都是第一次离开父母的呵护，独自开始尝试学习和生活。单从体育锻炼方面来讲，以前都是由学校统一规定和安排好了，或由父母擅自决定进行某个运动项目的体育锻炼。现在要完全由自己做决定，缺少方向上的指引和方法上的指导，导致许多大学生的体育锻炼不知道该从何处下手，如何由浅入深、科学系统地建立起自己的体育锻炼兴趣，并深入地进行下去。因此，大学生在体育锻炼内容的选择、运动处方的制定、科学方法的指导、安全健身注意事项等方面都需要系统、科学、有效的指导。

3.2.6 有利于体质测试

国家学生体质健康达标测试一直没有得到大学生们的高度重视。导致的原因首先是学校相关部门的宣传力度不够，没有让学生一入学就意识到其重要性。这关乎大学生们将来能否顺利毕业，更重要的这是一个督促他们自觉参加体育锻炼的“紧箍咒”。如何让这个“紧箍咒”在大学生参加体育锻炼方面发挥应有的作用，也是我们应该考虑的问题之一。

3.2.7 有利于学校管理

随着对大学生体育锻炼兴趣的激发，体育锻炼爱好的树立、体育锻炼的投入，便又会涉及体育锻炼更深层次的问题。它们包括大学体育课的教学管理问题、体育选项课存在的问题及应对、高校学生参赛体育锻炼问题（校动会、球类竞赛）、大学生健身房健身风险防范问题、高校学生特殊环境下（疫情、恶劣的气候条件等）体育锻炼问题、高校学生体育考试风险管理问题等。这些方面的研究，可以为大学生们的体育锻炼献言献策，保驾护航，让象牙塔的学子们在参加体育运动的活动中走得更稳妥、更安全，为其终身体育打下坚实的基础。

附件1

2022年世界卫生日：保护我们的地球，就是保护我们的健康

（来自澎湃新闻）

4月7日是世界卫生日，今年的主题是“我们的地球，我们的健康”。在疫情、地球严重污染以及癌症、哮喘、心脏病等疾病日益增多的情况下，世界卫生组织紧急呼吁全世界人们加快行动，维护和保护卫生与健康，缓解气候危机。

图1–1　2022年3月30日，英国威尔士，瓦莱罗（Valero）位于彭布罗克郡（Pembrokeshire）的炼油厂

当今世界，99%的人口呼吸着主要由燃烧化石燃料造成的不健康空气。全球变暖使蚊子传播疾病的速度比以往任何时候都快。极端天气事件、生物多样性丧失、土地退化和水资源短缺正在使人们流离失所，并影响他们的健康。从最深的海底、最高的山脉到我们的食物链和血液循环系统，我们都发现了污染和塑料的存在。生产高度加工的不健康食品和饮料的系统正在推动肥胖浪潮，增加癌症和心脏病发病率，同时产生高达全球三分之一的温室气体排放。

图1-2 2020年6月12日，加纳首都阿克拉，拾荒者涉水穿过被垃圾覆盖的潟湖，寻找可以出售的塑料

降雨过后，倾倒在城市水道的塑料垃圾都被冲入潟湖。世卫组织分析疾病暴发原因发现，在过去二十年中，水传播疾病占与气候相关的突发卫生事件的 40%。在非洲，腹泻病是 5 岁以下儿童患病和死亡的第三大原因。这些死亡中有很大一部分是可以通过安全饮用水、适当的环境卫生和个人卫生来预防的。

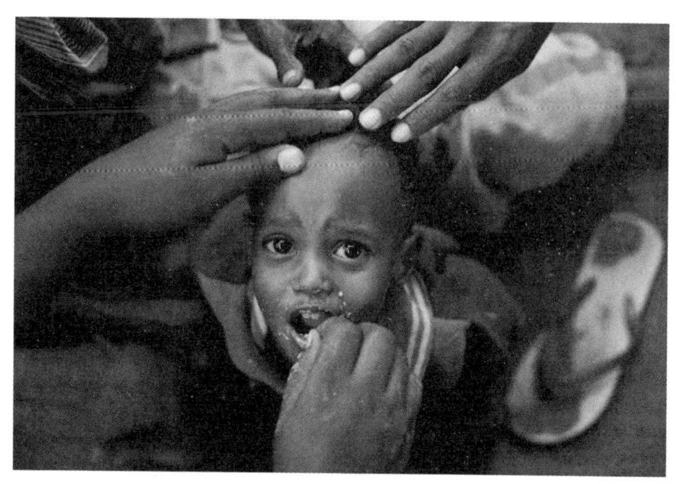

图1–3　一名肯尼亚儿童在非洲救助儿童站点时接受治疗

当地妇女每周带着孩子到站点领取食物和药品，大部分儿童因营养不良而患有各种疾病。降雨不足、根深蒂固的贫困以及受灾地区缺乏投资，已促使数百万人在非洲为生存而战。非洲还在努力应对与气候冲击相关的其他重大健康影响，包括由于恶劣天气对农业生产造成的影响而引发的营养不良和饥饿、儿童的长期生长发育挑战，以及疟疾等其他传染病。

图1–4　2021年10月24日，肯尼亚，牧民Yusuf Abdullahi走过他的死于干旱的40头羊的尸体

根据总部位于荷兰的“全球（气候变化）适应中心”（Global Centre on Adaptation）的一份报告，在非洲，气候变化可能会扩大疟疾高风险区的范围。尽管在非洲疟疾导致死亡人数已从 2000 年的 84万人下降到 2020 年的 60.2万人，但这一疾病仍然是非洲大陆的一个主要健康挑战。气候变化自 2010 年以来，自然灾害也急剧增加，70% 的自然灾害发生在 2017 年至 2021 年之间。洪水是最常见的事件，占所有报告的自然灾害的 33%。

图1–5　2022年1月15日，日本气象卫星“海马8号”拍摄的卫星图像显示，汤加海底火山喷发

以西太平洋为例，世界卫生组织7日在此间发布的数据显示，西太平洋地区每年有350万人因环境问题而死亡。干旱、台风、洪水、山火等极端天气引发的灾害危及民众生命安全，使用化石燃料导致的温室气体排放和空气污染也对民众健康构成威胁。

图1-6　2022年2月27日，澳大利亚阳光海岸的一座农舍被洪水包围

昆士兰东南部的部分地区正在经历十多年来最严重的洪水。在西太平洋地区，太平洋岛国承受的气候变化负担最重。海平面上升和越发频繁的热带风暴导致这些岛国及相关区域饮用水短缺、沙滩和岛礁退化。另外，登革热和疟疾等传染性疾病也使当地医疗系统面临挑战。

图1-7　2018年8月15日，图瓦卢富纳富提，从空中俯瞰被狭窄陆地分割的海洋（左）和潟湖

太平洋岛国图瓦卢的居民正在日常生活中越来越明显感受到气候变化所带来的影响。自1993年以来，海平面每年上升5毫米，远高于全球平均水平。健康和绿色复苏宣言世卫组织呼吁各国政府在所有关键决策中优先考虑人类福祉，停止新的化石燃料勘探和补贴，对污染者征税并实施世卫组织空气质量指南。

2019年冠状病毒大流行突出了全世界各地不平等的断层线，表明创建可持续福祉社会的紧迫性。可持续福祉社会不会突破生态界限，确保所有人都能获得拯救生命和增强生命的工具、系统、政策和环境。

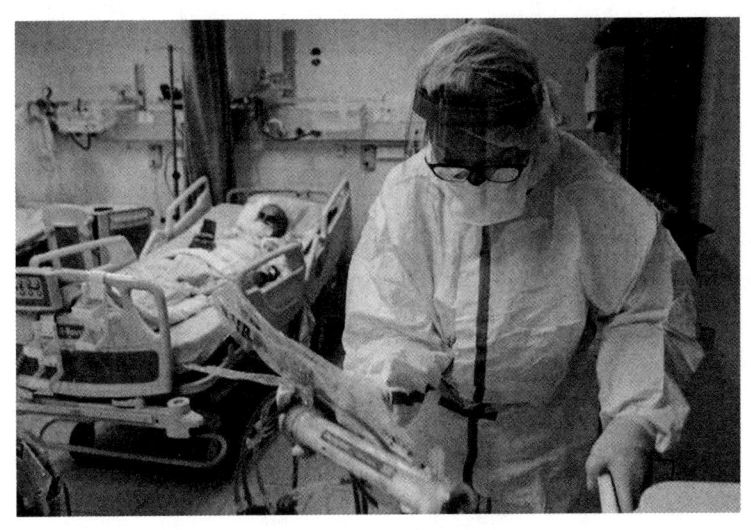

图1-8　2022年2月22日，以色列阿什克伦，医务人员正在巴兹莱医疗中心照料新冠患者

世卫组织发布新冠肺炎每周流行病学报告。报告指出，2月14日至2月20日期间，全球新冠肺炎新增确诊病例超过1200万例，较前一周减少21%，新增死亡病例同样呈现下降趋势，降幅为8%。世卫组织确保在疫情中健康和绿色复苏的宣言指出，保护自然是人类健康的源泉；应投资于发展基本服务，包括供水和环卫设施以及医疗卫生保健设施使用清洁能源；确保迅速、健康的能源转型；促进健康、可持续的粮食系统；建设健康宜居的城市。

第二章　高校学生体育教学管理问题研究

1. 大学体育课教学管理

国内外许多学者对教学管理都进行过系统的研究，具体见表1-1[①②③]。

表1-1　国内外学者对教学管理的认识

学者	观点
古德（C. V. Good，1973）	教学管理是为了实现教育目标而处理和指导课堂活动所涉及的问题，如课堂纪律、民主方式、教学质量、环境布置及学生社会关系等

① 孙汉超，秦椿林. 体育管理学教程[M]. 北京：人民体育出版社，1996：289-290.

② 胡胜，戴明. 循环在体育教学管理中的应用[J]. 沈阳体育学院学报，2002，(4)：58.

③ 陈俊青. 简析体育教学管理及其改革[J]. 教学与管理，2011，6(20)：157.

续表

学者	观点
薛夫雷兹（Shafritz，1987）	教学管理是教师运用组织和程序，把课堂建设成为一个有效学习环境的一种先期活动和策略
孙汉超，秦椿林（1996）	体育教学管理是按照体育教学规律的特点，对体育教学工作进行的计划、组织、控制、监督的过程
胡胜（2002）	体育教学管理是制订和实施体育教学工作计划，对体育教学过程的管理
陈俊青（2011）	体育教学管理实际上是体育组织中的管理，它通过实施计划、组织、协调、控制等方式协调他人活动，并发挥各种资源的作用，从而实现预定目标

综上所述，大学体育教学管理研究包括广义和狭义两个方面。广义的研究涵盖了体育教学管理工作的方方面面，它包括教学计划管理、教学运行管理、教学质量管理、教学秩序管理、教学建设管理、教学档案管理等[①]。而本书是针对大学体育教学管理工作狭义的研究，即大学体育课教学管理的研究，把大学体育课教学管理界定为：在大学体育课教学过程中，教师根据教学目标或任务要求，按照体育教学规律的特点，对体育课进行的计划、组织、控制、监督的过程。

① 陈鑫林. 高校体育教学管理初探[J]. 中国科技信息，2007，（24）：236–237.

2. 体育课教学管理的特殊性及重要性

2.1　体育课教学管理的特殊性

体育课教学管理和其他学科的教学管理比较起来有自己的特殊性。

首先，与其他学科比较，体育课多以室外课为主，学生的活动空间较大，学生是以动态的形式在学习。这就对体育教师的教学管理提出了非常大的挑战，而其他学科在这些方面存在的管理问题就较少。

其次，一堂体育课教学的三个部分（即准备部分、基本部分、结束部分）是紧密相连的，这样的教学安排遵循了动作形成规律、人体机能适应性的规律和人体生理机能活动能力变化的规律，缺少了哪个部分都可能造成运动伤害和无法继续学习的后果，这就要求体育教师的教学管理不可忽视教学的任何一个环节，否则就会为教学事故的发生埋下危险的伏笔。而其他学科的教学即使缺少了某个学习环节，也不会对其安全学习造成严重的影响。

最后，在体育课上，学生不论是自己学习技能，还是与他人练习或比赛，大脑和肢体都处于非常活跃的状态，学生情绪变化幅度较大，突发事故率远远大于其他学科的教学，体育教师不仅是传授学生的运动技能知识，完成教学任务，还要注意运动状态，善于洞察学生的内心变化，及时疏导，担当着监护人的作用。

2.2　体育课教学管理的重要性

在教育教学中，教学的管理工作是完成教学任务的保障。以课堂教学来分析，搞好课堂教学管理工作，可以产生以下几种积极作用：（1）有利于建立稳定的教学秩序；（2）有利于调动教师教学的积极性；（3）有利于提高学生自我教育的主体意识。[①]以上几点是所有学科教学管理的共性，实际上，体育课教学管理还有其自身的重要性。

首先，好的教学管理可以确保教学的安全性。体育课堂组织纪律杂乱无章，学生做运动时乱跑、乱跳、乱投，很容易引发意外伤害事故，这些血的教训已经不止一次向我们敲响了警钟。

其次，好的教学管理可以省时省力。在体育课教学中，快、静、齐的队列队形，不但令人赏心悦目，训练有素的队列队形的组织调动，更可以为教学组织管理带来方便。

最后，好的教学管理可以保证体育教学质量。良好的教学管理，可以保障每个学生的练习密度，便于检查和督促每个学生体育运动的学习和掌握情况，可以有效地防止投机取巧等不良思想的滋生蔓延。

3. 大学体育课教学管理存在问题分析

大学体育课教学中存在的问题可以从以下四个层面进行剖析（图2-1）。

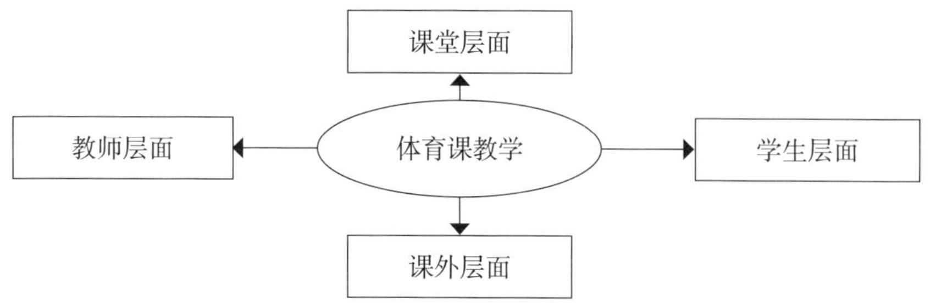

图2-1　大学体育教学管理各层面存在问题剖析

① 李秉德. 教学论[M]. 北京:人民教育出版社,2001.

3.1　课堂层面

大学体育课教学管理中存在诸多问题，具体表现为：旷课、迟到、早退、替其他同学答“到”、撒谎请“病事假”、说脏话、吸烟、打架等恶劣违纪事件在体育课上时有发生；学生上体育课的着装过于紧、露、透，不穿运动服，上体育课携带贵重物品，如笔记本电脑、手机、饰品、尖锐物品等，会影响体育教学正常开展，甚至会发生丢失和伤害事故；教师在进行示范讲解时学生不看不听；谈论与学习无关的内容；不完成教师所布置的任务或偷工减料；练习时懒洋洋，甚至不听从教师的命令我行我素；还有的学生故意扰乱课堂秩序，严重影响教师的教学和其他同学的学习。这种现象在教学中或多或少地存在，它影响到课堂的教学组织和教学目标的完成，负面作用是比较严重的。

3.2　课外层面

学生没有形成良好的生活习惯，上网熬夜、睡懒觉，导致患有一些急慢性疾病（如贫血、低血糖、高血压、脊柱病变、关节炎等），没有形成自己的体育爱好和专长；学校的课外业余生活过于单调，很少组织开展各种调动学生兴趣的体育竞赛活动；体育教师由于各种原因不愿意组织、辅导、训练及裁判工作；学校的社团活动开展得不够，学生会体育部没有发挥充分的作用；学校对开展体育竞赛方面支持力度不够，怕发生事故承担责任，未给予经费支持和开放场地……诸多不利因素的存在，在一定程度上扼杀了学生参加体育运动的热情。学生体育爱好和运动水平的培养，主要靠日常的积累，如果缺少平时的积淀，存在的问题势必会在体育课堂上暴露无遗。

3.3 教师层面

教师在大学体育课教学管理中存在的问题是占主导位置的。许多问题的产生和处理不当，是造成体育课堂问题增多和顽固不化的主要原因。具体主要有以下几个方面的因素①。

3.3.1 人格魅力因素

体育老师处理问题往往过于简单粗暴、刚性化，不善于循循善诱。不了解大学生的心理状态，不会洞察学生的内心世界，如对学生管理过紧过松，处理突发事件缺乏艺术性，甚至拿挂科来威胁学生。对待学生没有做到一视同仁，只关心和偏袒自己喜爱的学生，对自己不赏识的学生则置之不理。久而久之，学生会产生抵触情绪，教师威信则大打折扣，也会影响到学生学习的积极性。

3.3.2 教学能力因素

由于近年来大学的体育教学质量下降，有些教师的自身教学能力较差，没有示范和教育能力，不敢在上课时做示范动作，更不用谈做出漂亮的示范动作，甚至没有学生做的示范规范。这样就很难在教学中树立起自己的威信，使学生信服。

3.3.3 以身作则因素

教师应当以身作则。要求学生做到的自己却不按规定执行的现象，经常

① 李小唐. 甘肃省普通高校体育教学管理工作现状调查分析与对策研究[J]. 中国校外教育，2009，(5)：142-144.

在大学体育课堂中发生，如教师迟到早退、着装随便、吸烟、随地吐痰、谈吐不雅、扎堆聊天、接打电话、随意安排或取消体育课等不应该的行为时有发生，这无异于搬起石头砸自己的脚。

3.3.4 教学内容因素

对教学内容钻研不够，只是对规定的教学内容做简单的示范性传授，没有开动脑筋，鲜见采用各种角度和方法组织学生学习，导致学生对其授课不感兴趣，如耐久跑比较枯燥乏味痛苦，多数同学对此惧怕；行进间投篮技术每次课都是单调的往返重复练习，缺少花样变化的组织，久而久之，学生就会丧失学习兴趣；体操项目对于肥胖者来说较难完成动作也不考虑采用其他合理方法应对，都势必会影响学生学习的积极性。

3.3.5 组织方法因素

有些体育教师上课根本不备课，这就更难谈到组织方法科学了。教学组织方法要遵循科学的教学原则，教法安排、教学步骤要妥当，应由易到难，否则会让学生产生畏难心理，从而进一步产生消极行为，影响教学任务的完成，如篮球行进间投篮教学，一开始就让学生练习完整连贯的上篮动作，学生很难掌握，一旦失去学习信心，将事倍功半，效果甚微。另外，场地布置较单调，缺乏新意、新鲜感，器械体操项目的安全保护措施不完善，都会影响到学生的练习积极性和安全性。

3.3.6 考核评价因素

体育教师在学生期末考试时存在着走形式、敷衍了事的态度。觉得体育课不受重视，又害怕得罪学生，而且学生将来补考比较麻烦，学校最终会让学生顺利通过等原因，就放宽了对学生的考核。这势必会给学生留下即使不好好上课，最后也能考及格的印象。这也是造成体育课不好管理的一个主要因素[①]。

3.4 学生层面

高校大规模扩招造成生源质量下降，其中也包括学生的身体素质相对下降。还有的学生学习目的性不明确，态度不端正，认为上体育课只是玩玩而已，混到学分就算达到目的，以致产生我行我素的行为；学生娇生惯养，参加体育活动怕脏、怕累、怕苦、意志品质差；个别学生的行为习惯差；体育课中学生注意力不能集中，吵闹、打斗现象时有发生。有的学生天生就活泼好动，有的则不然；男女生的性别差异也较明显，特别是随着年龄的增长，女生的活动能力较以前大大下降，产生这种情况的原因是受家庭、社会等不良因素的长期干扰造成的。

4. 大学体育课教学管理问题的应对策略

4.1 课堂层面的应对策略

4.1.1 建立严格的课堂常规纪律

每学期伊始，教师应向学生明确教学常规要求，平时教学中要不折不扣

① 仲云才. 普通高校体育教学管理工作探析[J]. 上海体育学院学报，2001，25（5）：176–178.

地执行，采用平时成绩考核法是比较理想的办法，因为这会影响到学生的评优和获得奖学金。尤其是对一年级新生要狠抓这一环节，课中加强实施力度，会达到立竿见影的效果。上体育课时要求学生穿上整齐的运动服装，鲜艳的服色、整齐的队伍对提高学生活动的兴奋性起到一定催化作用，对抑制学生消极行为的产生会有良好效果。身上不准携带任何物品上体育课，对学生陈述清楚利害关系，明确告知是为他们着想，一般学生都会理解并不会再犯同样的错误。

4.1.2　正确处理各种消极行为

对于学生的消极行为，教师一方面要利用非语言信息来制止学生的不良行为倾向。它包括目光、手势、身体靠近等方式，如个别学生注意力不集中，甚至吵闹喧哗，教师可突然停止讲课，让学生自然意识到自己行为的过失，或者目光注视也会起到一定作用，也可向其提问一个问题，都会起到良好的效果。如果发现问题后简单地口头批评，会伤害学生自尊心，激化不良行为，久而久之，会对老师产生厌恶、反感情绪。另一方面，教师也可利用语言信息来纠正学生的消极行为，有时候发现学生中有不良的行为倾向，应及时用简单的语言提示，这样有助于将学生的注意力拉回到学习上来。但提示也得讲艺术，不能针对某个人，否则会损伤学生的自尊心，教师也可在发现学生的不良行为倾向后，采用表扬等与不良行为相反的行为来达到其目的。对于个别不求上进的学生，教师可以在课后将其单独留下来谈心交流，争取其悔改。

4.1.3　善于利用奖励，慎用“惩罚”

奖励积极性的行为是一种比较有效的方法，有时一句简单的赞许，可以很好地树立起学生的自信心和提高学生的练习积极性。例如，练习时采用“好极了”“了不起”“不错”“某同学做得真好”等肯定的语气或给予微笑，或评定一个好的分数，都将起到一个很好的作用。由于体育课的特殊性，有时也可采用“惩罚”，但“惩罚”要慎用，不能滥用，否则教师会伤害学生的自尊心，使学生产生抵触情绪，从而事与愿违。

4.2 课外层面的应对策略

4.2.1 养成良好习惯

学生的不良生活习惯不是一朝一夕养成的，改正起来也有一定难度，这就需要体育教师和辅导员协同来规范学生的作息习惯。可以制定相关的公寓管理制度、出操制度等加以约束和督促，使学生改掉熬夜上网等不良习惯，并积极帮助学生培养一两项体育爱好，从而使其养成正常的生活规律。

4.2.2 开展课外活动

学校领导可以责成体育部和学生会等部门定期开展丰富多彩的体育竞赛活动，如篮球、足球、排球、乒乓球、羽毛球、网球、健美操、交谊舞、跳绳、拔河、踢毽子等学生喜闻乐见且易于开展的体育竞赛活动或群体趣味活动，使得每个人都易于参加进来，这样就会很好地激发学生参加体育活动的兴趣。也可以通过组织各种各样的教学和业余比赛，师生可以共同参加，更有利于师生间感情的促进和交流，还可以为体育课堂的教学打下良好的基础。兴趣爱好不是天生就有的，需要一定的时间来培养。教师应通过多种途径培养学生广泛的兴趣爱好，学生有了兴趣爱好，就会自觉积极地投入课堂教学中来。

4.2.3 校方积极干预

学校对开展体育竞赛要给予支持，不要怕承担责任，要开放场地，给予一定的经费支持；体育教师要热衷于对学生课外体育活动的组织、辅导、训练及裁判工作；学校同时要开展丰富的社团活动，让学生积极参与进来。

4.3 教师层面的应对策略

4.3.1 重视学生心理教育

沟通是课堂管理的前提，只有通过沟通，才能够协调课堂成员的行为目标，才能形成共同意识和凝聚力，也只有通过沟通，才能保证其他策略的顺利进行。具体要做到开放心灵，理解信任；建立和完善课堂的沟通机制；消除误解等。大学是学生心理发展的关键时期。以往，我国的体育课都是重身体健康教育，而轻视心理健康教育。因此，教师要特别预防学生心理问题的产生，多对学生进行必要的心理教育，培养学生独立、勇敢、果断的良好品质，使学生从心理上克服对体育课的偏见，从而稳定情绪、坚强意志、健全人格，有利于生理功能的正常发挥，增强体育锻炼的效果。

4.3.2 提高自身的素质修养

体育课课堂教学效果的好坏与教师的形象、威信以及处理问题的方法密切相关。体育教师要热爱本职工作，加强思想学习，不断钻研业务，对于自己的欠缺和不足要积极完善，应以自己的业务水平、能力、个性赢得学生景仰，这样才能把课上得生动活泼，对学生产生较大的吸引力，提高学生参与活动的积极性、主动性，杜绝学生消极行为的产生[①]。

4.3.3 要严于律己

教师要成为学生的表率，改掉自己身为人师而不应有的不良习惯。对待学生要宽严适度，要保持自信和镇定。要关心和热爱学生，正确地运用奖励

① 毛红英，李梅娟，邓冯明. 21世纪高校体育教学管理研究[J]. 皖西学院学报，2005，21（5）：136–138.

和惩罚措施。建立和执行必要的教学常规，及时妥善地处理学生的违纪行为，严密课堂组织，提高练习密度，在教学中因势利导，调整个人的自我意识，对学生充满信心，尊重学生的感受和体验，诚恳待人，以情动人，以情感人，建立新型的师生关系，使体育课堂成为发展学生潜能的场所。

4.3.4 刻苦钻研教学内容

体育教师课前要认真备课，运用多种多样的教学方法来提高教学内容的趣味性。例如，耐久跑这一学生比较头痛的项目，可采用计时跑、越野跑、比赛、球类游戏等学生比较喜欢的形式来进行教学，提高练习的趣味性，可有效杜绝学生的消极行为。对于比较复杂的运动项目，一定要遵循教学规律，采用分解教学方法。例如，篮球行进间投篮技术教学，要首先让学生学练运球技术，然后教其掌握投篮技术，最后再教其行进间投篮技术，这样学生的学习比较有信心，自然教学效果也会更好。

4.3.5 教学方法要有艺术性

体育教学场地的布置是有科学性、艺术性和安全性要求的。课前整齐规划练习的路线和范围，合理巧妙地使用各种辅助教学器材，可以有效地提高学生的练习积极性和教学效果，如篮球的运球技术教学，可以采用小沙包作为障碍物来布置练习和绕过的路线，这样可以使学生很好地练习各种运球技术。

教师在讲解示范时，示范要轻松正确、动作优美，有时对于一些较简单的练习可让学生来示范，甚至可以让中等水平的学生来示范，这样会使学生有“他能我也能”的决心，增强学生的自信心，使学生跃跃欲试，从而提高学生的学习积极性。

4.3.6 严格考核，体验成功

没有挑战性的体育教学是没有趣味可言的。学生只有通过刻苦的努力，流血流汗换取来的成功才会倍加珍贵。体育教师要严把考核关，这样对学生的学习也是一种督促和促进。切忌心慈手软，担心学生打击报复，对考核一味地迁就，这样不但对自己的教学设置了管理的障碍，最终也害了学生。

4.4　学生层面的应对策略

4.4.1　尊师重教，严于自律

课堂纪律的规定不应该以强制约束的形式进行，以学生的被动服从为代价，而是要由“让我这样做”转变为“我要这样做”。学生应该端正学习态度，不要抱着“混”的思想来上体育课。要胸怀大志，认识到“身体是革命本钱”的道理，克服自己的惰性，努力锻炼，严于律己，使自己成长为国家的栋梁之才。

4.4.2　培养兴趣，做好准备

针对生源质量问题，努力培养学生一两项体育兴趣，这无疑对增加学生积极参与体育活动及教学有着非常重要的作用。课堂的组织让男女生分开练习，采用不同学练方法和考核手段，能够很好地调动学生的积极性。同时，也可以让学生参加课堂环境的布置和构建，融入了学生自己劳动的环境，学生会加倍地珍惜和投入，这更加有利于体育课的教学。

5. 小结

（1）大学体育课教学管理是指在大学体育课教学过程中，教师根据教学目标或任务要求，按照体育教学规律的特点，对体育课进行的计划、组织、控制、监督的过程。

（2）大学体育课教学管理有自己的特殊性和重要性。

（3）大学体育课教学管理中存在的问题，可以从课堂、课外、教师和学生四个层面进行分析和应对。

第三章　高校学生体育选项课问题研究

1. 引言

1.1　问题的提出

大学生体育选项课选课存在一定的盲目性，由于学生在选课时对各方面的信息很难做到全面的权衡和判断，也很少能够得到专业人士的咨询和指导，加之学校和教师对选课的重要性重视程度不够，使得一部分大学生体育选项课选择失误。这不但给体育教学带来了麻烦，尤其给学生自身的学习造成了极为不利的影响，使得学生一两年的体育选项课的学习处于消极的状态，既浪费了学习的时间，又耗费了精力，给各方造成了恶劣的影响。

1.2 研究现状

1.2.1 相关概念界定

体育选项课教学是学校根据本校的具体情况开设一定数量的体育项目。学生从自己的兴趣、爱好 、特长、个人需要出发选择适合自己学习的体育项目，通过教师组织教学，使学生较系统地掌握该项目的基本知识 、技术 、技能，养成独立锻炼的习惯，掌握科学锻炼身体方法，使学生身心健康得到和谐发展，为终身体育打下基础。其教学组织形式是教师把选择相同项目的学生集中起来，以“项目班”的形式来组织教学①。

大学生体育选项课是指普通高校的大学生必修的公共体育选项课，不包括体育院校和综合大学体育专业院系大学生的体育专修课程。目前高校体育选修课的项目主要有篮球、足球、排球、武术、健美操、体育舞蹈、游泳、网球、乒乓球、羽毛球等。选课问题是指大学生在选择体育选项课的过程中可能存在的问题。这个过程包括选课前和选课后可能存在和出现的问题。

综上所述，把大学生体育选项课选课问题界定为“普通高校上公共体育课的大学生在选择体育选项课的过程中可能存在的问题”。

1.2.2 大学生体育选项课选课问题研究现状

通过中国学术期刊网搜索发现，近10年间公开发表的关于大学生体育选项课研究的论文将近100余篇，研究涉及体育选项课选课问题的诸多方面。

研究者发现，大学生体育选项课呈项目多样化，以技能类项目为主，并显现非竞技性特点；选课原因呈现多元性、目的性和价值取向更加明显；消费观念、心理效应和对教学形式、内容的要求，随年级升高而发生转化；高

---

① 苏平，廖洁莹. 关于我院公体选项课教学改革的研究 [J]. 韶关学院学报（自然科学版），2002，23（3）：113-117.

校整体开设体育选项课项目偏少，且课程时间短，选课制度僵化；学校行政组织编班缺乏科学性；教学重技术、轻理论、轻能力的培养；学生体育基础差，对体育基础课普遍不感兴趣，学生不能如愿以偿地按照自己的兴趣来选课[①]。

体育选项课的“三自主”（学生自主选择上课时间、自主选择学习内容、自主选择教师）落实不到位，不能充分体现学生在选课过程中的主体地位和平等，大多还是靠学校相关部门强行分配，造成体育选项课的选课流于形式[②③④]。虽然有些高校启用了“计算机网络选课系统”，但由于体育选项课的设置对学生的兴趣爱好考虑得不够充分，部分学生对所选项目不甚了解，具有一定的盲目性，抱着混学分的态度来选择体育选项课，没有把体育选项课作为发展终身体育的基础。

许多学校由于学生上课时间冲突和师资、场地等客观条件的束缚，无法实现所有选项课全天候完全自选，特别是新兴项目与紧缺项目更是如此，有些基础性的项目（如田径）受到了冷落[⑤⑥]。体育选项课普遍不重视针对女生的体育教学改革，内容设置、选项的自主性不合乎女生需要，而且通过生理

① 秦婕. 普通高校体育选项课发展现状的研究[J]. 首都体育学院学报，2005，17（1）：65-67.

② 张来明，郭沛然. 普通高校“三自主”体育选项课网络化的实践与研究[J]. 吉林体育学院学报，2004，20（3）：126-127.

③ 杨玲. 大学生体育选项课认知现状与对策思考[J]. 吉林体育学院学报，2007，23（6）：128-129.

④ 何步新. 高校体育选项课网上报名系统选课规则初探[J]. 安徽体育科技，2008，29（6）：79-86.

⑤ 王伟. 普通高校公共体育选项课中田径项目遭受冷落的原因及对策[J]. 吉林体育学院学报，2008，24（6）：102-103.

⑥ 卓存杭. 我国高校体育选项课教学现状研究[J]. 赤峰学院学报，2009，25（8）：121-122.

测试发现部分女生体育选项课的运动负荷存在偏低现象[①②]。

由此可见，大学生体育选项课存在以下一些特点：(1) 它是大学课程中规定的必修的课程，是所有健全大学生（由于各种情况免修生除外）顺利完成学业毕业不可缺少的课程；(2) 各高校大学生体育选项课的项目设置不尽相同，尤其是在各项目的教学内容和考试难易的程度上存在着一定的差别，课程的选择存在一定的复杂性；(3) 学生的体育基础存在着较大的差别，在体育特长方面，有的学生为零基础，有的处于初级水平阶段，有的则处于较高水平阶段，对于学生的学和教师的教都存在着一定的矛盾和困惑；(4) 学生要在短时间内做出选择，很难咨询专业人士并做到深思熟虑，选课存在盲目性，由于选课不当造成消极学习现象明显，也给教学管理带来了很多麻烦。

综上所述，这些问题的存在不利于学校体育教学的开展，更不利于大学生终身体育的发展。选课问题作为体育选项课教学管理的第一步，作为解决高校诸多体育选项课问题的关键环节，没有被高校教学管理部门、教师和学生重视，也罕见有专门针对其所做的研究。

1.2.3 大学生体育选项课选课问题影响因素分析

通过归纳整理前人的研究结果发现，研究者普遍认为影响大学生体育选项课选课的主要因素为：性别差异、兴趣爱好、自身特长、教师教学水平、考试难易程度、群体影响、场馆设施、社会与家庭、课程内容设置等（表

---

① 杨永奇，曹成珠. 对影响女大学生体育选项课选择倾向因素的研究[J]. 哈尔滨体育学院学报，2005，23（4）：45–46.

② 陈文山. 女生为主体的普通高校体育选项课选择倾向的研究——以首都师大为例[J]. 首都师范大学学报，2009，30（6）：94–97.

3–1）[①②③④]。

表3–1　大学生体育选项课选课问题影响因素研究

学者	时间（年）	主要观点
谭小翠等	2004	兴趣爱好、体育特长、教师、运动项目的特点、场地器材因素、体育考试的难度及同学
余清风、王玲	2005	兴趣和动机、教师和项目、场地和器材、考试及同学
刘从梅	2006	场馆设备、师资力量、组织与排课、学生本人、教材、考核评价
李鸿飞	2007	兴趣爱好、体育特长、教师、运动项目的特点、场地器材因素、盲目从众、体育考试的难度及同学
董科、曾争	2008	教师、兴趣、考试、场地、环境、同学
陈文山	2009	兴趣 、能否顺利拿到学分、教师教学特点、性别等
高卫群	2010	兴趣爱好、运动项目、教师能力、同伴影响
叶松	2011	兴趣爱好、场地和器材、教师、同学、考试过关
沈丽英、辛绍权	2012	兴趣爱好、运动项目、教师、场地和器材、设施环境、考试压力、自身身体、心理素质、课程设置

① 谭小翠，李信就等. 影响大学生体育选项课因素的调查与研究[J]. 北京体育大学学报，2004，27（7）：959–960.

② 李鸿飞. 对山西农业大学体育选项课的调查与分析[J]. 山西农业大学学报，2007，27（6）：224–225.

③ 董科，曾争. 高校学生体育选项课的动机及其影响因素研究[J]. 成都体育学院学报，2008，37（4）：83–86.

④ 高卫群. 江苏省高职院校体育选项课教学现状分析[J]. 运动，2010，10（6）：64–65.

由表3-1可见，大学生体育选项课选课问题的影响因素可以归结为个体因素和客观因素两大方面，并且从时间段上分析，又包括选课前的影响因素和选课后的影响因素。其中个体因素又包含性别差异、身体形态、健康状况、身体素质、性格取向、爱好和专长、动机和目的等方面的问题；客观因素主要是指群体影响、选课方式、场地设施、课程设置及师资力量等方面的问题。通过图3-1可以更加直观地体现出各影响因素对大学生体育选项课选课过程的影响。

由此可见，这些影响因素在选课过程中有时是单独存在的，有时又是交叉存在的，而且有可能出现在选课过程的不同时间，因此必须从各个方面综合考虑，才能有效解决大学生体育选项课的选课问题。

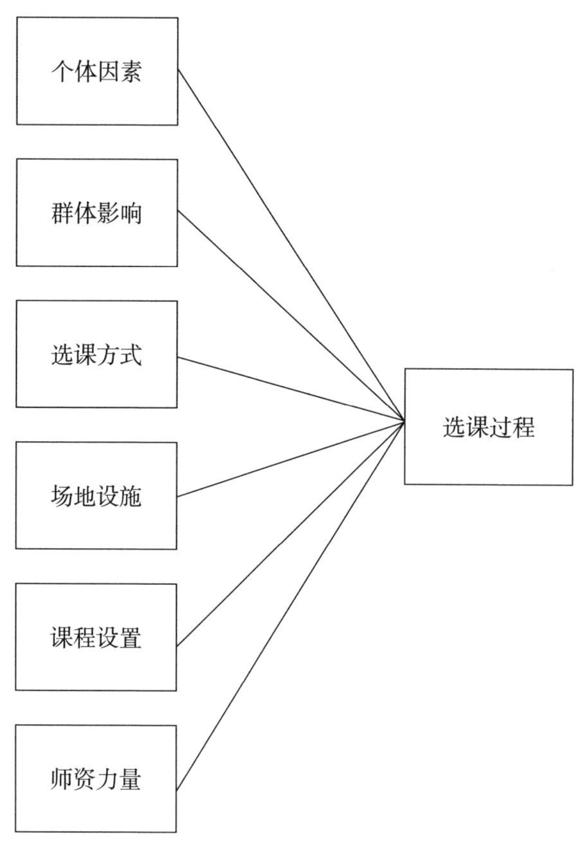

图3-1　大学生体育选项课选课过程影响因素

1.3　大学生体育选项课选课问题研究对策

1.3.1　大学生体育选项课选课问题研究视角

研究视角上，针对以往研究只注重已经凸显的问题进行局部研究的观点，而且对体育选项课选课问题的影响因素的研究仅停留在表面上，没有进一步剖析其本质原因，也罕有研究对这些存在的问题提出深层次、可行性的对策。本书拟对大学生体育选项课选课存在的问题进行全面系统的研究和探讨，并对潜在的体育选项课选课存在的问题做出前瞻性的预测和预防。

1.3.2　大学生体育选项课选课问题研究方法

研究方法上，依据前人的文献资料分析得出的大学生体育选项课选课问题影响因素，初步拟定编制《大学生体育选项课选课问题调查问卷》的操作路径：（1）在大学生体育选项课选课问题的测评中，要根据大学生体育选项课选课的具体情况进行考虑；（2）问卷的设计应结合影响因素交互作用的特点，使题目设计向单一情境的方向发展；（3）评定过程充分考虑与现实情景结合，并遵循聚合原则，即多次评定预测多次结果。对大学生体育选项课选课问题（优劣、好坏等）的评判考虑围绕影响大学生体育选项课选课问题的具体影响因素进行，应用多种影响因素综合评价；（4）在影响因素的探讨中，要注重纵向、动态地考察交互作用的多个方面，以提高研究的生态学效度。采用自编的调查问卷，对各高校体育选项课教师进行调查访谈，对参加体育选项课选课的大学进行问卷调查，采用定性和定量相结合的研究方法，对调查结果进行数理统计、逻辑分析，并探讨解决问题的对策。

1.3.3　大学生体育选项课选课问题应对策略分析

大学生体育选项课选课存在的问题具有普遍性，这些问题是可以通过研究梳理清楚的，也可以通过各方面的重视、思考分析和共同努力得到满意解决的。本书主要从影响大学生体育选项课选课过程中存在的问题进行着手，对存在的这些问题进行深入的探究，并思考和探讨解决问题的对策，期望为高校体育选项课的健康发展提供有价值的参考意见。

1.4 研究目的与意义

本书通过对大学体育选项课选课根源上存在的问题进行深入细致地探讨，意在向相关部门提出对策和建议，为推动大学生体育选项课的选课改革提供理论和实践依据，使高校公共体育选项课更适应时代的要求，使学生通过体育选项课的学习真正达到体育教学纲要规定的运动参与目标、运动技能目标、身体健康目标、心理健康目标及社会适应目标。

1.5 研究内容

本书主要从影响大学生体育选项课选课过程中存在的问题进行着手，对存在的这些问题进行深入的探究，并思考和探讨解决问题的对策。

1.5.1 编制《大学生体育选项课选课问题调查问卷》

有了切实可行的调查问卷，才能有效地研究大学生体育选项课选课问题。研究发现，目前还没有单独针对大学生体育选项课选课问题的调查问卷。因此，本书根据编制调查问卷的科学程序，经过项目分析、因子分析、信度和效度检验等过程，分别编制了教师版和学生版两份《大学生体育选项课选课问题调查问卷》，以便对大学生体育选项课选课问题进行深入地调查研究。

1.5.2　大学生体育选项课开展现状调查评估

对大学生体育选项课开展现状的研究，主要是通过对太原市各高校大学生体育选项课开展现状的调查数据进行统计分析，主要分析各校体育选项课的项目设置情况、各项目班级数量以及场馆设施情况，以便对各高校大学生体育选项课开展的总体情况有所了解。

1.5.3　大学生体育选项课选课问题影响因素评估分析

对大学生体育选项课选课问题影响因素的研究，主要是通过对大学生体育选项课选课问题影响因素的调查数据采用独立样本T检验（Independent-Sample T Test），从而对大学生体育选项课选课问题影响因素进行客观评估和人口学特征分析；采用列表排序法和帕累托分析法，根据大学生体育选项课选课问题影响因素的评分均值、频数和累积百分比来统计分析影响大学生体育选项课选课问题的因素，从而来分析影响大学生体育选项课选课问题因素的主次顺序。

1.5.4　大学生体育选项课选课问题结果讨论及应对理论分析

分析导致大学生体育选项课选课问题结果的原因，并探讨它们之间的关系，从而提出大学生体育选项课选课问题的应对策略，为大学生体育选项课科学选课提供理论依据，为高校的体育课教学管理提供参考意见。

2. 研究方法

2.1 问卷调查法

本书采用自编的《大学生体育选项课选课问题调查问卷》进行调查，问卷的编制经过了专家调查、预调查和正式调查三个过程，研制工作的具体流程如下。

（1）围绕研究得出的个体因素、群体影响、选课方式、场地设施、课程设置、师资力量影响因素编制半结构化访谈问卷，调查大学生体育选项课选课问题影响因素的合理情况，为编制《大学生体育选项课选课问题调查问卷》提供了理论依据。

（2）采用修订编制的《大学生体育选项课选课问题调查问卷（学生）》进行预调查和正式调查，对测量结果采用项目分析、因子分析来进行信度和效度检验。

两份调查问卷的内容主要包括四个部分：①太原市代表性院校体育选项课开展现状调查（教师问卷）；②体育选项课选课问题总体影响因素调查（教师问卷）；③大学生体育选项课选课问题具体影响因素调查（学生问卷）；④体育选项课选课问题总体影响因素调查（学生问卷）。

2.1.1 《大学生体育选项课选课问题调查问卷（教师）》的编制

教师问卷的编制主要包括两个部分，即太原市代表性院校体育选项课开展现状调查和体育选项课选课问题影响因素调查。开展现状调查主要调查院校名称、选项课开展的学期数、选课方式是什么、都开展哪些体育选项课、各选项课的班级数量是多少、教师数量是多少、场馆配备情况怎样等。体育选项课选课问题总体影响因素的调查，根据文献资料和专家访谈结果，整理得出个人因素、群体影响、选课方式、场地设施、课程设置、师资力量六个方面的影响因素作为题项，请各代表院校的从事体育选项课教学的教师填答问卷，并根据重要程度排序，以确定体育教师对体育选项课选课影响因素主次程度的认识。调查问卷的设计情况详见附件1。

2012年12月，采用《大学生体育选项课选课问题调查问卷（教师）》进行正式调查。对太原市14所高等院校的担任体育选项课教学的14名教师发放问卷并当场回收。为了确保问卷的质量，发放时陪同被调查者填答，对提出的疑问给予解释，以提高问卷填答的质量。

调查共发放问卷70份（每校平均5份），回收66份，回收率为94.29%，其中有效问卷61份，有效率为92.42%，被调查者的个人信息资料（表3-2）。

表3-2 教师正式调查个人信息资料一览表（n=61）

院校类型	性别	人数	百分比（%）
本科院校（8所）	男	22	35.71
	女	13	21.43
专科院校（6所）	男	17	28.57
	女	9	14.29

表3-2可见，调查包括本科和专科院校，选取的调查对象是有着多年体育选项课教学经验的教师，调查的男女比例基本相当，从而保证了调查结果的可靠性。

2.1.2 《大学生体育选项课选课问题调查问卷（学生）》的编制

在学生问卷编制过程中首先考虑的是问卷题项的收集问题。本书是在查阅文献的基础上，结合大学生体育选项课选课问题影响因素的具体情况，收集资料制定的，初步拟定出《大学生体育选项课选课问题调查问卷（学生）》（30题项），调查问卷包含30个题项（表3-3）。

表3-3 《大学生体育选项课选课问题调查问卷（学生）》（30题项）

题 项	是	否	不清楚
1.我是根据自己的性别选报的项目			
2.我选报项目前考虑过自己的身体形态特点			
3.我选报项目前做过全面体检，身体很健康，无影响参加运动的疾病			
4.我是根据自己身体素质特点选报的项目			
5.我是想克服自己某方面弱点而选报的项目			
6.我是根据自己的性格特点选报的项目			
7.我是想改善自己的性格弱点选报的项目			
8.我是根据自己的爱好和特长选报的项目			
9.我如愿以偿地报上了我喜欢的选项课			
10.我想调换报个喜欢的选项课却未能如愿			
11.我上选项课是为了健身和娱乐			
12.我上选项课是为了拿学分			
13.我上选项课是为获得体育专长有利于将来找工作			
14.我是受同班同学的影响选报的项目			
15.我是受家长的劝导选报的项目			
16.我是受当前流行的健身项目的影响或好奇选报的项目			
17.我是咨询了相关老师和师哥师姐选报的项目			
18.我喜欢网上抢报选项课这种方式			
19.我喜欢人工定额分配选项课这种方式			
20.我希望能完全“三自主”选报项目			
21.我选报项目时清楚在哪里上课			
22.我选报项目时清楚场馆条件的好坏			
23.我选报项目时清楚教学器材是否充足			

续表

题　项	是	否	不清楚
24.我选报项目前已经对此项教学内容有所了解			
25.我选报项目前已经对此项教学内容的学习难易程度有所了解			
26.我是觉得上这个选项课不累才报的			
27.我选报项目前已经对此项教学内容的考试难易程度基本有所了解			
28.我报课时已经对任课教师的学识渊博程度有所了解			
29.我报课时已经对任课教师的教学态度认真程度有所了解			
30.我报课时已经对任课教师的教学风格有所了解			

通过对有关专业人士进行专家访谈和调查，删除前后表述重复的项目（5、7、9、10、26），对表述过于专业术语等题项进行了修改标注，并通过体育博士（4名）、体育硕士（12名）、体育学士（6名）的填答，请他们对有关项目的表述提出意见并进行重新修改和完善，最后再递交给体育教学专家（2名）审核和修订（表3–4）。

表3–4 《大学生体育选项课选课问题调查问卷（学生）》专家调查信息（n=22）

性　别		年　龄			学　历		
男	女	<30岁	30～50岁	>50岁	博士	硕士	学士
14	8	5	13	4	4	12	6

正式拟定出《大学生体育选项课选课问题调查问卷（学生）》（25题项），调查问卷包含25个题项（表3–5）。

表3-5 《大学生体育选项课选课问题调查问卷（学生）》（25题项）

题　项	是	否	不清楚
1.我是根据自己的性别选报的项目			
2.我选报项目前考虑过自己的身体形态特点（身高、体重）			
3.我选报项目前做过全面体检，身体很健康，无影响参加运动的疾病			
4.我是根据自己身体素质特点（力量、速度、耐力、灵敏、柔韧）选报的项目			
5.我是根据自己的性格特点（外向或内向）选报的项目			
6.我是根据自己的爱好和特长选报的项目			
7.我上选项课是为了健身和娱乐			
8.我上选项课是为了拿学分			
9.我上选项课是为获得体育专长有利于将来找工作			
10.我是受同班同学的影响选报的项目			
11.我是受家长的劝导选报的项目			
12.我是受当前流行的健身项目的影响或好奇选报的项目			
13.我是咨询了相关老师和师哥师姐选报的项目			
14.我喜欢网上抢报选项课这种方式			
15.我喜欢人工定额分配选项课这种方式			
16.我希望能完全“三自主”（自主选择项目、教师、上课时间）选报项目			
17.我选报项目时清楚在哪里上课（室内、室外）			
18.我选报项目时清楚场馆条件的好坏			
19.我选报项目时清楚教学器材是否充足			
20.我选报项目前已经对此项教学内容有所了解			
21.我选报项目前已经对此项教学内容的学习难易程度有所了解			
22.我选报项目前已经对此项教学内容的考试难易程度基本有所了解			
23.我报课时已经对任课教师的学识渊博程度有所了解			
24.我报课时已经对任课教师的教学态度认真程度有所了解			
25.我报课时已经对任课教师的教学风格（风趣民主或呆板无趣）有所了解			

2012年11月，对所选取的太原市14所代表性高校2011级参加体育选项课学习的大学生随机发放问卷并当场回收（表3-5）。为了确保问卷的质量，发放时陪同被调查者填答，对提出的疑问给予解释，保证了问卷填答的质量。

表3-6　太原市14所代表性院校调查名录

序号	院校名称	序号	院校名称
1	*山西大学	8	*山西中医学院
2	*太原理工大学	9	太原电力高等专科学校
3	*山西财经大学	10	山西财政税务专科学校
4	*山西大学商务学院	11	太原旅游职业学院
5	*太原科技大学	12	山西财贸职业技术学院
6	*太原工业学院	13	山西青年职业学院
7	*太原师范学院	14	广播电影电视管理干部学院

注："*"代表本科院校。

初次调查共发放问卷100份，回收有效问卷94份，回收率为94%，其中有效问卷88份，有效率为93.62%。

2.1.3 《大学生体育选项课选课问题调查问卷（学生）》探索性因子分析

探索性因子分析（Exploratory Factor Analysis，EFA）的目的是检验大学生体育选项课选课问题调查问卷的具体内容和各个因素的意义等问题。

因子分析的题项尽量不超过30题，题项数过多，有可能抽取过多的共同因素，此时研究者可限定因素抽取的数目，本书的题项数符合要求。根据因素分析理论，项目载荷值显示的是该项目与某公共因素的相关，项目的因素载荷值越大，说明该项目与公共因素的关系越密切，若某公共因素与某个项目间的相关很低，则该因素反映的心理结构就不能由此项目推知；在保证项目在某一特定公因素上载荷值大的前提下，若项目的共同度（即项目在各个公因素上的载荷值的平方和）也比较大，则说明该项目对特定公因素的贡献大，而对其他公因素的贡献小[①]。

根据因素分析理论规定适合做因素分析的条件，即（1）一个项目不能在两个以上的因素上都有超过0.3的因素负荷；（2）项目在因素上的负荷上都要超过0.4；（3）每个因素不能少于3个项目。并且，在进行因子分析时，KMO值是重要的指标，当KMO值越大时，表示变量间的共同因素越多，越适合进行因子分析。如果KMO值小于0.5时，则不宜进行因子分析[②]。

通过SPSS统计软件因子分析，经检验，KMO=0.874，变量间的相关特点Bartlett's Test球体检验值为1025.038，显著性水平P值为0.001，因此适合进行因子分析。

对问卷的题项进行正交最大化旋转，求出旋转因素负荷矩阵，特征值大于1的因素有2个，解释总变异的55.149%（大于50%）。每个题项旋转后的因素负荷矩阵、共同度以及每个因素的特征值和贡献率，结果见图3-2。

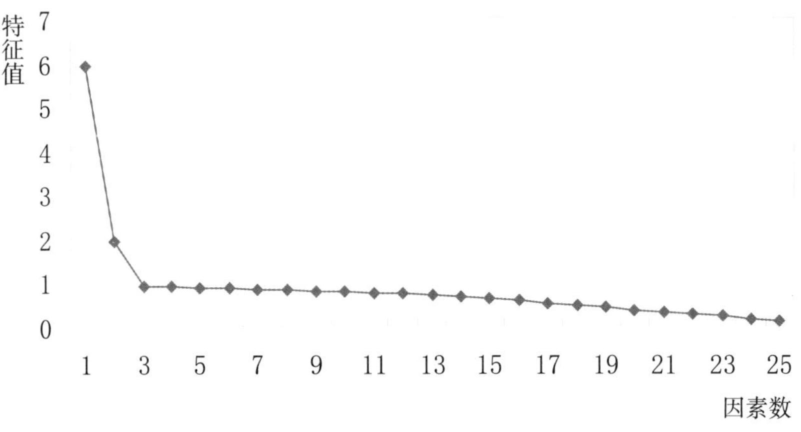

图3-2 《大学生体育选项课选课问题调查问卷》的因素分析碎石图

根据以下标准确定因素数目：（1）因素的特征值大于等于1，即因素的

① 金瑜. 心理测量[M]. 上海:华东师范大学出版社,2005.

② 张敏强. 教育与心理统计学[M]. 北京：人民教育出版社，2002：456.

贡献率大于等于1；（2）因素必须符合陡阶检验；（3）抽取出的因素在旋转前至少能解释2%的总变异；（4）碎石图拐点；（5）每个因素至少包含三个项目；（6）因素比较好命名。《大学生体育选项课选课问题调查问卷（学生）》的结构见表3-7。

表3-7　《大学生体育选项课选课问题调查问卷（学生）》的结构

题 项	F1	F2
10.我是受同班同学的影响选报的项目	0.823	
13.我是咨询了相关老师和师哥师姐选报的项目	0.751	
12.我是受当前流行的健身项目的影响或好奇选报的项目	0.704	
11.我是受家长的劝导选报的项目	0.687	
16.我希望能完全“三自主”（自主选择项目、教师、上课时间）选报项目	0.670	
14.我喜欢网上抢报选项课这种方式	0.645	
15.我喜欢人工定额分配选项课这种方式	0.607	
17.我选报项目时清楚在哪里上课（室内、室外）	0.591	
18.我选报项目时清楚场馆条件的好坏	0.589	
19.我选报项目时清楚教学器材是否充足	0.564	
20.我选报项目前已经对此项教学内容有所了解	0.518	
21.我选报项目前已经对此项教学内容的学习难易程度有所了解	0.487	
22.我选报项目前已经对此项教学内容的考试难易程度基本有所了解	0.476	
24.我报课时已经对任课教师的教学态度认真程度有所了解	0.432	
23.我报课时已经对任课教师的学识渊博程度有所了解	0.417	
25.我报课时已经对任课教师的教学风格（风趣民主或呆板无趣）有所了解	0.401	
6.我是根据自己的爱好和特长选报的项目		0.859
1.我是根据自己的性别选报的项目		0.850

续表

题 项	F1	F2
2.我选报项目前考虑过自己的身体形态特点（身高、体重）		0.700
8.我上选项课是为了拿学分		0.692
7.我上选项课是为了健身和娱乐		0.661
9.我上选项课是为获得体育专长有利于将来找工作		0.641
3.我选报项目前做过全面体检，身体很健康，无影响参加运动的疾病		0.512
4.我是根据自己身体素质特点（力量、速度、耐力、灵敏、柔韧）选报的项目		0.498
5.我是根据自己的性格特点（外向或内向）选报的项目		0.403
特征值	5.987	1.922
贡献率	35.890%	19.259%

表3-7可见，第一个维度（F1）包含16个题项，涉及的内容主要包括大学生体育选项课选课影响因素的群体影响、选课方式、场地设施、课程设置、师资力量等客观方面，因此命名为“客观因素”；第二个维度（F2）包含9个题项，涉及内容主要是性别差异、身体形态、身体机能、健康状况、身体素质、性格取向、爱好和专长、动机和目的等方面的问题，因此命名为“个体因素”。

2.1.4 《大学生体育选项课选课问题调查问卷（学生）》信度检验

所谓信度（Reliability）是指调查的可靠程度。它表现为调查结果的一致性、再现性和稳定性。在实施调查时各种随机因素都会给调查过程带来偶然误差，影响调查数据的可靠性和一致性。确定信度时是以相关系数的大小来表示信度的高低，这个相关系数就称为信度系数（Reliability Coefficient），信度系数表示测量误差对调查得分影响的程度[①]。本书采用内部一致性方法（Method of Internal Consistency）估计信度，对初测的88份有效样本进行检验，采用Cronbach's α系数来估计量表的同质性系数。所得的Cronbach's α系数越高则代表调查的内容越趋于一致。其公式如下：

$$\alpha = \frac{n}{n-1}\left(1 - \frac{\sum S_i^2}{S_x^2}\right)$$

α：估计的信度；n：题数；S_i^2：每一题目分数的方差；S_x^2：测验总分的方差。

《大学生体育选项课选课问题调查问卷（学生）》的Cronbach's α系数见表3–8。

表3-8 《大学生体育选项课选课问题调查问卷（学生）》的Cronbach's α系数

因素	测试人数	题项数	Cronbach's α
客观因素	88	16	0.8137
个体因素	88	9	0.7425
总问卷	88	25	0.9138

2.1.5 《大学生体育选项课选课问题调查问卷（学生）》的效度检验

（1）内容效度

内容效度的判断方法主要是看量表是否可以真正测量到研究者所要测量的变量，以及量表是否涵盖了所要测量的变量。其主要采用定性分析的方法通过多位专家来判断确定测量项目与预测变量在内容上是否相符。本书编制的问卷各维度的建立和题目的编制都是在开放式问卷调查的基础上，经过了有关专家的评定。

① 井淼. 网上购物的感知风险研究——基于上海大学生的实证分析[M]. 上海：上海财经大学出版社，2006：74–77.

（2）结构效度

通过因素分析对《大学生体育选项课选课问题调查问卷（学生）》进行效度检验，在因素分析过程中，采用主成分分析法，以特征值大于1截取因子，得到2个因子，共解释55.149%（大于50%）的总体变异量，分析结果见表3-9。

表3-9 《大学生体育选项课选课问题调查问卷（学生）》的因素分析结果

因子	特征值	贡献率	累计贡献率
客观因素	5.987	35.890%	66.611%
个体因素	1.922	19.259%	33.389%

2.1.6 《大学生体育选项课选课问题调查问卷（学生）》评估方法

对问卷的选择结果进行附值打分的办法来判断，即选择“是”的题项分值为“2”分，选择“否”的题项分值为“1”分，选择“不清楚”的题项分值为“0”分。得分越高，说明此因素的影响作用越大；得分越低，说明此因素的影响作用越小（表3-10）。

表3-10 《大学生体育选项课选课问题问卷（学生）》各分量表的条目序号和得分范围

分量表	个体因素	客观因素				
	个体因素	群体影响	选课方式	场地设施	课程设置	师资力量
条目数	9	4	3	3	3	3
条目序号	1～9	10～13	14～16	17～19	20～22	23～25
得分范围	9～18	4～8	3～6	3～6	3～6	3～6

续表

分量表	个体因素	客观因素				
	个体因素	群体影响	选课方式	场地设施	课程设置	师资力量
计算方法	分量表得分等于该分量表各条目得分累计相加再求均值；总量表得分等于各条目得分累计相加值					
分值意义	分量表分值越高，说明此因素的影响作用越大；量表总分分值越高，说明各因素的影响作用越大					

至此，完成了包含个人信息在内的《大学生体育选项课选课问题调查问卷（学生）》的编制（附件2）。

2012年12月，采用《大学生体育选项课选课问题问卷（学生）》进行正式调查。依然对上述太原市14所高等院校的2011级的大学生随机发放问卷并当场回收。为了确保问卷的质量，发放时陪同被调查者填答，对提出的疑问给予解释，以提高问卷填答的质量。

调查共发放问卷700份（每校平均50份），回收685份，回收率为97.86%，其中有效问卷633份，有效率为92.41%，被调查者的个人信息资料见表3-11。

表3-11　正式调查个人信息资料一览表（n=633）

院校类型	性别	人数	百分比（%）
本科院校（8所）	男	175	27.65
	女	158	24.96
专科院校（6所）	男	167	26.38
	女	133	21.01

表3-11可见，调查包括本科和专科院校，选取的调查对象是经历过体育选项课选课的在读大学生，调查的男女生比例基本相当，从而保证了调查结果的可靠性。

2.2 专家访谈法

对太原市各高校负责体育选项课研究的专家、领导、体育选项课教师进行半结构化的访谈。访谈内容主要涉及他们对太原市普通高校公共体育选项课选课存在的问题及处理意见和建议，对访谈结果详细记录，并进行内容分析、整理。

2.3 数理统计法

对于回收的调查问卷数据，采用SPSS和Excel软件进行分析，具体分析方法如下。

（1）对《大学生体育选项课选课问题调查问卷（教师）》的调查结果采用列表排序法（Taxis）统计分析各高校体育选项课开展现状和各校体育教师对体育选项课选课问题影响因素认识情况。

（2）对初次调查的《大学生体育选项课选课问题调查问卷（学生）》进行项目分析，采用探索性因素分析（Exploratory Factor Analysis，EFA），寻找影响测验条目之间的共同因素[①]。

（3）采用独立样本T检验（Independent-Sample T Test）进行统计分析，主要分析大学生体育选项课选课问题影响因素在人口学特征上的差异。采用列表排序法（Taxis）对大学生体育选项课选课问题影响因素调查结果进行描述性统计，目的是研究大学生体育选项课选课问题具体影响因素的差异[②]；运用帕累托分析（主次因素分析法）（Pareto Analysis），确定出大学生

① 张力为，毛志雄. 体育科学常用心理量表评定手册[M]. 北京：北京体育大学出版社，2004：273.

② 邱菀华. 现代项目风险管理方法与实践[M]. 北京：科学出版社，2003：119-121.

体育选项课选课问题的主要影响因素、一般影响因素与其他因素[①]。

研究路线图（图3–3）：

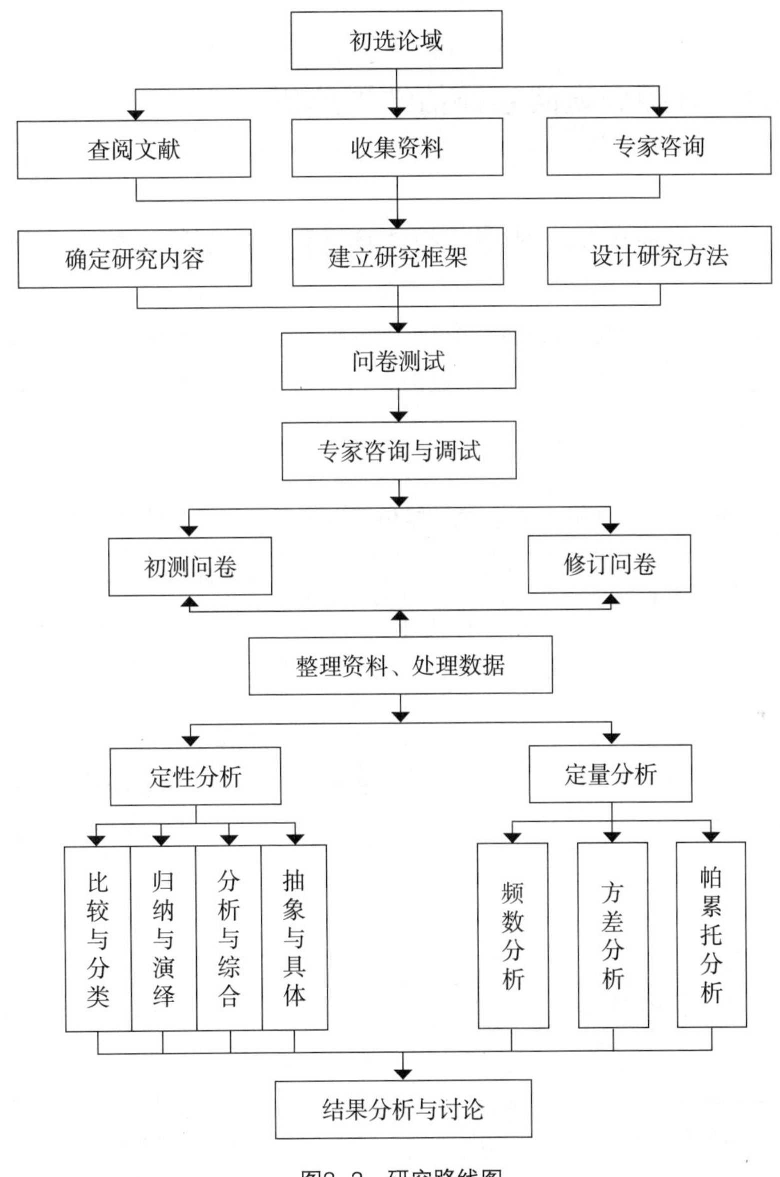

图3–3　研究路线图

① 贺国芳. 可靠性数据的收集与分析[M]：北京：国防工业出版社，1995：33.

3. 结果与分析

3.1 教师调查问卷评估结果分析

3.1.1 太原市14所代表院校体育选项课开展基本情况分析

对调查得到的数据进行统计分析，得到了太原市14所代表院校体育选项课开展学期数、选课方式、选项数量、班级容量、教师工作量等基本情况（表3-12）。

表3-12 太原市14所代表院校体育选项课开展基本情况统计

院校名称	开展学期数（学期）	选课方式	选项数量（项）	班级容量（人）	教师工作量（节）
*山西大学	3	网报	10	30～40	12
*太原理工大学	4	网报	7	30～40	12
*山西财经大学	2	网报	10	30～40	12
*山西大学商务学院	2	网报	16	30～40	8
*太原科技大学	4	网报	11	30～40	12
*太原工业学院	3	网报	9	30～40	10
*太原师范学院	4	网报	8	30～40	10
*山西中医学院	2	人工	6	30～40	10
太原电力高等专科学校	2	人工	6	40以上	16
山西省财政税务专科学校	2	人工	8	40以上	16
山西旅游职业学院	2	人工	10	40以上	16
山西财贸职业技术学院	1	人工	6	40以上	16
山西青年职业学院	1	人工	6	40以上	18
广播电影电视管理干部学院	1	人工	5	40以上	16

注："*"代表本科院校。

表3–12可见，14所高校开展选项课的学期数处于1～4个学期之间，各校开展的学期数都不统一，本科院校开展学期数比专科院校普遍偏多；从选课方式来看，本科院校基本上都采用了自动化的网上报名选课方式，而专科院校还是以人工编排操作为主；从选项课开展项目来看，本科院校普遍比专科院校项目多；从班级容量来看，本科院校班容量均小于专科院校；从教师工作量来看，本科院校教师工作量要求普遍低于专科院校。

3.1.2　太原市14所代表院校体育选项课开展项目及班级数量结果分析

对调查得到的数据进行统计分析，得到了太原市14所代表院校体育选项课开展项目及班级数量基本情况（表3–13）。

表3–13　太原市14所代表院校体育选项课开展项目及班级数量统计

选项名称 班级数量（个） 代表院校	篮球	足球	健美操	武术	排球	羽毛球	乒乓球	体育舞蹈	瑜伽	网球	排舞	体适能	健美	游泳
*山西大学	18	12	6	6	12	6	6		6	6		18		
*太原理工大学	135	120	76	72	80	9		40						
*山西财经大学	27	19	35	5	9	21	9	10	7					14
*山西大学商务学院	8	6	8	6	8	8	8	8	6	8	6		8	
*太原科技大学	60	40	25	16	35	20	15	8	8	20	16			
*太原工业学院	9	6	8	15	5	5	5	5					5	
*太原师范学院	13	5	18	10	7	8	7							

续表

选项名称 班级数量（个） 代表院校	篮球	足球	健美操	武术	排球	羽毛球	乒乓球	体育舞蹈	瑜伽	网球	排舞	体适能	健美	游泳
*山西中医学院	10	10	20	25	10		10							
太原电力高等专科学校	20	10		20	10	10						5		
山西省财政税务专科学校	29	29	29			29	29	29			29	29		
山西旅游职业学院	5	5	5	5	5	5	5			5				
山西财贸职业技术学院	5		5	5	5			5	5					
山西青年职业学院	9	9	9			9	9	9						
广播电影电视管理干部学院	5	5	5	5				5						
选项课项目累计	14	13	13	12	11	11	10	9	5	4	3	3	2	1
选项课班数累计	353	276	249	190	186	130	103	119	32	39	51	52	13	14

注：“*”代表本科院校。有些院校开展的个别项目（太极柔力球、啦啦操、空竹、棒垒球、定向越野、街舞、毽球等）由于篇幅所限，未一一陈列。

表3-13的选项课项目累计结果显示，14所高校开展的体育选项课是按照篮球、足球、健美操、武术、排球、羽毛球、乒乓球、体育舞蹈、瑜伽、网球、排舞、体适能、健美、游泳等项目依次递减，选择开展前8项的院校明显偏多，而其他项目的开展近乎凤毛麟角；上体育选项课的班级累计显示结

果也证实了选择前8项学习的班级较多，尤其选择篮球、足球、健美操、武术、排球等项目的班级数量居多更加明显；而且，本科院校开展体育选项课的班级数量明显多于专科院校。

3.1.3　太原市14所代表院校体育选项课开展项目及教师数量结果分析

对调查得到的数据进行统计分析，得到了太原市14所代表院校体育选项课开展项目及教师数量基本情况（表3–14）。

表3–14　太原市14所代表院校体育选项课开展项目及教师数量统计

选项名称 教师数量 （人） 代表院校	篮球	足球	健美操	武术	排球	羽毛球	乒乓球	体育舞蹈	瑜伽	网球	排舞	体适能	健美	游泳
*山西大学	3	2	1	1	2	1	2		1	1		3		
*太原理工大学	19	13	9	11	9	1		4						
*山西财经大学	6	5	8	2	3	3	3	2	1					2
*山西大学商务学院	3	2	3	1	2	3	3	3	2	3	1		2	
*太原科技大学	8	5	3	2	4	3	1	1	1	3	2			
*太原工业学院	3	2	2	4	2	1	1	1					1	
*太原师范学院	2	1	3	2	1	1	1							
*山西中医学院	2	2	4	5	2		2							

续表

选项名称 教师数量 （人） 代表院校	篮球	足球	健美操	武术	排球	羽毛球	乒乓球	体育舞蹈	瑜伽	网球	排舞	体适能	健美	游泳
太原电力高等专科学校	4	2		4	2	2						1		
山西省财政税务专科学校	2	1	1			1	2	2			3	1		
山西旅游职业学院	1	1	1	1	1	1	1			1				
山西财贸职业技术学院	1		1	1	1			1	1					
山西青年职业学院	1	1	1			1	1	1						
广播电影电视管理干部学院	1	1	1	1				1						
项目教师数量累计	56	38	38	35	29	18	17	16	6	8	6	5	3	2

注：“*”代表本科院校。

表3-14的体育选项课教师数量累计结果显示，14所高校的篮球、足球、健美操、武术、排球、羽毛球、乒乓球、体育舞蹈等8项选项课教师数量明显多于其他项目的教师数量，尤以篮球、足球、健美操、武术、排球等项目的教师数量居多更加明显；而且，本科院校体育选项课的教师数量明显多于专科院校。

3.1.4　太原市14所代表院校体育选项课开展项目及场馆数量结果分析

对调查得到的数据进行统计分析，得到了太原市14所代表院校体育选项课开展项目及场馆数量基本情况（表3-15）。

表3-15　太原市14所代表院校体育选项课开展项目及场馆数量统计

选项名称 场馆数量（个） 代表院校	篮球	足球	健美操	武术	排球	羽毛球	乒乓球	体育舞蹈	瑜伽	网球	排舞	体适能	健美	游泳
*山西大学	20	1	1	1	2	4	10		1	7		1		
*太原理工大学	50	2			6	6		1						
*山西财经大学	10	2	2	2	2	4	8	2	2					1
*山西大学商务学院	12	1	1		4	4	10	1	1	4			1	
*太原科技大学	30	1			4	4	6	1	1	4				
*太原工业学院	8	1	1	3	2	2	8	1					1	
*太原师范学院	5	1			2	2	6							
*山西中医学院	5	1	1	1	4		6							
太原电力高等专科学校	10	1			2	4								

续表

选项名称 场馆数量 （个） 代表院校	篮球	足球	健美操	武术	排球	羽毛球	乒乓球	体育舞蹈	瑜伽	网球	排舞	体适能	健美	游泳
山西省财政税务专科学校	7	1	1			8	24	1			1	1		
山西旅游职业学院	9	1			2	2	4			1				
山西财贸职业技术学院	4	1			1			1	1					
山西青年职业学院	5	1	1			4	6	1						
广播电影电视管理干部学院	8	1						1						
选项课场馆数累计	183	16	8	7	31	44	84	10	6	16	1	2	2	1

注：“*”代表本科院校。

表3-15的14所高校的体育选项课场馆数量统计可见，篮球场馆的数量高居榜首，接下来就是排球及乒、羽、网等占地面积较小的项目的场馆数量略微多一些；足球场地一般各校是和田径场共用的，所以各校基本都有；除了必须在室内开展的项目（如游泳、体育舞蹈、瑜伽、健美等）必须得配套室内场馆外，其他项目的场馆都非常匮乏；而且，本科院校体育场馆数量明显多于专科院校。

3.1.5　体育选项课选课影响因素教师调查结果分析

对调查得到的数据进行统计分析，得到了太原市14所代表院校的61位体育教师对体育选项课选课影响因素的认识情况（表3–16）。

表3–16　太原市14所代表院校体育教师对体育选项课选课影响因素的认识（n=61）

影响因素	个体因素	群体影响	选课方式	场地设施	课程设置	师资力量
选择累计	61	57	26	52	39	35
百分比（%）	100	92.86	42.86	85.71	64.29	57.14

表3–16可见，教师们认为影响大学生体育选项课选课的影响因素的主次顺序依次为个体因素、群体影响、场地设施、课程设置、师资力量、选课方式。运用帕累托分析，可以确定影响大学生体育选项课选课的主要因素、一般因素与其他因素（图3–4）。

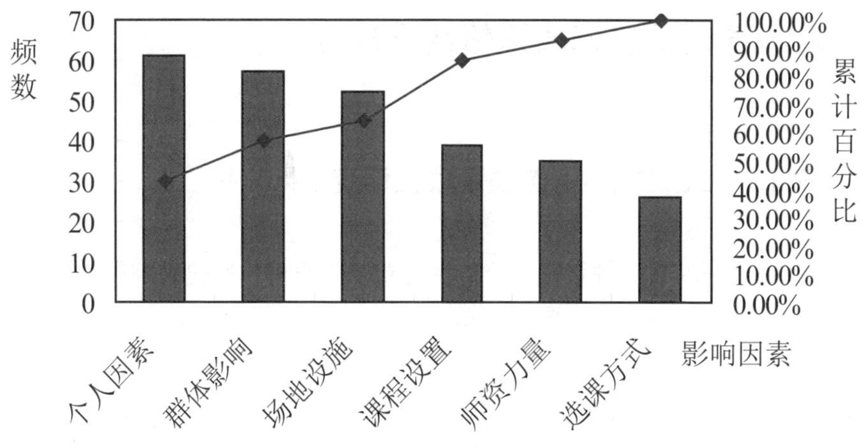

图3–4　大学体育选项课选课影响因素（教师）帕雷托分析

按照累计百分比0~80%的因素为A类因素，即主要因素进行取值，可取出大学生体育选项课选课主要影响因素为3个，依次为个体因素、群体影响和场地设施；处在80%~90%之间的因素为B类因素，即次要因素，可取出B类因素1个，即课程设置；其他为C类因素，即一般因素，依次为师资力量和选课方式。

在3个A类因素中，个体因素排在首位，即选课主要是要靠学生根据自身情况做出抉择；群体影响次之，学生属于一个群体，他们共同生活、学习、娱乐和交往，互相之间的影响作用是难免的；第三位场地设施，场地条件的好坏，直接可以展示在学生的面前，给人以强烈的视觉效果冲击，容易使学生根据场地的优劣来做出选课决定。

B类因素中是课程设置。学生选择体育选项课的内容和范围势必会对其选课起到限制和引导作用。

至于C类因素中的师资力量和选课方式两个方面，前者是由于学生平时很难接触到任课教师，对教师的了解很难做到全面，只有上了某个教师的课后，才好做评价选择；选课方式只是一种报课的手段，不会对选课造成较大的影响。

3.2 学生调查问卷评估结果分析

3.2.1 学生选报体育选项课项目调查结果分析

对调查得到的数据进行统计分析，得到了太原市14所代表院校学生选报体育选项课项目调查统计结果（表3-17）。

表3-17 太原市14所代表院校学生选报体育项目统计结果（n=633：男=342，女=291）

项目 数量（人） 性别	篮球	足球	健美操	武术	排球	羽毛球	乒乓球	体育舞蹈	排舞	体适能	网球	瑜伽	健美	游泳
男	93	80	9	35	28	19	13	14	2	13	10	2	5	3
女	31	17	78	32	37	27	23	28	15	4	4	9	0	2

续表

项目 数量（人） 性别	篮球	足球	健美操	武术	排球	羽毛球	乒乓球	体育舞蹈	排舞	体适能	网球	瑜伽	健美	游泳
频数累计	124	97	87	67	65	46	36	42	17	17	14	11	5	5
百分比（%）	19.54	15.27	13.78	10.51	10.29	7.19	5.7	6.59	2.82	2.88	2.16	1.77	0.72	0.77

表3–17的太原市14所代表院校学生选报体育选项课项目的统计结果显示，学生选报体育选项课前8项按百分比由高到低的顺序依次为：篮球、足球、健美操、武术、排球、羽毛球、体育舞蹈、乒乓球，其他项目所占比例与前8项差距很大。

采用柱状图可以更加直观、具体地显示大学生体育选项课项目选择性别比较的具体情况（图3–5）。

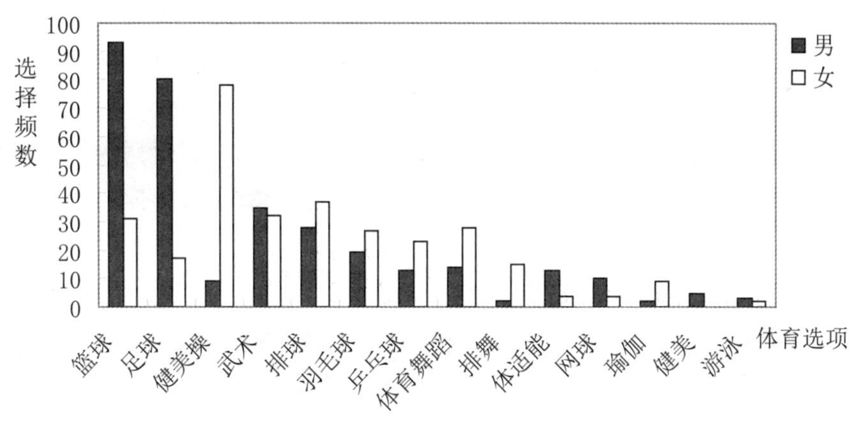

图3–5　大学生体育选项课项目选择性别比较

图3–5显示，男生选报篮球、足球、网球、体适能、健美项目的人数明显高于女生；女生选报健美操、排球、羽毛球、乒乓球、体育舞蹈、瑜伽、排舞项目的人数明显高于男生；选报武术和游泳项目的男女生比例基本相当。

3.2.2 体育选项课选课影响因素性别差异结果分析

采用独立样本T检验（Independent-Sample T Test）对评估数据进行统计处理，得到体育选项课选课影响因素学生性别差异比较的评估结果（表3-18）。

表3-18 不同性别体育选项课选课影响因素T检验结果（n=633）

影响因素	性别（Sex）	人数（n）	均值（M）	标准差（SD）	T	P
个体因素	男	342	12.6	2.728	1.746	0.225
	女	291	13.5	2.872		
客观因素	男	342	23.7	2.879	1.745	0.150
	女	291	24.9	2.900		

表3-18的研究结果显示，无论在个体影响因素上，还是在客观影响因素上，不同性别的学生都不存在显著差异。

3.2.3 体育选项课选课影响因素院校差异结果分析

采用独立样本T检验（Independent-Sample T Test）对评估数据进行统计处理，得到体育选项课选课影响因素学生院校差异比较的评估结果（表3-19）。

表3-19 不同院校体育选项课选课影响因素T检验结果（n=633）

影响因素	院校	人数（n）	均值（M）	标准差（SD）	T	P
个体因素	本科	333	12.3	2.628	1.637	0.213
	专科	300	13.4	2.772		
客观因素	本科	333	23.5	2.779	1.696	0.167
	专科	300	24.7	2.896		

表3-19的研究结果显示，无论在个体影响因素上，还是在客观影响因素上，不同院校的学生都不存在显著差异。

3.2.4　体育选项课选课影响因素总体评估结果分析

大学生体育选项课选课问题受到各种因素的影响。那么，大学生对这些影响因素的认识程度有差别吗？哪些因素是主要的？这就需要在个体因素、客观因素两方面的基础上了解其所包含的具体因素的影响情况，从而对影响大学生体育选项课选课的因素进行更深入的评估。准确的评估可以为大学生合理进行体育选项课选课提供依据和参考，也可以为学校体育教学的管理提供有意义的参考。

采用列表排序法对调查数据进行统计处理，得到大学生体育选项课选课影响因素总体评估结果（表3-20）。

表3-20　大学生体育选项课选课影响因素总体评估结果（n=633）

风险认知影响因素	均值（M）	类内排序	全因素总排序
一、个体因素			
1.性别差异	1.63	2	
2.身体形态	1.58	4	
3.健康状况	1.54	5	
4.身体素质	1.38	7	
5.性格取向	1.45	6	
6.爱好和专长	1.66	1	
7.动机和目的	1.61	3	
Total	1.55		①
二、客观因素			
8.群体影响	1.56	1	
9.选课方式	1.45	5	
10.场地设施	1.51	3	
11.课程设置	1.49	4	

续表

风险认知影响因素	均值（M）	类内排序	全因素总排序
12.师资力量	1.54	2	
Total	1.51		②

注：①②为一级影响因素均值排序号。

表3-20可见，从大学生体育选项课选课的两个一级影响因素方面总体来看，个体因素排在首位，均值（*M*）是1.55；客观因素排在次要位置，均值（*M*）是1.35。

类内排序结果显示：（1）在个体因素方面，高于类内均值（*M*=1.55）的影响因素是前4个，它们依次是爱好和专长（*M*=1.66）、性别差异（*M*=1.63）、动机和目的（*M*=1.61）及身体形态（*M*=1.58）；（2）在客观因素方面，高于类内均值（*M*=1.51）的影响因素是前3个，它们依次是群体影响（*M*=1.56）、师资力量（*M*=1.54）及场地设施（*M*=1.51）。

采用柱状图可以更加直观、具体地显示大学生体育选项课选课影响因素的具体情况（图3-6）。

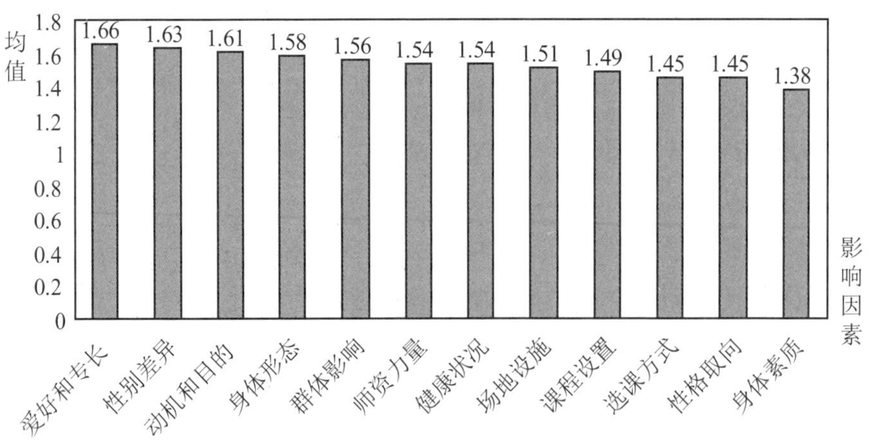

图3-6　大学生体育选项课选课影响因素均值比较

全因素总排序结果显示，以大于12个影响因素均值（*M*=1.53）的因素取舍，共取得7个影响因素，依次是爱好和专长、性别差异、动机和目的、身体形态、群体影响、师资力量、健康状况。与类内排序比较，个体因素里的健康状况（*M*=1.54）也成为一个重要的影响因素，而客观因素里的场地设施（*M*=1.51）则不属于一个重要的因素。

3.2.5　体育选项课选课影响因素学生调查结果分析

对调查得到的数据进行统计分析，得到了太原市14所代表院校的633名大学生对体育选项课选课影响因素的认识情况（表3–21）。

表3–21　太原市14所代表院校学生对体育选项课选课影响因素的认识（*n*=633）

影响因素	个体因素	群体影响	选课方式	场地设施	课程设置	师资力量
选择累计	621	589	178	265	313	432
百分比（%）	98.11	93.05	28.12	41.86	49.45	68.25

表3–21可见，大学生认为体育选项课选课的影响因素的主次顺序依次为个体因素、群体影响、师资力量、课程设置、场地设施、选课方式。运用帕累托分析，可以确定影响大学生体育选项课选课的主要因素、一般因素与其他因素（图3–7）。

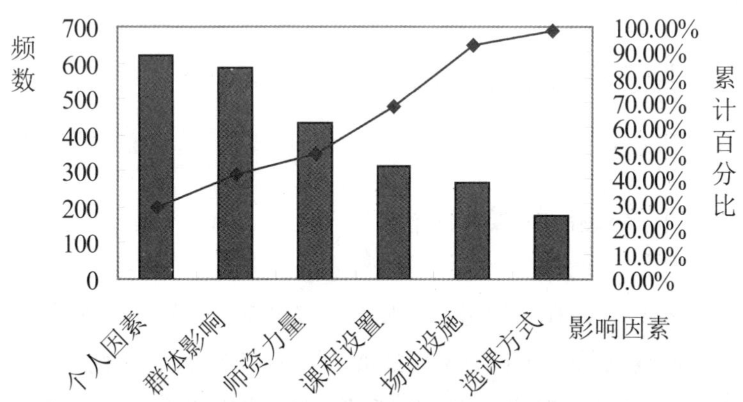

图3–7　大学体育选项课选课影响因素（学生）帕雷托分析

按照累计百分比0~80%的因素为A类因素，即主要因素进行取值，可取出大学生体育选项课选课主要影响因素为4个，依次为个体因素、群体影响、师资力量和课程设置；处在80%~90%之间的因素为B类因素，即次要因素，可取出B类因素0个；其他为C类因素，即一般因素，依次为场地设施和选课方式。

在4个A类因素中，个体因素与群体影响和教师们的选择一致，第三位的师资力量和第四位的课程设置与教师的观点差别较大。可见，学生看重的并不是学校的硬件，而是课程内容和教师教学等软件方面的内容。他们在选课时或旁敲侧击，或耳濡目染，对学校软件方面的内容已经有了一定的了解。

至于C类因素中的场地设施和选课方式两个方面，教师认为很重要的场地设施因素，学生却不认同，这可能是学生认为学校的硬件是不可能在短期内有所改变造成的，别无选择；选课方式只是一种报课的手段，只要处理好，不会对其选课造成较大影响，这点与教师的观点相同。

4. 讨论

4.1 关于问卷编制的策略及内容讨论

4.1.1 问卷编制的操作路径

编制量表要求具有五种特性（Kelly，2005）（1）可识别性（discriminative），即可辨别某一时间点不同的被试情况；（2）可评价性（evaluative），可评价同一被试在不同时间点的变化情况；（3）实用性（practicability），即应用时应无困难，答题时间短，理解容易，漏答率低;（4）有效性（availability），即能够有效测量设计者想要测量内容的能力；（5）可靠性（reliability），指量表在多次使用中重现的可能。

需要指出的是，问卷的编制要充分考虑各种实际测量因素的影响及测量自身和过程中引起的误差，符合内容敏感性原则；结构等级划分合理、功效性原则以及评价效果简便性和可分析性原则；并遵循经典测量理论（Classical Test Theory）对测评分析直观、具体、适用性广的要求；概化理论（Generalizability Theory）对测评宏观分析能力强的要求、项目反应理论（Item Response Theory）在控制测量编制质量上，原理科学，计量精确的要求，以便充分发挥测量的效能[①]。

本书的调查问卷按照上述路径进行操作，符合科学编制问卷的思路和规定。

4.1.2 《大学生体育选项课选课影响因素问卷（学生）》项目筛选及因素分析

《大学生体育选项课选课影响因素问卷（学生）》的项目筛选是按照量表的评定三策略（Ibert，1999）进行的，即理论导向策略（Rational-theoretical Strategy）、因素分析策略（Factor-analytic Strategy）和准则依据策略（Criterion-keying Strategy）来进行编制。

本书首先采用理论导向策略，在分析和探讨了以往对大学生体育选项课选课影响因素研究的基础上，设计开放式问卷，对相关专家进行调查，最后经过项目整理和筛选，编制了包含25个题项的初测问卷。

现代心理学研究领域是在有关心理学问卷或量表的编制上，经常通过观察变量研究不可直接观察的潜变量（特质）及其规律。其中最常用的方法就是探索性因素分析，通过观察变量探索发现潜变量及其规律，在本书中采用了这一策略。在初测问卷回收后，通过探索性因素分析的主成分分析和变

① Brennan，R. L. *Element of Generalizability Theory. IowaCity*[M]：ACT Publications，1983.

量最大化正交旋转法（Varimax），形成了含有25个题项的《大学生体育选项课选课影响因素问卷（学生）》，并通过信度和效度检验，保证了问卷的科学性。

4.1.3 《大学生体育选项课选课影响因素问卷（学生）》信度和效度讨论

信度是对测量一致性程度的估计，反映了测量工具的稳定性或可靠性，它一般用信度系数来评价。本书选用Cronbach's α 系数，对于量表进行内部一致性信度检验。当问卷的信度系数达到0.8以上时，就可以认为是相当好，信度系数达到0.7以上，即为较好，0.6以上为可接受信度。从统计结果中可以看出，问卷各因子的 α 系数在0.7425～0.8137之间，总问卷 α 系数为0.9138，表明问卷的信度是可靠的。

效度是能正确地测量出所要测量的特性或功能的程度（侯杰泰，2002），反映了测量工具的有效性，一般分为内容效度、结构效度和效标关联效度三类。内容效度是对测量内容或测量指标与测量目标之间的适合性和逻辑相符性，是指测验项目对有关内容或行为范围的测量目的和要求取样的适当性、代表性。要使内容效度比较好，必须具备两个条件①：一个是定义完好的内容范围，另一个项目应该是所界定内容范围的代表性取样。本书测评项目来源于文献综述及专家访谈，经过精心地设计与审查、修改，从而保证了量表具有较好的内容效度。本书通过对量表进行因素分析来检验量表的效度，在因素分析过程中，采用主成分分析法，以特征值大于1截取因子，得到2个因子，共解释总体变异量的54.149%（大于50%），而且各因素的特征值分别为5.987和1.922，各主因素与总问卷相关度较高，表明符合量表问卷编制的基本要求。

① Raykow T. , Marcoulides G. A. *A first course in structural equation modeling Mahwah*[M]. NJ：Lawrence Erlbaum Associates，2000.

4.2　教师调查问卷评估结果讨论

4.2.1　太原市14所代表院校体育选项课开展基本情况讨论

从表3-12太原市14所代表院校体育选项课开展学期数、选课方式、选项数量、班级容量、教师工作量等基本情况来看，本科院校在这些方面都优于专科院校，因此本科院校的学生选择上体育选项课的自由度比专科院校的学生大。这些情况的存在是由于政策和体制不同造成的，专科院校要以本科院校为榜样，加大人力物力投入，力所能及地努力改进这些不足。当然，国家教育部门对大学体育课教学没有一个统一的教学大纲和教材规定，是造成这种乱象存在的根本原因。因此，强烈呼吁教育部尽快出台高校体育课教学方面的文件，以法律法规的形式尽早结束这种混乱的教学现状，使得各院校之间的教学软、硬件等条件尽量配比平衡，给学生一个公平的学习环境和条件。

4.2.2　太原市14所代表院校体育选项课开展项目及班级数量结果讨论

表3-13的选项课项目累计结果显示，14所高校开展的体育选项课是按照篮球、足球、健美操、武术、排球、羽毛球、乒乓球、体育舞蹈、瑜伽、网球、排舞、体适能、健美、游泳等项目依次递减，有些院校还开设有太极柔力球、啦啦操、空竹、棒垒球、定向越野、街舞、毽球等项目，选择开展篮球、足球、健美操、武术、排球、羽毛球、乒乓球、体育舞蹈这8项的院校明显偏多，而其他项目的开展几乎凤毛麟角；上体育选项课的班级累计显示结果也证实了选择前8项学习的同学较多，尤其选择篮球、足球、健美操、武术、排球等项目的班级数量居多更加明显，各校还是以开展传统项目为主。这种现象形成的原因首先是高校体育教育缺乏创新精神，没有与时俱进，跟上社会时代的发展潮流，引进大众健身和喜闻乐见的新项目；其次是学校的条件很难达到同时开展数十种之多体育选项项目的要求，也就只能多开展便于组织、场地便于建设和利用的传统项目；最后是师资力量跟不上，

这个问题下面要谈。这些问题的存在限制了学生的选课，扼杀了一些同学的体育爱好，他们只能勉强地选择自己不喜欢的体育项目应付完成学业。

4.2.3 太原市14所代表院校体育选项课开展项目及教师数量结果讨论

表3-14的体育选项课教师数量累计结果显示，14所高校的篮球、足球、健美操、武术、排球、羽毛球、乒乓球、体育舞蹈等8项选项课教师数量明显多于其他项目的教师数量，尤以篮球、足球、健美操、武术、排球等项目的教师数量居多更加明显，这也就决定了学校只能围绕着现有师资力量情况来确定开展选修课的项目。另外，体育教育专业培养的毕业生所修专业也基本是篮球、足球、健美操、武术、排球及小球项目，其他项目都要靠学生自学自悟，并没有跟上时代和国内外体育健身内容的新变化来培养体育专业的毕业生，这样也就决定了为社会和各类教育部门输送体育人才的局限性。

4.2.4 太原市14所代表院校体育选项课开展项目及场馆数量结果讨论

表3-15的14所高校的体育选项课场馆数量统计可见，篮球场馆的数量高居榜首，接下来就是排球及乒乓球、羽毛球、网球等占地面积较小的项目的场馆数量略微多一些；足球场地一般各校是和田径场共用的，所以各校基本都有；除了必须在室内开展的项目（如游泳、体育舞蹈、瑜伽、健美等），必须得配套室内场馆外，其他项目的场馆都非常匮乏。总体显示，同表3-13统计的各校的班级数量比较，各选项课上课的场馆情况与教育部规定的生均拥有4.7㎡的室外场地和0.3㎡的室内场地的规定相比，都非常紧张和拥挤，而且场地的材质（如足球场是草坪还是土地、田径场是塑胶还是灰渣、室内场地是地板还是水泥地等）普遍较差[①]。这样的场馆条件给上体育

---

① 教育部办公厅. 普通高等学校体育场馆设施、器材配备目录. 教体艺厅,2004.

课带来了不便，甚至存在着伤害风险。如果遇到恶劣天气，由于场馆缺乏或拥挤，只能停课，使得本来就少得可怜的体育课的教学时间如同釜底抽薪。场馆问题的存在势必也会影响学生体育选项课的选择和学习。

4.3　学生调查问卷评估结果讨论

4.3.1　学生选报体育项目调查结果讨论

从表3-17的学生选报体育选项课项目的统计结果来看，学生选报体育选项课前8项按百分比由高到低的顺序依次为：篮球、足球、健美操、武术、排球、羽毛球、体育舞蹈、乒乓球，其他项目所占比例与前8项差距很大。这首先是由于各院校都以开展这8项体育选项课为主要内容造成的；其次是学生对这些项目比较熟悉了解，也增加了其报课概率；最后，从选报结果与学生的体育爱好和特长进行比较发现，有许多问卷显示二者之间并不一致，说明这些同学是迫于无奈报了自己不想报的项目；另外，还有相当一部分同学并无体育爱好和特长，其所报的课程也存在着一定的盲目性和随意性。这些问题的存在给体育选项课教学埋下了隐患。

图3-5显示，男生选报篮球、足球、网球、体适能、健美项目的人数明显高于女生；女生选报健美操、排球、羽毛球、乒乓球、体育舞蹈、瑜伽、排舞项目的人数明显高于男生；选报武术和游泳项目的男女生比例基本相当。由此可见，男、女生对体育项目的选择存在不同的趋向性。男生喜欢选择那些运动强度较大、具有一定的同场对抗性、刺激趣味较强的体育项目；而女生则喜欢选择那些运动强度较小、以小群体或单人为主、基本无太强对抗性、动作柔美、富有韵律的体育项目。

4.3.2　体育选项课选课影响因素性别差异结果讨论

采用独立样本T检验对体育选项课选课影响因素学生性别差异比较结果

显示（表3-18），无论在个体影响因素上，还是在客观影响因素上，不同性别的学生都不存在显著差异。这说明了影响大学生体育选项课的个体、客观方面所包括的诸因素都是男女生选课时所要面对和思考的问题，有些影响因素是学生们能考虑到的，有些影响因素是学生们考虑不到的。总之，这些因素共同影响着不同性别的学生选课，具有共性。

4.3.3 体育选项课选课影响因素院校差异结果讨论

采用独立样本T检验对体育选项课选课影响因素学生院校差异比较结果显示（表3-19），无论在个体影响因素上，还是在客观影响因素上，不同院校的学生都不存在显著差异。这说明了问卷调查影响大学生体育选项课的个体、客观方面所包括的诸影响因素也是不同院校的学生选课时所要面对和思考的问题，并不会因为院校不同而不同。有些影响因素是学生们能考虑到的，有些影响因素是学生们考虑不到的。总之，这些因素共同影响着不同院校的学生选课，也具有共性。

4.3.4 体育选项课选课影响因素总体评估结果讨论

大学生体育选项课选课影响因素总体评估结果显示（表3-20），从大学生体育选项课选课的两个一级影响因素来看，个体因素排在首位，客观因素排在次要位置。这说明个体因素在影响大学生体育选项课选课方面是至关重要的，相对而言，客观因素没有主观因素重要。这是因为报选项课时，主要是由学生从自身的身体状况、性格爱好、以及价值取向来考虑决定的。至于客观因素方面，学生们的选课主要是受群体影响、随大流，学校的教学安排和财力现状是他们无法干涉和现实存在的。因此，学生在考虑客观因素时是被迫做出的无奈选择。

当然，这并不是说客观因素在影响学生选课时就不重要，其实和个体因素一样是同等重要的。从全因素总排序结果显示（图3-6），主、客观影响的主要因素依次为爱好和专长、性别差异、动机和目的、身体形态、群体影响、师资力量、健康状况，也证实了客观因素中的群体影响和师资力量对大学生体育选项课选课的重要性。

4.3.5　体育选项课选课影响因素教师与学生调查结果比较和讨论

把表3-16和图3-4体育教师认为影响大学生体育选项课选课的因素的研究结果与表3-21和图3-6大学生们认为影响他们体育选项课选课的因素的研究结果进行比较，如表3-22所示。

表3-22　体育选项课选课影响因素教师与学生调查结果比较

比较内容	体育教师	大学生
影响因素的内容和主次顺序	个体因素、群体影响、场地设施、课程设置、师资力量、选课方式	个体因素、群体影响、师资力量、课程设置、场地设施、选课方式
帕累托分析结果的主要因素	个体因素、群体影响、场地设施	个体因素、群体影响、师资力量和课程设置
帕累托分析结果的次要因素	课程设置	
帕累托分析结果的一般因素	师资力量、选课方式	场地设施、选课方式

在影响因素所包含的内容方面，教师和学生的观点基本一致，都是问卷调查所包括的六个方面。

在影响因素的主次顺序方面，体育教师把个体因素排在首位的原因是他们认为，选课主要靠学生根据自己的自身情况做出抉择，这点和学生们的观点一致。其次是教师们认为学生选课受群体影响比较大，因为学生共属于一个群体，他们共同生活、学习、娱乐和交往，互相之间的影响作用是难免的，这点和学生们的观点一致。体育教师们把场地设施排在了第三位，他们认为场地设施条件的好坏，直接可以展示在学生的面前，给人以强烈的视觉效果冲击，并从安全性和舒适程度考虑，容易使学生根据场地的优劣来做出选课的决定；而学生们则把场地设施因素排在了第五位，这点和教师的选择顺序不一致，这可能是学生们认为学校的硬件是不可能在短期内有所改变造成的，他们无力改变现状，也就别无选择。教师们把师资力量因素排在了第五位，是因为教师们一般认为自己在业务方面不容置疑，完全有能力胜任教学工作；况且教师们认为，由于学生平时很难接触到任课教师，对教师的了解很难做到全面，只有上了某个教师的课后，才好做评价选择；并且，自己的教学水平好坏，下一届的学生们也并不知晓，所以此因素排位靠后；然而，学生们却把师资力量因素排在了第三位，可见学生看重的并不是学校的硬件，而是课程内容和教师教学等软件方面的内容，他们在选课时或提前分析，或耳濡目染，对学校师资力量等软件方面的内容有所期待和已经有了一定程度的了解。第四位的课程设置方面，教师们认为课程设置从体育选项课的内容和范围方面也势必会在一定程度上对学生选课起到限制和引导作用，学生的选课也势必会围绕着学校所规定的内容来做出选择，这方面二者的观点是一致的。教师和学生都把选课方式排在了第六位，二者共同认为，选课方式只是一种报课的手段，只要处理好，不会对选课造成较大的影响。

帕累托分析的结果显示，教师们认为个体因素、群体影响、场地设施这三个方面是主要影响因素，学生们认为个体因素、群体影响、师资力量和课程设置是主要因素；教师们认为课程设置是次要因素，而学生的调查结果显示不存在次要因素；一般因素方面教师认为是师资力量、选课方式，学生认为是场地设施、选课方式。二者在场地设施、师资力量和课程设置三个方面存在分歧，这是由于身份不同、考虑问题的角度不同所造成的。

需要指出的是，由于客观条件的限制，本书仅限于在山西省太原市具有代表性的14所院校中选取被试，存在着一定的局限性。并且，研究采用的是方便取样法，样本存在着一定的或然性。建议在以后的研究中，要扩大样本量，使测验的结果更加可靠。而且，从调查问卷题项的答题情况反映，还有相当一部分大学生对一些题项选择了“不清楚”的答案，这点也验证了大学生在进行体育选项课报名时存在一定盲目性的问题，也可能还存在着影响大学生体育选项课选课的其他因素，未来的研究应该对可能存在的影响因素进行更深一步的分析。

4.4　大学生体育选项课选课问题对策分析

要想妥善地处理好大学生体育选项课选课问题，就得从多方面来思考应对措施。这既包括选课学生个人因素的方面，又包括学校、社会、家庭等客观方面，只有全面了解影响选课的各种因素，针对自己的具体情况，权衡利弊，合理选择，才会尽量避免选课的失误，从而为体育选项课学习的成功迈出扎实的第一步。选课者可以根据选课流程图来操作（图3-8）。

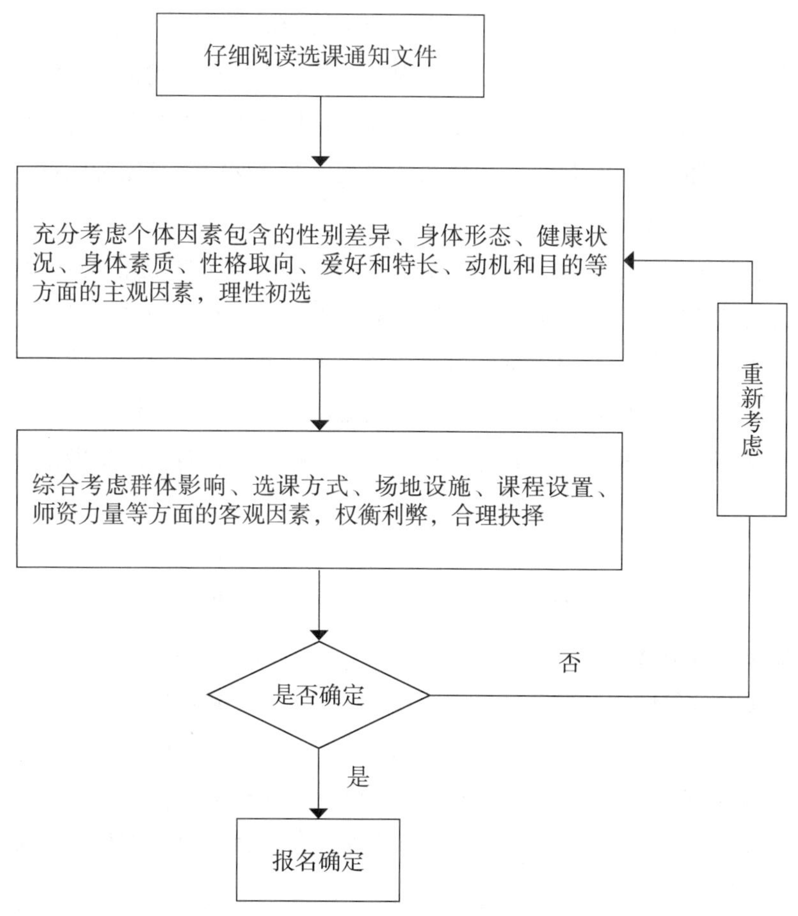

图3-8　大学生体育选项课选课流程图

4.4.1 从个体方面分析应对措施

个体方面就是指主观因素方面，大学生本人在选择体育选项课时，要充分认识到性别差异、身体形态、身体机能、健康状况、身体素质、性格取向、爱好和特长、动机和目的等方面的问题。

（1）性别差异。以往的许多研究结果中都反映出性别差异对大学生的体育选项课的选择有显著的影响。性别的差异会成为左右学生选择不同体育选项课的重要因素，如男生喜欢运动强度较大的、富有对抗性的项目，而女生则恰恰相反。虽然大家常说运动项目无性别差异之分，但是的确有些运动项目较适合于男子参加（如篮球、足球、散打、搏击、健美等），而有些项目则较适合女子参加（如健美操、体育舞蹈、瑜伽、排舞、啦啦操等）。当然诸如排球、太极拳、体适能、游泳、网球、乒乓球、羽毛球等运动项目对性别要求不特别明显。所以，大学生在体育选项课选课时要首先考虑自己的性别与项目是否匹配。

（2）身体形态。主要指身高和体重方面。以运动员的选材要求为参考，身材高大健壮的适宜选择篮球、排球等运动项目；身材矮小的可以考虑选择足球、武术等项目；身材匀称的可以选择搏击、散打、健美操、体育舞蹈等项目；身体肥胖或瘦弱的可以选择健美、瑜伽、太极拳、游泳、体适能等项目进行改善……这里不一一赘述。总之，要根据自己的身体形态做出合理选择，否则会给自己上体育选项课带来麻烦。

（3）健康状况。健康是指一个人在身体、精神和社会等方面都处于良好的状态。在这里主要关注身体健康状况，即包括心脏是否异常、是否高血压、有无呼吸系统疾病、有无骨关节、韧带等的伤病史等。只有充分认识这些，才能安全合理地选择适合自己的体育项目。身体机能状况的优劣（主要是指呼吸和心血管系统），对参加体育运动的安全和可行性起着重要的影响作用[①]。在选择体育项目时，一定要对自己的身体状况有所了解，从而决定是适合参加剧烈运动的项目，还是适合参加中等强度的项目或比较舒缓的运

① 田麦久. 运动训练学[M]. 北京：人民体育出版社，2000：22-24.

动等。通过合理的选择，可以安全、有效地改善自己的身体机能，这也是对个人安全发展负责的做法。

（4）身体素质。主要是指力量、速度、耐力、灵敏、柔韧等方面，从这些方面可以判断自己适合哪种体育运动。比如，篮球对力量、速度要求比较高；乒乓球、羽毛球、网球对速度、灵敏要求比较高；足球对速度、耐力要求比较高；舞蹈类对柔韧、协调、节奏感要求比较高……通过对不同项目的选择，可以有效发展或改善相关的身体素质。

（5）性格取向。主要是指自己是属于性格外向型的，还是属于内向型的。如果属于外向型的，则适宜选择与人对抗和交流多的项目，如三大球类和体育舞蹈等；如果属于内向型的，则适宜选择小球类或单人项目（健美、瑜伽、太极拳、游泳、体适能等）。如果是想锻炼性格和改善自己的性格弱点，可以考虑反向选择。

（6）爱好和特长。爱好是最好的老师，如果对自己所选的项目是热爱的，他学习起来就会热情满怀，反之则很难调动其积极性。学生在所选项目的体育基础特长上的差别，对教师教学也是一个棘手的问题，显然，已经具备一定体育专项基础的学生比没有基础的学生要好教，学生学起来也会得心应手。

（7）动机和目的。选课的动机及目的是什么也是非常关键的，要兼顾社会的需求和自身的实际情况，也要考虑项目的健身性、娱乐性和实效性。学习动机不同，会对自己的选课及学习造成重要的影响。例如，有的学生是为了应付考试拿学分；有的学生是怀着高度热爱的心情选择了这项课程，期望通过专项课对自己目前的水平有一个大幅度的提高；有的学生是为了将来的发展做准备，即为了有利于自己将来找工作增加筹码；还有的学生目光放得更远，是为了终身体育打基础等。因此，动机和目的决定着选修课的学习效果，建议把选课的目光放得长远一些。

4.4.2　从客观方面分析应对措施

（1）群体影响。主要指是自己深思熟虑选择的结果，还是受到其他同学或社会家庭的导向影响而被动选择的结果。社会上目前流行的体育健身项目会对学生产生一定的影响作用，如受当下社会上流行的“美之篮”“中之篮”等篮球职业联赛诞生的一些篮球巨星的影响，会使一部分同学去选修篮球选项课；健身房里的健美操、健身操、体育舞蹈热也会使得一些学生做出这些项目的选择；家庭的影响力是巨大的，有的家庭在孩子早期的体育健身习惯方面及运动项目的选择上已经做出了决定，或者家长从各种方面考虑，如安全、就业等方面，也会对学生选择体育选项课进行干涉；还有就是同学之间的影响作用是最关键的，尤其在同班或同一个宿舍的同学，往往会做出集体统一的选择；还有正处于恋爱期的大学生，受到恋爱伙伴的影响而违心选课……以上这些因素的影响，会左右学生本人的意愿，有可能造成误导，存在一定的盲目性。大学生自己要分清孰轻孰重，对自己的学习负责，通过理性的分析做出合理的选择。

（2）选课方式。主要是指对选课的报名方式是否有了充分的准备，如名额是否有限、是人工填报还是网上抢报、选课后是否允许调整等。由于各种原因，各高校在体育选项课的开展上都有一定的限制，不会是无限制地让学生去集中只报一个项目或某几个项目，因为专业教师人数有限、场地设施有限，所以会在各个选项课的报名分班上有一定的名额限制，并在学生选报时采用人工操作或者进行网上抢报。人工操作选课可以均衡地进行分班编排和调整，但工作量比较大；计算机网络操作选课虽然方便，但是会使有些同学由于报名晚了而选不上满意的课程；而且，有些院校出于各种原因考虑，学生选课后不准进行调整。大学生在选报课时，事先一定对报名方式和方法有一个充分的了解，做到早思考、先下手。校方也要留给学生一定的选择余地，如尽早下发选课通知，让学生有一个充分的考虑和选择的过程；及早开通选课报名通道，让学生分散报名；报名后，在一定的时间和范围内，允许学生做修改调整等。“三自主”（学生自主选择上课时间、自主选择学习内容、自主选择教师）选课是最佳途径，但大部分院校很难完全实现，有待进一步探究[①]。如果师资和场地条件都充足的院校，建议实行“全自主”

① 席连正，冯莉萍. 珠海大学园区“三自主”体育教学模式的创新[J]. 武汉体育学院学报，2012，46（2）：94–97.

（这种选课方式的特点是根据学生体育基础的个体差异，把不同的选项课再细化为初级班、中级班和高级班三种类型，分别由不同的教师授课，学生可以根据自身的具体情况，自主选择选项课的难度类型、自主选择上课时间、自主选择学习内容、自主选择教师）选课制，给予学生完全自主的选择权利①。

（3）场地设施。主要是指对此选项课的场地设施情况的满意度。场地设施情况也在一定程度上影响着学生对体育选项课的选择。各个学校的教学条件不同，有的学校有完善的教学场馆，而有的学校仍然不分酷暑严寒，只能在室外上体育课；有的项目是在室内教学（健美、健美操、体育舞蹈、体操等），有的项目要在外面栉风沐雨、忍受严寒和酷暑，场地设施条件的不同，教学环境的舒适程度，对某些娇气同学做出选课的影响也很大。教育部门和学校要加大对场地器材的建设投入，广泛开发各种教学资源设施，力争使各选项课在恶劣的气候条件下都有场馆保障正常上课，做到教学条件平等；领导部门在校内做好各系部的资源共享工作，在校外可以与兄弟院校或社会上的体育健身场所联系，做到场地器材资源交换使用或有偿使用；学校教务部门做好排课工作，合理安排上课的时间和地点，以便解决场地、器材和时间等方面的冲突问题，上述问题的解决可以有效地解决场馆及器材设施不足的问题。

（4）课程设置。主要指对此选项课的开设年限、教材内容、考核内容及评价标准难易程度是否有充分认识。大部分院校开设的体育选项课项目不够广泛全面，不能满足学生的选课要求；教学过程和教学计划的改革也均存在着一定的随意性，教学主管部门在对体育选项课课程内容的设置上很少做出详尽的介绍，从体育选项课教师那里了解的信息也非常有限，学生只能凭借选项课名称的字面意思或从往届的同学那里大概了解课程的内容，对于内容是否是自己喜爱和能否接受并不能做出正确判断，学生在正式学习了几次课以后才能够基本了解课程的内容及其考试难易程度，但此时为时已晚。也有的学生是出于好奇才选择了某项选项课，或者有的学生是出于某项选项课强

① 卜范龙. 北京市十一学校中学生选课走班新“时尚”[EB/OL]. 央广新闻:2012,9.

度较小、考试容易通过而做出的选择，并没有根据自己的实际情况和需要来选择，这样会对选项课学习造成消极的影响。应对措施是学校及相关部门要开设专门的体育选项课宣传栏和网站，把本校开设的体育选项课的项目以图文并茂的形式将常见问题做出答案公布出来，明确回答其开设年限、教材及学习内容、适宜对象、学习的效果及意义、考核内容及评价标准和方法等，相关部门和体育教师要义务做好体育选项课的咨询顾问，随时通过各种途径解答学生的疑问。学生本人也可以抽出一定的时间，对自己未来想报的体育选项课进行几次旁听来进一步证实自己的选择。对于选项课考核的问题，可以通过第三方介入的方式完成考核工作，即由相关部门统一制定各项考核标准，授课者本人不参与考核自己所带的班级和课程，由教务部门或抽调外校相关专业的教师做评委来完成考核工作。如此就可以对教师的教和学生的学起到强制性监督作用，相关问题也就迎刃而解了。

（5）师资力量。主要指对此选项课的师资力量情况是否有充分地了解：教师的能力水平、教学模式、教学风格、教学态度等。学生在报选项课时，对任课教师的了解基本上是未知数，只能被动等候学校的安排，碰运气。学校对任课教师的介绍只从职称、学历、科研、专业等方面进行笼统地介绍，学生根本无法了解教师教学方面的翔实资料。例如，教师教学水平的高低，教学经验的丰富程度，教学态度是否认真负责，工作是否兢兢业业；教学模式是民主的，还是一言堂、填鸭式；教学风格是开放风趣的，还是保守呆板……这些问题的应对措施是采用挂牌竞争的办法，教师可以“八仙过海，各显神通”，通过制作彰显自己特色的展板，介绍自己的个人情况、教学内容亮点及特色来吸引学生选课；也可以通过开展教学公开课比赛、观摩课、教学成果汇报课来展示自己的教学情况，以有利于学生了解和选择。这样一来，教师之间也就有了竞争机制，无形中会督促其认真对待教学，积极提升自己的业务水平，否则迟早会被淘汰。采用积极的奖励机制，对于选报人数较多的项目和老师，在其能力范围允许之内，允许其多带课，对超工作量的老师给予奖励。同时，学校要积极挖掘现有教师的第二、第三专长，增加选项课的项目内容，以便学生有更加自由充分的选择空间。学校要经常派体育教师外出参加培训学习，更新专业知识和技能；教师自己也要积极争取机会，做到与时俱进，不断完善自己的业务水平。体育专业院校也要与时俱进，根据国内外体育的动态变化，积极引进热门专业，为社会和各级各类院校培养合格的人才，输送新鲜的血液。

5. 结论

（1）大学生体育选项课选课问题是指“普通高校上公共体育课的大学生在选择体育选项课的过程中可能存在的问题”。

（2）通过开放式问卷、专家调查、项目分析、因子分析和信、效度检验，研制了《大学生体育选项课选课问题调查问卷》(包括教师和学生两部分)，问卷具有良好的信度和效度；问卷内容包括个人信息调查、体育选项课开展现状调查、体育选项课选课影响因素调查三个主要部分，并确定了调查结果的评估方法。

（3）大学生体育选项课选课受到各校体育选项课开展现状的限制（选课方式、场地设施、课程设置、师资力量）；大学生进行体育选项课选课时不存在性别差异、院校差异；影响大学生体育选项课选课的个体因素是主要因素，客观因素是次要因素；教师与学生对于体育选项课选课影响因素主次顺序认识在个体因素、群体影响、选课方式三个方面一致，在场地设施、师资力量和课程设置三个方面存在较大分歧。

（4）对问卷编制的科学性及研究结果进行了深入地讨论；研究认为大学生体育选项课选课问题可以从个体因素（性别差异、身体形态、身体机能、健康状况、身体素质、性格取向、爱好和专长、动机和目的）、群体影响、选课方式、场地设施、课程设置、师资力量等诸影响因素方面来思考应对。

附件1

大学生体育选项课选课问题调查问卷（教师）

亲爱的朋友：

首先感谢您在百忙之中抽出时间填写问卷！

下面是关于大学生体育选项课选课方面的一些问题，请根据贵校2012年开展体育选项课的真实情况作答。

院校名称：____； 选项课开____学期； 选课方式：①网报；②人工

1.请您用阿拉伯数字填写具体情况，如果表中所列项目不详尽，请在空格处补充。

选项课名称	篮球	足球	排球	武术	瑜伽	排舞	健美操	体适能	体育舞蹈
班级数量									
教师数量									
场馆数量									
选项课名称	健美	体操	游泳	毽球	跳绳	网球	乒乓球	羽毛球	
班级数量									
教师数量									
场馆数量									

2.以下是可能影响大学生体育选项课选课的因素，请您在认为“是”的选项上画“√”，如未穷尽，请在后面填充。

①个体因素； ②群体影响； ③选课方式；

④场地设施； ⑤课程设置； ⑥师资力量；

⑦________； ⑧________； ⑨________； ⑩________。

3.您对改进大学生体育选项课选课问题有何宝贵意见？

____

____

调查到此结束，再次感谢您的帮助！

附件2

大学生体育选项课选课问题调查问卷（学生）

亲爱的朋友：

首先感谢您在百忙之中抽出时间填写问卷！

下面是关于影响大学生体育选项课选课方面的一些因素，请根据自己选课时考虑的因素如实作答，答案包括“是”“否”“不清楚”三项，每题均为单选，无正确与错误之分，请在对应的空格中画“√”。

院校：_____；性别：_____；选修项目：_____；体育爱好与特长：______

题 项	是	否	不清楚
1.我是根据自己的性别选报的项目			
2.我选报项目前考虑过自己的身体形态特点（身高、体重）			
3.我选报项目前做过全面体检，身体很健康，无影响参加运动的疾病			
4.我是根据自己身体素质特点（力量、速度、耐力、灵敏、柔韧）选报的项目			
5.我是根据自己的性格特点（外向或内向）选报的项目			
6.我是根据自己的爱好和特长选报的项目			
7.我上选项课是为了健身和娱乐			
8.我上选项课是为了拿学分			
9.我上选项课是为获得体育专长有利于将来找工作			
10.我是受同班同学的影响选报的项目			
11.我是受家长的劝导选报的项目			
12.我是受当前流行的健身项目的影响或好奇选报的项目			
13.我是咨询了相关老师和师哥师姐选报的项目			

续表

题 项	是	否	不清楚
14.我喜欢网上抢报选项课这种方式			
15.我喜欢人工定额分配选项课这种方式			
16.我希望能完全“三自主”（自主选择项目、教师、上课时间）选报项目			
17.我选报项目时清楚在哪里上课（室内、室外）			
18.我选报项目时清楚场馆条件的好坏			
19.我选报项目时清楚教学器材是否充足			
20.我选报项目前已经对此项教学内容有所了解			
21.我选报项目前已经对此项教学内容的学习难易程度有所了解			
22.我选报项目前已经对此项教学内容的考试难易程度基本有所了解			
23.我报课时已经对任课教师的学识渊博程度有所了解			
24.我报课时已经对任课教师的教学态度认真程度有所了解			
25.我报课时已经对任课教师的教学风格（风趣民主或呆板无趣）有所了解			

2.以下是可能影响大学生体育选项课选课的因素，请您在认为“是”的选项上画“√”，如未穷尽，请在后面填充。

①个体因素；②群体影响；③选课方式；

④场地设施；⑤课程设置；⑥师资力量；

⑦________；⑧________；⑨________；⑩________。

调查到此结束，再次感谢您的帮助！

第四章　高校学生体质健康测试项目锻炼问题研究

1. 国家学生体质健康测试概述

1.1　体质健康的重要意义

健康并不代表一切，但失去了健康，便丧失了一切。当代大学生们由于学业重、竞争压力大、作息时间不规律、饮食习惯不良等原因，往往会导致多种慢性疾病的发生，完成正常的学习、生活和生活的美好理想就会因此化为泡影，使远大的抱负付诸东流。

作为现代的大学生，你是否了解未来社会人才应该具备哪些素质呢？未来社会的大学生必须具备较高的思想道德品质、较好的科学文化素质、较完善的心理素质和较强健的身体素质。其中，身体素质是其他素质发展和依附的基础和载体。

充沛的精力在于拥有健康的身体，在埋头知识海洋努力学习的大学生们，也应多注重体育锻炼。运动可以使你精力旺盛、才思泉涌、智慧增倍，

“运动+学习”会取得“1+1>2”的绝佳效果。现代大学生应当树立起较强的健身意识，应当积极主动地把提高自身的身体素质作为终身追求的目标，应当把自觉提高身体素质水平作为对个人、家庭、社会乃至整个民族的重大责任。

1.2　什么是国家学生体质健康测试

在我国的各级各类学校中，每年都要对所有的学生进行一次国家学生体质健康测试。这也是对各级教育部门体育卫生教育工作的检测和监督。其目的主要是监测我国学生的身体生长发育和健康状况，通过测试结果反馈学生身体发展存在的不足，以督促其进行体育锻炼。根据学生测试成绩的年度评分评定等级：90.0分及以上为优秀，80.0～89.9分为良好，60.0～79.9分为及格，59.9分及以下为不及格。测试结果达到良好的学生才能有资格参加评优和评奖①。学生毕业时的成绩和等级，按毕业当年学年总分的50%与其他学年总分平均得分的50%之和进行评定，测试的成绩达不到50分者按结业或肄业处理。

1.3　大学生体质健康测试项目及指数

高等学校把大学一、二年级的学生和三、四年级的学生分为两组。测试的指标包括身高、体重、肺活量、50米跑、坐位体前屈、立定跳远、引体向上（男）、1分钟仰卧起坐（女）、1000米跑（男）、800米跑（女），各项所占分值详见表4–1。

---

① 国家学生体质健康标准（2014年修订）。

表4-1　项目及指数

组别	评价指标（测试项目）	分值
大学各年级	BMI	15
	肺活量	15
大学各年级	50米跑	20
	坐位体前屈	10
	立定跳远	10
	男生引体向上、女生1分钟仰卧起坐	10
	男生1000米跑、女生800米跑	20

注：BMI=体重/身高的平方（体重的单位为kg，身高的单位为m）

1.4　评价指标

《国家学生体质健康标准》中从小学到大学都分别规定了相应的评价指标，这些指标是根据《国家学生体质健康标准》中项目的测试值进行评价的。除BMI是根据所测得的身高和体重需要进行计算外，其他项目是直接利用测试值进行查表评分。详见《国家学生体质健康标准评分表》。

2. 大学生体质健康测试项目设置的目的

大学生体质健康测试主要是对身体素质的测试，测试的内容涵盖了力量、速度、耐力、柔韧四个主要方面，身体机能方面由于需要医疗设备和医务人员进行严谨的医学仪器的化验和体检，不利于大范围地在校园推广测试，因此仅涉及了身高、体重和肺活量的测量。通过这些简单便捷的测试，就基本上可以检验出学生的身体健康状况，以便采用相应的体育锻炼措施，有针对性地制定和指导某方面存在不足的大学生进行体育锻炼。

2.1 BMI项目设置的目的

BMI=体重/身高的平方（体重的单位为kg，身高的单位为m），然后根据性别查看得分范围来判断其处于哪个范围之间。它通过身高与体重一定的比例关系，反映人体的围度、宽度、厚度以及人体的密度，是评价人体形态发育水平和营养状况及身体匀称度的重要指标。人的体形肥胖、健壮或瘦弱，都是针对身高与体重的比例是否协调与适中而言。经常检测身高与体重是否适宜，是否需要调整饮食，对于平衡运动量的大小和生理机能的变化等，都有重要的意义。

BMI的测量方法简便易行，它间接地反映人体的身体成分。如果你所测得的BMI数值小于或大于同年龄段的BMI的标准范围，就说明你的身体匀称度欠佳，需要通过调整饮食结构或积极参加体育锻炼来增加体重或减少体内多余的脂肪。

2.2　肺活量项目设置的目的

肺活量是评价人体呼吸系统机能状况的一个重要指标。科学家指出：肺活量低的人难以与肺活量高的人一样同享高寿。由于肺活量的大小与身高、体重、胸围等因素有着密切的关系。因此，为了将学生身体发育的不同步因素在肺脏机能的评价中得以体现，所以选用了肺活量指数。

2.3　50米跑项目设置的目的

50米跑项目虽然看起来动作结构简单，但它可以反映人体的神经反应的灵活性、身体的协调性、关节和肌肉的柔韧性以及肌肉的力量和耐力。我们不能指望一个身体不灵活、肌肉无力、协调性和柔韧性都很差的人可以在50米跑的测试中取得好的成绩。因此，50米跑的测试成绩可以部分地反映身体运动的综合素质，它是从事体育活动、学习运动技能所必须具备的身体基本素质。因此，50米跑测试具有重要的意义和作用。

2.4　坐位体前屈项目设置的目的

坐位体前屈项目测试反映的是关节和肌肉的柔韧性。柔韧性差意味着相应的关节和肌肉缺乏体育运动。长时间缺乏发展柔韧性的练习，可导致关节和关节周围软组织发生变性、挛缩，甚至粘连，因而限制了关节的运动幅度，牵拉时必然产生疼痛，所以扩大关节运动幅度，也就扩大了人体活动的无痛范围。身体柔韧性差会影响体育活动、学习、工作，甚至会影响人的健康与生活质量，乃至影响寿命。所以，柔韧性是身体健康素质的要素之一，必须引起学生的高度重视。

2.5 立定跳远项目设置的目的

立定跳远主要测量人体向前跳跃时下肢的爆发力，也涉及背部肌肉的力量、腰腹的力量和小腿肌群的力量，其对协调性的要求也很高。爆发力在体育运动和日常生活中都是非常重要的身体素质，不仅在体育比赛中需要腿部爆发力，在日常生活中，如在搬运重物、骑自行车、爬山、远足等休闲活动中也需要腿部爆发力。腿部爆发力是以腿部的力量为基础的，没有力量就谈不上爆发力，也谈不上肌肉的耐力。

2.6 男生引体向上项目设置的目的

男生引体向上项目主要是测试男子上肢肌肉力量，涉及主要肌肉有前臂屈肌、肱二头肌、背阔肌和腹部肌群，同时全身其他肌群也要协同做功才能完成此动作，因此是反映肌肉力量的一个比较理想的指标。若想取得理想的测试成绩，就要经常坚持系统地锻炼。能够取得此项理想测试成绩的同学，其上肢肌肉也就更为发达，从而其身体形态也就更匀称健美，更具有男子的阳刚之气。

2.7 女生1分钟仰卧起坐项目设置的目的

仰卧起坐测试是评价腹部肌肉力量和耐力的方法之一，由于它能比较安全地测试肌肉的力量和耐力，因此受到广泛地欢迎和应用。在做仰卧起坐时，主要是腹肌在起作用，但髋部肌肉也参与了工作，因此这种测试既评价了腹部肌肉的耐力，也反映了髋部肌肉的耐力。由于女生这两个部分肌肉的力量和耐力与其某些生理功能有密切的联系，因此将仰卧起坐单独列为女生的一个测试项目。

2.8　耐久跑项目设置的目的

耐久跑是国内外评价心血管系统机能水平最简便的方法之一。心血管机能水平高的人在跑相同距离时所用的时间相对要少。因此，如果你的心血管系统机能较强，就能在耐力测试中取得好成绩。假如你用了100%的力量还不能取得理想的成绩，说明你的心血管系统机能欠佳，但有相当大的发展空间，通过循序渐进地有氧耐力训练、科学地控制饮食和降低体重，就可以得到改善和提高。

3. 大学生体质健康测试项目锻炼的基本原则

体育锻炼的原则是运动过程中客观规律的反映，是体育锻炼实践普遍经验的总结和概括，是进行体育锻炼必须遵循的准则。了解和掌握体育锻炼的原则，是安全、有效进行体育锻炼的基本保障，它们对大学生体质健康测试项目采用科学的锻炼方法和手段有着直接的指导作用。具体应遵循的原则如下。

3.1　自觉积极性原则

体育锻炼不同于人们劳动和日常生活中的一般躯体活动，更区别于动物所具有的走、跑、跳、攀登等自然的本能动作。人类所进行的体育锻炼是有一定的目的的。体育锻炼的自觉积极性原则，就是指个体在主观上充分认识体育锻炼的价值和意义，要具有主动参加体育锻炼的意识，在明确体育锻炼的目标与目的的基础上，必须自觉、主动、积极地投身有目的、有计划的体育锻炼的过程中去。这种有目的的活动必然建立在自觉、自愿、积极、愉快的心理基础之上，才能够取得良好的锻炼效果。因为体育锻炼是一项业余、自愿的活动，需要克服惰性，并且要学会科学地运用体育锻炼知识。所以，没有自觉性，锻炼必然就很难达到实效。

毛泽东同志曾指出“坚实在于锻炼，锻炼在于自觉”“欲图体育之有效，非动其主观，促其对于体育之自觉不可”。因此，参加体育锻炼必须要树立明确的目标，强化动机，培养兴趣，养成锻炼习惯，并及时检测锻炼效果，这样才能激励体育锻炼的自觉性和积极性。

3.2 循序渐进原则

循序渐进是人体适应外界环境的基本规律。人体对环境的适应是一个缓慢的由量变到质变的过程，体育锻炼也是如此。长时间没有参加体育运动的人，当你一旦决定参加体育锻炼时，必须遵循人体机能基本活动规律，应根据自己的身体健康状况、体形、水平、能力、学习和工作的性质和时间等情况，合理设计和选择体育锻炼计划，安排训练内容。经过一段时间的锻炼，待身体逐渐适应（即机体各个组织器官功能逐渐提高）了之后，再逐渐增加锻炼的内容、方法和运动负荷。如不根据自己的实际情况，盲目地追求大运动量，身体就不能很好地适应，甚至导致出现伤病，也就不可能取得好的锻炼效果。因此，在体育锻炼过程中，必须遵循练习动作由易到难、锻炼方法由简到繁、器械的重量由轻到重、练习动作的次数和组数要由少到多、锻炼的强度和密度由小到大、锻炼的时间由短到长、锻炼的运动量要由小到大的原则。这样才能使肌肉、韧带、关节等各器官对于新的刺激有一个适应的过程，也能有效地避免受伤，从而才能不断地提高体育锻炼的水平和效果。

3.3　区别对待原则

参加体育锻炼应根据主客观的需要和条件，有针对性地进行，即从个人的学习工作、生活的需要出发，根据自己的年龄、性别、健康状况、作息制度、自然条件、兴趣爱好、可用的器材设备和场地等因素，综合考虑制订锻炼计划，以求达到增强体质、健益身心、提高运动成绩的良好效果。与此同时，在体育锻炼过程中，必须根据自身体质状况来合理安排负荷量，并注意营养膳食，才能保障身体的健康发展，为实现运动目标提供能量的保障。

3.4　全面发展原则

由于人体是一个有机的整体，试图单一地发展某种运动能力或单独锻炼某个部位（如为了减小腰围仅仅进行仰卧起坐练习），或者只锻炼躯体表面的肌肉而不进行内脏呼吸系统的锻炼，这样的想法和做法都是极其错误的。因为人体在做某个运动时是受大脑皮质层的统一调节，使人的各器官系统、各部位、各种身心素质和活动能力相互联系、相互促进和相互制约。各个系统在局部独立工作的同时又要有机地协调配合。因此，体育锻炼要遵守全面锻炼和发展的原则，才能得到健康发展和取得最大的收益。

3.5　持之以恒原则

体育锻炼的持之以恒原则是基于体育的超量恢复原理。进行一次有效的体育锻炼，恢复大体要经历以下四个阶段。第一个阶段为工作阶段，由于体内能量物质被消耗，各器官系统的机能随之逐渐降低，从而造成工作能力降低和疲劳的出现。第二阶段为工作后的恢复阶段，这时随着工作各器官系统机能的恢复和合理营养膳食，身体的机能又会逐渐恢复到之前的状态。第三阶段为超量恢复阶段，由于机体的超负荷锻炼，受到刺激器官会产生补偿性摄取养分的功能，如果营养合理，恢复充分，会使机体的状态超过未参加体育锻炼前的状态，这就是体育锻炼可以改善身体机能和提高运动成绩的奥秘。然而，如果在超量恢复阶段停止继续锻炼，机体就会进入第四个阶段——复原阶段。如果你的体育锻炼是“三天打鱼，两天晒网”和“一曝十寒”，时而训练，时而停训，这样的锻炼效果自然就不明显。

当然，采用这一原则也不是机械死板的，假如你在一段时间因特殊原因耽误了训练，也不必焦急和自责。体育锻炼的目的只是帮助你生活得更好，而不是增加额外负担。如果你觉得身体不适或偶尔患病，也可暂停几次锻炼，以便使机体全力以赴地对付疾病，待身体恢复和情况正常后，再从身体的现有水平开始锻炼就可以了。只是体育锻炼在调节期间，训练的量和强度都要注意控制，否则将会给身体带来严重的不良后果。

3.6　安全第一原则

安全在体育锻炼中是所有应遵循原则的重中之重。体育锻炼时一定要做好运动前的准备、运动中负荷科学合理、运动后放松恢复，掌握参加体育锻炼的科学健康的饮食知识和自我安全保护知识等。如果用盲目不合理的蛮干来进行体育锻炼，不仅不会取得理想的锻炼效果，还会对身心造成不良的伤害。与其如此，还不如不参加体育锻炼的好。

总之，体育锻炼的原则不仅仅限于上述几条，需要大家在实践中总结归纳，理论联系实际地进行应用，不要孤立遵从某个原则，而应是全面地结合贯彻这些原则。

4. 如何进行大学生体质健康测试项目锻炼

4.1 锻炼过程中应注意的问题

4.1.1 准备活动和整理活动

热身运动是使身体从相对安静状态逐步过渡到肌肉适度紧张状态，从而提高中枢神经系统的兴奋性和各器官的活动能力，以适应身体锻炼的需要，以避免运动时内脏器官的不适及肌肉、韧带、关节等组织结构的损伤。开始时先做全身肢体的轻微活动，如腰背及下肢各关节的活动，通过旋转、牵拉、屈伸等练习方式，使腰、髋、膝、踝及其周围的肌肉、韧带、关节囊等组织得到充分地拉伸；可做一些全身性的热身活动，如跑跳的辅助练习：小步跑、转髋跑、后退跑、跳跃等练习。

在每次锻炼的结束阶段，要逐渐减少锻炼的强度，让身体逐步恢复到安静状态。这将减少突然停止锻炼时出现轻微头痛的情况。在整理活动时也可以做一些和准备活动相同的伸展性动作。

4.1.2 锻炼的频率

为了增进心血管功能和降低体重，建议锻炼次数从每周3~4次，逐渐增加到每天1次。如果每周运动少于3~4次，为了达到对心血管的锻炼效果，就要加大运动锻炼的强度。但是，如果锻炼强度增加，发生损伤的可能性也会增加。而且，当每周运动锻炼少于3次时，难以达到降低体重的目的。如果平常不太爱参加运动的人，刚开始锻炼每周超过4次时，损伤的可能性会加大。

4.1.3 运动量和运动时间

为了达到心血管系统的锻炼效果和改变体形、体态的目标，在确立和制订体育锻炼方案和计划时，要保证每次运动锻炼时能够消耗200~300千卡的热量。运动锻炼的总热量消耗是由运动的时间和强度决定的。

4.1.4 锻炼的进度

体育锻炼的强度要由小到大，因为机体有一个锻炼适应的过程，这个过程不能一蹴而就，否则会因锻炼痛苦而无法坚持下去。例如，一个很久没有锻炼或没有任何锻炼基础的人想要发展心肺功能和耐力，他的锻炼会历经规定好一定时间和距离的慢走——快走——慢跑——中速跑——快跑这样一个逐渐增加运动负荷的过程。

4.1.5 锻炼的强度

运动锻炼的强度是指运动时施加在心肺系统的“负荷”。对不同的人达到锻炼效果的最低运动强度是不一样的，平常不太爱参加运动的人比健康的人要低。判断运动强度的基本方法是看锻炼时的心率。因为在一般的运动中，心率随强度的增加而增加。你可以通过计算靶心率（THR）范围的方法，决定运动的强度。靶心率范围是指为了达到锻炼效果所需的最大心率和最小心率。对于普通的健身者来说，靶心率的范围是最大心率的60%~80%。

4.1.6 锻炼的类型

在锻炼的开始阶段，应选用那些运动锻炼强度容易控制、可以消耗适当的热量、产生损伤的可能性小的运动锻炼方式，如行走、慢跑、骑自行车、游泳等项目。运动量强调低强度、长时间，当机体适应后，再过渡到逐渐增大锻炼强度的不同锻炼方式。方法是由低强度到高强度，从控制因素多的项目到控制因素少的项目，从损伤可能性小的项目到可能性略大的锻炼项目。

4.1.7　个体因素

每个人的身体素质和健康状况是不同的，在参加体育锻炼时不能盲目攀比。首先要保证把心率控制在靶心率的范围内，根据自身的实际能力量力而行，同时掌握一些必要的科学健身知识。例如，空腹及饱腹均不适合参加运动锻炼。空腹运动锻炼时，主要能量来源是靠脂肪的异生提供，可能因血液中的游离脂肪酸过多，引起各种心律失常，甚至导致危险。饱腹后运动锻炼，则易引起胃肠道血液供应不足，使消化腺分泌相对减弱，导致消化、吸收不良，久而久之出现胃肠疾患。同时，由于进餐，使胃肠物理性负荷增加，此时进行剧烈运动锻炼则会出现腹部不适，甚至腹痛、呕吐等，严重的可发生消化道穿孔。在锻炼中要科学适当补水，防止脱水、低血糖等问题的发生。

4.1.8　环境因素

这是指在气候寒冷、降雨或降雪、大雾或雾霾天气、炎热的夏天、高原地区等恶劣的自然环境下进行体育锻炼，需要充分做好防护措施或改为室内锻炼，适当调整锻炼的内容和强度，甚至可以暂时停止锻炼，否则会导致伤病或发生意外，得不偿失。

4.2　体育锻炼的适应症与禁忌症

4.2.1　适应症

内脏器官疾病如高血压、冠心病、慢性支气管炎、肺气肿、支气管哮喘、胃十二指肠溃疡、慢性便秘、内脏下垂等；代谢障碍疾病如肥胖病、糖尿病等；神经系统疾病如偏瘫、截瘫、周围神经损伤、神经衰弱、脑震荡后遗症等；运动系统疾病如四肢与脊柱骨折术后康复期、腰椎间盘髓核突出症、颈椎病、肩周炎、脊柱畸形、类风湿性关节炎等；妇科疾病如痛经、子宫位置不正、盆腔炎等，这些疾病均可进行运动处方锻炼。

4.2.2 禁忌症

病情较重，体温升高者，如各型肺结核活动期、严重炎症、发热在38℃以上等；或疾病急性和亚急性发作期，如心绞痛发作频繁、肺结核咯血等；或因体疗可能引起出血、剧痛或其他损伤的病人，如骨折未愈合的局部、关节内有骨折片未清除者、偏瘫或肿瘤等病变尚在进展期或有明显转移者，均应停止运动处方锻炼。

5. 运动处方

5.1 什么是运动处方

运动处方是模仿医生给患者开药方的形式，根据个体的健康、体力状况以及心血管系统功能状态，用处方的形式为健身者详细地规划出适宜的运动种类和运动负荷，并指出运动中的注意事项。它是指导健身者安全有效、有目的、有计划进行科学锻炼的一种方法。运动处方因人而异，一般包括运动方式、运动强度、运动时间、运动频率、运动注意事项等主要因素。遵循处方，就可以按部就班地进行体育锻炼。

5.2　如何制定运动处方

5.2.1　身体机能测定

为了了解锻炼者的身体健康状况，制定运动处方时需要检测和评定锻炼者对运动负荷的承受能力。应以心肺功能为主，进行安静和运动状态下的生理功能检测，主要有心率、血压、肺活量等指标。

5.2.2　体能测定

可以通过《国家学生体质健康标准》的测试结果计算其力量、耐力、速度和柔韧的情况，从而判断其身体素质和生理机能状况，发现其中的不足，为有的放矢地制定运动处方做好前期准备。

5.2.3　健康状况调查

主要是调查其身体健康状况，饮食起居，有、无心血管疾病，身体现状如何，体温状况等，根据结果提醒其将来锻炼时应该注意的问题。

5.2.4　锻炼条件调查

主要是了解其所处的生活环境和所具备的锻炼条件，为制定运动处方的客观条件提供参考。

5.2.5　选择运动项目

运动项目的选择要考虑运动的目的，是为了提高运动成绩，还是为了健身、治疗；要考虑运动条件，如场地器材、余暇时间、气候等；还要结合体育兴趣爱好等。因为运动项目选择的合理与否，关系到锻炼的有效性和持久性。

5.2.6 测算运动强度

可用靶心率来计算，以本人最高心率的60%～80%的强度作为标准。计算公式如下：

靶心率=（220－年龄）×（60%～80%）

例如，某大学生20岁，适宜运动强度范围的靶心率是120～160（次/分）。

靶心率=（220－20）×（60%～80%）=120～160（次/分）

5.2.7 测算运动负荷

运动强度和运动持续时间决定其运动量。运动量确定后，运动强度大时，持续时间应相应较短，采用同样运动量时，年轻和体质好的宜选择强度大、持续时间短的练习；中老年及体弱者宜选择强度小而持续时间较长的练习。

5.2.8 制定运动处方

运动处方的主要内容包括：准备部分、基本部分、整理部分。各部分具体又包含锻炼内容，这些内容是锻炼的时间、锻炼的强度、锻炼的次数和组数是多少等。

5.2.9 运动频度

运动频度指每周的锻炼次数。关于运动频度，日本的池上晴夫研究表明，一周运动1次，肌肉酸痛和疲劳每次发生，运动后1～3 天身体不适，效果不蓄积；一周运动2次，酸痛和疲劳减轻，效果有点蓄积，不明显；一周运动3次，无酸痛和疲劳，效果蓄积明显；一周运动4～5次，效果更加明显。可见，一周运动3次以上，效果才明显。

5.2.10　效果检查

由于个人情况千差万别，在实行运动处方的过程中，可能会有不合适的地方，应在实践中及时检查和修正，以保证锻炼的效果。

运动处方的示例见本章后面的附件1、附件2。

附件1

大学生“减脂”运动处方示例

姓名：×××　　　性别：女　　　年龄：20

<table>
<tr><td>体质评价</td><td colspan="5">评价指标：身体形态——BMI指数：24.7　评价：80分、超重</td></tr>
<tr><td>锻炼目标</td><td colspan="5">通过锻炼，减少身体脂肪含量，达到控制体重和减脂的目的</td></tr>
<tr><td>自我评价</td><td colspan="5">1.身体健康：有、无心血管疾病
2.身体现状：好、一般、不太好
3.体温：是、否正常（36.3℃～37.2℃）</td></tr>
<tr><td>注意事项</td><td colspan="5">如有以上不良情况的现象，建议锻炼者不宜参加体育锻炼</td></tr>
<tr><td>场地环境</td><td colspan="5">室内/室外；温度：________℃；自然环境：山、水、树木、植被等</td></tr>
<tr><td>活动部分</td><td>锻炼内容</td><td>时间（分）</td><td>强度（次/分）</td><td>次数</td><td>组数</td></tr>
<tr><td rowspan="2">准备部分</td><td>1.走、慢跑（400～800米）</td><td>3～5</td><td rowspan="2">80～90</td><td>1</td><td rowspan="2">1</td></tr>
<tr><td>2.拉伸操：上肢、下肢、躯干、全身</td><td>10</td><td>1</td></tr>
<tr><td rowspan="4">基本部分</td><td>1.400米快走：①脚外侧跑②脚尖跑③脚跟跑④倒退跑各100米</td><td>3～4</td><td>100～110</td><td>1</td><td rowspan="4">2～3</td></tr>
<tr><td>2.800米慢跑：①脚外侧跑②脚尖跑③脚跟跑④倒退跑各200米</td><td>4～6</td><td>120～130</td><td>1</td></tr>
<tr><td>3.400米中速跑</td><td>1～2</td><td>130～140</td><td>1</td></tr>
<tr><td>4.400米慢速跑</td><td>2～3</td><td>120～130</td><td>1</td></tr>
</table>

续表

活动部分	锻炼内容	时间（分）	强度（次/分）	次数	组数
基本部分	5.仰卧起坐：30～40次	1	120～130	2	1
	6.立卧撑：20～30次	1	120～130	2	
	7.半蹲跳：20～30米	1	120～130	2	
	8.弓箭步走：30米	1	120～130	2	
	9.纵劈叉	1	90～100	2	
	10.横劈叉	1	90～100	2	
整理部分	1.身体运动主要部位的放松（上下肢、躯干）				
	2.放松手段：放松操、拉伸、按摩、热水浴、理疗、游戏、深呼吸等				
生活饮食	合理作息生活起居，适当控制能量高的饮食				
锻炼后的自我评价	1.机体疲劳程度感觉	疲劳	较疲劳	一般	不疲劳
	2.睡眠效果	好	较好	一般	不好
	3.饮食状况	多	较多	一般	不多
	4.其他				
周练频次	每周隔日锻炼，至少保证3次锻炼				

附件2

大学生“速度锻炼”运动处方示例

姓名：××× 性别：女 年龄：20

体质评价	评价指标：身体形态——50米跑：11.4 评价：0分、不及格
锻炼目标	通过锻炼，达到提高身体速度素质的目的
自我评价	1.身体健康：有、无心血管疾病 2.身体现状：好、一般、不太好 3.体温：是、否正常（36.3℃～37.2℃）
注意事项	如有以上不良情况的现象，建议锻炼者不宜参加体育锻炼。
场地环境	室内/室外；温度：_____℃；自然环境：山、水、树木、植被等

续表

活动部分	锻炼内容	时间（分）	强度（次/分）	次数	组数
准备部分	1.走、慢跑（400～800米）	3～5	80～90	1	1
	2.拉伸操：上肢、下肢、躯干、全身	10		1	
基本部分	1.前倾跑：30米	1	110～120	2	1
	2.后踢腿跑：50米	1	110～120	2	
	3.脚尖跑：50米	1	110～120	2	
	4.交叉跑：50米	1	110～120	2	
	5.脚跟跑：50米	1	110～120	2	
	6.倒退跑：50米	1	110～120	2	
	7.跑：50米	1	110～120	2	
	8.小步跑：50米	1	110～120	2	
	9.并腿转髋跑：50米	1	110～120	2	
	10.高抬腿跑：50米	1	110～120	2	
	11.车轮跑：50米	1	110～120	2	
	12.四肢跑：50米	1	110～120	2	
	13.时间跑：50米	1	110～120	2	
	14.100米跑	3	130～140	2	
	15.120米跑	3	130～140	2	
整理部分	1.身体运动主要部位的放松（上下肢、躯干）				
	2.放松手段：放松操、拉伸、按摩、热水浴、理疗、游戏、深呼吸等				
生活饮食	合理作息生活起居，适当控制能量高的饮食				
锻炼后的自我评价	1.机体疲劳程度感觉	疲劳	较疲劳	一般	不疲劳
	2.睡眠效果	好	较好	一般	不好
	3.饮食状况	多	较多	一般	不多
	4.其他				
周练频次	每周隔日锻炼，至少保证3次锻炼				

第五章　高校学生体育竞赛问题研究

1. 引言

高校学生的体育竞赛主要包括一年一度的校运会和院系组织举办的单项竞赛。另外，有些专业或半专业的省级、国家级的运动会、单项比赛也可以作为参考。虽然这些项目一般有专业的教练或教师带队组织训练和参赛，涉及的人数也较少，但也不可避免地存在着一些安全问题，需要进行相关的指导。

2. 体育竞赛项目分析

2.1 田径运动项目特点分析

2.1.1 田径运动的特点

田径运动体现出的特点是运动强度大，赛事也非常激烈。而且，和其他比赛相比，田径的竞争性更强。这是一个比速度、比耐力、比远度的比赛项目，需要运动员在短时间内展现出最大的速度和力量。这项比赛不受人数、年龄、性别和季节的影响，比较容易开展且参与的群体比较广泛。

2.1.2 开展田径运动的意义

（1）健身功能

田径运动是健身价值较高的运动项目，经常、系统地参加田径运动锻炼，能提高人体走、跑、跳、投等基本运动技能的水平，促进青少年健康生长发育和各器官、各系统机能的发展，可以促进人体内部的新陈代谢，并且还能改善神经系统的调节功能，提高内脏器官的各项机能，全面发展速度、力量、耐力、灵敏、柔韧等身体素质。由于田径运动锻炼主要是在户外进行，人体更多地接受日光、风雨等自然环境的陶冶，从而提高了人体对外界环境变化的适应能力。

（2）竞技功能

竞技体育是社会文化不可或缺的组成部分，每年在国际和国内举行的田径运动竞赛很多，除原有的世界田径锦标赛、世界杯赛，又增加了大奖赛和黄金联赛等多种比赛。田径运动竞赛是竞技运动中公平竞争的典范，运动员创造的拼搏精神和运动美是激励人们欣赏体育运动的主要原因。

（3）教育功能

在田径运动项目教学、训练和竞赛中，参加者既可以在技术学习中提高心智，又要承受一定的生理、心理负荷，还必须遵守一定要求和规则，这样有利于良好的思维、心理品质的养成。通过田径运动，可以培养学生不畏困难、勇往直前的精神。

（4）娱乐功能

参加田径运动可以愉悦身心。在学校体育课中各种以田径运动为主的游戏和比赛，学生可以自娱自乐，参加者自身技术的改进、运动水平的提高都会给本人以很大的心理满足，使身心都能得到健康发展。在各级各类的田径运动会的开始和结束部分，都会进行开幕式的表演，在运动会进行到中后阶段，一般会设立一些便于全员师生参加的集体趣味竞赛项目，这些项目包括拔河赛、各种趣味接力赛、集体跳大绳赛等，以娱乐为主，能够调动全员参与体育锻炼的积极性。

（5）回归自然功能

在现代社会中，城市人口越来越多，环境污染越来越重，人们渴望回归自然，走、跑、跳、投是人类在与自然环境斗争中产生的技能，也是人类与自然环境做斗争的重要手段。田径运动能力的提高可以提高人们在自然环境中的生存能力。

2.2 单项体育竞赛的特点分析

2.2.1 单项体育竞赛的特点

单项体育竞赛一般是指涵盖在某一类体育竞赛中的具体的某个项目的比赛。例如，田径运动会的100米单项竞赛，球类里面的篮球联赛、足球联赛，操舞里的健美操比赛等，按照竞赛的级别分为国际级、国家级、省市级、校级、院系级等。参加单项体育竞赛有一定的限制条件，由于有竞赛规模和参赛级别的限定，对参赛的人数、队数和水平有着一定的要求，如乙级队不可以参加甲级队的比赛、具有省级赛的第一名的资格才能够参加国家级的比赛等，达不到参赛要求则无资格参赛。当然，竞赛的级别越低，参赛要求的资格也就越宽松，基层的比赛更是如此，如各高校院系级的比赛。

单项体育竞赛的另一个特点是持续的时间比较长，如CBA、CUBA、中超联赛等，竞赛往往会持续几个月至半年之久，有的竞赛甚至长年不断进行。

2.2.2 单项体育竞赛的意义

（1）促进经验交流

一场大型的体育赛事往往会吸引不同地区、不同文化、不同风格的运动代表队和运动员参赛。这样就可以让大家眼界大开，从而促进了技术、战术和先进的思想经验的交流，做到互通有无，从多方面推动了运动队的建设和发展。

（2）选拔体育精英

在参加运动竞赛时，除了以往的精英运动员，往往会涌现出一些黑马。除了运动员们展示自己精湛的技艺之外，还会获得名誉和不菲的奖金，也为各级各类体育协会和体育俱乐部选拔、挖掘优秀运动员提供了便捷的条件。也方便优秀运动员借此机会抬高身价、在俱乐部之间进行流动。

（3）以赛促进发展

体育竞赛包罗万象、兼收并蓄，赛程持久。在这个过程中，运动员们要拼尽全力，充分展示出自己全部的运动才能，并耗费巨大的体能，在这种状态下持续作战。因此，以赛促练，可以更好地推动运动队和运动员自身水平的提高。

（4）丰富文化生活

一个国家、一个地区、一个城市，乃至一个学校，在举行一场规模宏大的体育赛事时，会从地方的政治、经济、文化特色的角度进行重磅宣传，在广告、网络、新闻、城市文明建设、吉祥物、体育标语、旗帜、运动装备、运动服饰等上面都彰显了地域文化的特点，这些可以很好地起到丰富地域文化生活的作用。

（5）促进全民健身

某项大型体育赛事在某个地区开展的前后，往往会带动当地居民的健身热情。例如，以举办地命名的马拉松赛事、以地方标准性线路命名和举办的自行车赛、奥运会、全运会等，这些赛事的举办会吸引当地的民众参加，从而推动全民健身运动的发展。

（6）推动城市建设

一场大型体育赛事的举办往往需要符合赛事举办条件的场馆。因此，竞赛路线沿线的建设和美化、大型场馆的兴建、运动员度假村的修建、办公场所的建设、先进设备设施的引进等是必不可少的，这样通过体育赛事就在一定程度上推动了当地基础设施的建设。

（7）吸引投资旅游

体育赛事基础建设离不开资金的引进，有钱才能顺利办事。除了财政资金的支持外，某地在承办大型体育赛事时，也是离不开商家的投资建设的。随着以体育赛事为中心的宣传攻势的辐射作用，势必会带动当地旅游资源的开发，在吸引各地人们观看比赛的同时，也同样吸引人们在余暇时间去浏览当地的美景和享受当地的特色美食，因此体育赛事的举办也会吸引大量投资和发展旅游。

（8）促进产业发展

体育赛事的举办会带动一系列产业的发展。举办体育赛事，交通运输、旅游、旅店、餐饮、水电暖、广告、网络、新闻、城市文明建设、赛事用品等一系列的事情都要办好，都需要各行各业的服务和通力合作，这几乎涉及社会各层面的人力、物力、财力。因此，体育赛事的举办可以很好地促进地区产业的发展。

（9）吸纳人才引进

大型体育赛事的举办离不开庞大的服务团队，高级管理人才、高素质的服务人员的引进必不可少。丰厚的待遇、地区特点的展示，往往在赛事结束后还会产生余温效应，使地区的知名度提高，从而吸引更多的优秀人才来此就业。

3. 体育竞赛参赛前指导

参加各级各类竞赛的运动员都是普通的在校大学生，他们是体育运动的爱好者，但多未受过系统的训练，一般技术水平不高，动作的协调性也较差，而且运动场地和设备多较简陋。因此，要从实际出发，切实做好以下几方面的工作。

3.1 赛前体检

运动会前，要对参加比赛的学生进行体格检查，检查的重点应放在心血管系统，如测量脉率、血压、心脏听诊、X光胸透等。必要时还应做功能试验。若发现有慢性病和身体其他异常时，还需做特殊检查，如血常规、肝功能、尿液检查、心电图检查及X光拍片等。不允许伤病学生或身体不合格者参加比赛。

3.2 组织管理

医务人员或体育保健教师应协助体育教师做好比赛程序的组织编排工作。在确定比赛项目时，必须考虑少年儿童的身体、生理特点。每一名运动员每天比赛的项目不能过多，若遇两次比赛的间隔时间太短时，要适当调整组别。同时，要做好伙食管理和有关比赛场地、设备和服装的卫生检查。

3.3　赛场救护

认真做好组织、检查并实施运动场上的救护工作。应设立现场急救站，由专业人员负责现场的救护工作。若无专业医务人员时，也应指定专人负责，一旦发生伤病事故时，可立即送医院处理。此外，还要加强比赛中的安全、卫生，以及文明新风的宣传教育工作，以保证比赛的顺利进行。

3.4　做好赛前准备活动

准备活动是调整赛前身体功能状态和缩短运动适应过程的重要手段。准备活动的内容应包括一般准备活动和专项准备活动，其强度和时间应根据不同项目的特点和运动员的赛前状态及气候等因素而定。

4.　主要运动项目参赛注意事项

4.1　田径运动参赛注意事项

田径运动的项目很多，不同的项目对身体素质有着不同的要求，如短跑对速度素质、投掷项目对力量素质、长跑与超长距离跑对耐力素质及跳跃项目对下肢肌肉爆发力等要求较高。

根据田径运动的生理特点，从保健的角度出发，必须注意加强运动员的自我监督、生理指标的测量，定期进行运动功能检查与评定，尤其是耐力项目的运动员，更需要经常地对心血管系统功能状况做出判断。根据对长跑运动员心电图检查和分析，认为心律失常和S-T段及T波改变的主要原因，多数是由于运动量或强度过大而引起心脏功能失调，以及在感冒期间，尤其是在发烧的情况下照常参加训练所致，发生心律失常者多为青年运动员。因此，对17～19岁或年龄更小者参加长距离或超长距离训练时，由于他们的身体发育尚未完全成熟，若不按照青少年的身体生理特点循序渐进地进行训练，就会造成心脏负担过重，使心脏功能失调，以致影响青少年的健康和缩短运动寿命。因此，要特别注意合理安排运动强度与运动量。

做好竞赛的组织管理工作，认真检查运动场地设备，做好运动伤病的防治工作。例如，跑、跳项目训练开始阶段易发生胫骨疼痛；短跑、跳远及跨栏运动中易发生股后肌群的拉伤；长跑和超长距离赛跑中易发生的腹痛；田赛中的投掷项目，如铅球、标枪、铁饼等容易出现组织管理不当而发生严重的伤害事故，因此运动前都要采取相应措施。田径运动与外界气象条件的关系非常密切，室内训练时要注意调节室内的气温、湿度和通风等；夏天要预防中暑，冬天要预防冻伤。

根据不同运动项目的特点，做好膳食调配，马拉松赛跑时应供给途中饮料，夏天训练或大量出汗时，要注意补充盐分与水。

4.2 球类项目参赛注意事项

4.2.1 篮球

篮球运动是对抗性强、体力消耗较大的运动。因此，对运动员必须进行定期体格检查和心血管系统的功能评定，合理安排膳食，加强运动场地的安全与卫生检查，遵守比赛规则和发扬良好的体育道德作风，这些都是保证运动员身体健康和预防运动伤病的重要措施。

4.2.2　排球

排球运动中既有跑、跳动作，又有滚翻、扣杀动作，对身体素质的要求较全面，体力消耗较大。据报道，在大运动量训练时，最高脉率可达212.4次/分，训练后尿蛋白的发生率达80%。因此，除合理安排运动量、定期进行体格检查外，要特别注意加强基本技术的训练和指导，预防因传接球时手形不正确而引起的手指关节扭伤和半蹲位下反复扭转、起跳引起的膝部损伤等。

4.2.3　足球

足球运动是一项对抗性强、争夺非常激烈，并在恶劣气候条件下也可进行训练或比赛的项目。据国外资料报道，一场90分钟的足球比赛，运动员大致跑程为5000米并完成160个技术动作。国内有资料报道，一场足球比赛，运动员的平均跑程为8085米，快跑后心率为190次/分，消耗能量达6277.5千卡。因此，要加强运动员身体素质的全面训练，合理安排膳食，保障营养，定期进行体格检查和心血管系统的功能评定，并切实做好运动性伤病的预防。

4.3　游泳项目参赛注意事项

在利用江河、湖泊等自然水源进行群众性游泳活动前，必须选择干净水源，并对周围环境卫生及水下情况做认真周密的调查，充分注意水质卫生、水温、水速及水的深度的调查，禁止在有污染、有漩涡及水下有杂物的水域内游泳。

游泳是一项对身体有着良好影响的运动，但患有心脏病、高血压、活动性肺结核、传染性皮肤病、中耳炎、癫痫和一切发热病人，以及女子月经期均不宜参加游泳。

在下水前，要做好准备活动。若水温较低时，先用冷水泼身，以提高机体对水温的适应能力。在水中停留的时间也不宜过长或停止不动，由于水温低，机体散热多，能量消耗也较大，因此要防止肌肉痉挛和过度劳累，如因失热过多而产生寒颤，应立即上岸，并做一些轻缓的活动以加强产热过程，防止发生感冒。此外，还应注意预防游泳性结膜炎及中耳炎，在训练时要带好游泳帽和防护眼镜。

在组织群众性游泳活动时，要加强组织纪律和安全教育，深浅水域之间要有明显标志，防止未掌握游泳技术的人因误入深水而发生溺水。

5. 体育竞赛运动损伤问题应对

体育竞赛项目的日常训练较体育锻炼运动负荷大得多，而且是以对抗性为主。在比赛时运动员会拼尽全力，争取发挥出最好的竞技水平战胜对手，赢得比赛的胜利。在这些激烈的比赛对抗中，非常容易发生伤害事故。现就这些问题阐述如下。

5.1 体育运动受伤的原因分析

5.1.1 思想因素

事实证明，运动损伤的发生常与体育教师、教练员和体育锻炼参加者对预防运动损伤的后果认识不足有关。不重视预防运动损伤的人，多存在着一些片面的认识或缺乏防伤观念，在体育教学和运动训练中，未能积极地采取各种预防措施。特别是某些学生，他们缺乏生活经验，思想上麻痹大意，盲目或冒失地进行体育锻炼，或情绪急躁、急于求成，忽视了循序渐进和量力而行的原则，或在练习中因畏难、恐惧、害羞而产生犹豫不决和过分紧张。这些心理状态常是造成运动损伤的重要原因。

5.1.2　准备活动方面的缺点

据国内调查统计资料表明，缺乏准备活动或准备活动不正确，是造成运动损伤的首位或第二位的原因。在准备活动上常存在的缺点如下。

（1）不做准备活动。在神经系统和其他各器官系统的功能没有做好准备的情况下，就立即投入紧张的正式运动，由于肌肉、韧带的力量及伸展性都不够，运动中负担较重部位的功能没有得到相应地提高，身体协调性差，因而容易发生肌肉拉伤和关节扭伤。这种现象常见于课外活动中。

（2）准备活动不充分。在神经系统和其他各器官系统的功能尚未达到适宜的状态时，就进入紧张的正式运动，或对准备活动的生理作用认识不足，做准备活动马虎敷衍，因此，容易发生伤害事故。

（3）准备活动的内容与体育课或训练课的内容结合得不好，或者缺乏专项准备活动，运动中负担较重部位的功能没有充分地改善，因休息而减退了的条件反射性联系尚未恢复，此时易发生组织损伤。

（4）准备活动的量过大。身体在进入正式运动以前已感疲劳，当进入正式运动时，身体的功能不是处于最佳的状态而是有所下降。此外，准备活动的强度若安排不当，也可引起肌肉拉伤。

（5）准备活动距正式运动的时间过长。当身体进入正式运动时，准备活动所引起的生理作用已经减弱或消失，失去做准备活动的意义。这种现象多见于比赛时，如临时更换比赛时间或替补队员的临时上场等。

5.1.3　技术上的缺点和错误

由于技术动作上的缺点和错误，违反了人体结构的特点和各器官系统功能活动的规律，以及运动时的力学原理，也易引起机体组织损伤。据有关资料分析，技术动作上的缺点和错误，是初从事运动训练或学习新动作时发生损伤的主要原因。尤其是青少年，神经活动的兴奋和抑制过程不均衡，分化抑制的能力较差，学习动作时常常掌握不好要领，容易因各种错误动作而造成损伤。例如，篮球、排球传接球时，由于手形不正确引起手指扭挫伤。

5.1.4　运动量（尤其是局部负担量）过大

安排运动量时，没有充分考虑体育锻炼者的生理特点，运动量超过了锻炼者可能承受的生理负担量，尤其是局部负担量过大，这常是运动训练特别是专项训练中造成运动损伤的主要原因。例如，在较长的一段时间内，过多安排跳跃和蹲杠铃的练习，可导致膝部负担量过大而引起髌骨劳损。

在一般学校的体育课中，也同样存在着局部负担量过大的问题，即一堂体育课中几项内容的选配不合理。倘若几项内容都对人体某部位有较大的负担，就可能引起某部位负担量过大。

5.1.5　身体的功能状况不良

在睡眠或休息不好、患病带伤或伤病初愈阶段以及疲劳时，生理功能和运动能力相对下降，在这种情况下若参加剧烈的运动，将会因肌肉力量较弱、反应较迟钝、身体协调性较差等导致损伤。因此，当身体功能状况不良时，应减少运动量和降低练习的难度与强度。

5.1.6　组织方法不当

它包括是否遵守教学、训练和比赛的原则，以及教学训练和比赛的组织方法是否合理等两个方面的问题。前者指教学、训练中是否切实遵守系统性、循序渐进和个别对待的原则以及比赛的年龄分组原则。教学训练组织工作常存在的缺点是：一位教师负责指导的学生过多、教师缺乏正确地示范和耐心细致地教导、进行器械练习时缺乏保护、运动场上参加锻炼的人过多、在非投掷区练习投掷或任意穿越投掷区、滑冰时不按规定方向滑行、组织性纪律性较差、允许伤病学生参加剧烈运动等；比赛组织方法上常见的缺点有：日程安排不当、比赛的场地和时间任意变动、允许伤病或身体不合格者参加比赛，上述各点都会成为受伤的原因。

5.1.7 动作粗野或违反规则

在比赛中不遵守规则，或教学训练中相互逗闹、动作粗野，这常是篮球、足球运动中发生损伤的重要原因。

5.1.8 场地设备的缺点

运动场地不平，有小碎石或杂物；跑道太硬或太滑；沙坑太硬或有小石，坑沿高出地面，踏跳板与地面不平齐；器械年久失修或维护不良，表面生锈、不光滑或有裂缝；器械安装不牢固或安放位置不妥当；器械的高低、大小与轻重，不符合锻炼者的年龄、性别和训练水平的特点；缺乏必要的防护器具（如护腕、护踝、护腿等）；运动时的服装和鞋袜不符合体育卫生的要求等，这些都能成为受伤的原因。

5.1.9 不良气象因素的影响

气温过高，易发生中暑和疲劳；气温过低，易发生冻伤或出现肌肉僵硬、身体协调性下降而引起肌肉拉伤；潮湿高温的气候使人容易大量出汗，影响体内水盐代谢，可发生肌肉痉挛或虚脱；光线不良影响视力，使锻炼者在运动中反应迟钝，这些也都可能成为受伤的原因。

5.2 体育运动受伤的各种信号

下面列出了出现伤痛时的各种信号和症状，这时你就需要对周围环境的某些因素加以特别注意。

（1）当触及身体某一部位时会感到剧痛。

（2）放松休息时感到疼痛、热身后疼痛不减、关节疼痛、活动身体某部位时该部位疼痛加剧。

（3）肿胀或颜色变化。

（4）正常身体机能改变。

5.3 体育运动受伤的预防

5.3.1 加强思想教育

加强安全、组织性纪律性的教育，加强防伤观念，培养学生团结友爱、互相帮助、互相保护的优良品质，以及发扬良好的体育道德作风。

5.3.2 合理安排教学、训练和比赛

在教学训练中，根据学生的年龄、性别、健康状况和动运技术的水平，充分了解教材中的难点，估计哪些动作不易掌握和哪些环节容易发生运动损伤，做到心中有数，事先做好预防的准备。

（1）加强全面身体训练，提高各方面的身体素质。在高校体育工作中，即使在运动成绩比较好的学生中，也不应过早地进行专项训练和过早地要求他们出成绩。

（2）加强基本技术的教学，使学生正确掌握动作技术的要领。合理安排运动量，尤其要注意运动器官的局部负担量和伤后的体育锻炼问题。

（3）不断地改进教学训练的方法，在学习动作时，要注意由简到繁、由易到难、由分解动作到完整动作的教学。在运动训练中，要严禁“单打一”的训练方法。

（4）遵守循序渐进、个别对待等教学训练的原则，根据学生的不同情况，区别对待。

（5）遵守比赛的年龄分组、规章和规则。高校学生不宜过多地进行比赛，也不要与专业人员进行对抗性比赛。

5.3.3　做好充分的准备活动

准备活动的目的是提高中枢神经系统的兴奋性，使它达到适宜的水平，加强各器官系统的活动，克服各种功能，特别是植物性功能的惰性。通过全身各关节肌肉的活动加速血液循环，使肌肉得到充分的血液，增加肌肉力量和弹性，并恢复因休息而减退了的条件反射性联系，为正式运动做好充分的准备。

准备活动的运动量，应根据个人各器官系统功能状况、气象条件和教学训练的情况而定。若机体兴奋性较低或气温较低，准备活动应充分些。一般认为，以身体感到发热、微微出汗为宜。

准备活动的内容，应根据教学、训练和比赛的内容而定。做到有针对性，既有一般性准备活动，又要有专项准备活动。国外有人研究大腿后群肌肉损伤与准备活动内容安排的关系后认为，准备活动应先做肌肉的动力性或静力性的力量练习，并应增加肌肉伸展性练习。准备活动最后部分的内容，与正式运动的内容紧密联系，对正式运动中负担较大和易伤部位，要特别做好准备活动，对已伤部位的准备活动要谨慎小心。有研究资料表明，准备活动结束与正式运动间的时间间隔以1～4分钟为宜。因此，在运动间歇时间过长时，都应补做准备活动或补做专项准备活动。

5.3.4　加强易伤部位的锻炼

加强易伤部位和相对较弱部位的训练，提高它们的功能，是预防运动损伤的一种积极手段。例如，为了预防髌骨劳损，可用“站桩”的方法以提高股四头肌和髌骨的功能；又如，为了预防腰部损伤，应加强腰腹肌的训练，提高腰腹肌的力量。从某种意义上讲，腹肌是腰背肌的对抗肌，而且相对较弱，若腹肌力量不足，在运动中易发生脊柱拉伸而造成腰部损伤。所以，在进行腰背肌力量训练的同时，要注意腹肌力量的训练。

5.3.5 加强保护与自我保护

保护和自我保护是预防运动损伤的重要手段，特别在体操中，很容易发生技术动作上的错误或失手跌下，尤其一些学生，由于肌肉力量不足，判断与控制能力较差，在进行器械练习尤其是学习新动作时，都应加强保护。教师应将保护和自我保护的正确方法传授给学生。例如，摔倒时要立即屈肘、低头、团身，以肩背部着地顺势滚翻，而不可直臂撑地。又如，从高处跳下时，要用前脚掌先着地并同时屈膝，以增加缓冲作用等。

5.3.6 加强医务监督与运动场地安全卫生的管理

经常参加体育锻炼的人，都要定期进行体格检查，参加重大比赛的前后，要进行补充检查或复查，以观察了解体育锻炼或比赛前后的功能变化。对患有各种慢性病的人，更应加强医学观察和定期的或不定期的体格检查。禁止伤病患者或身体缺乏训练的人，参加剧烈的运动或比赛。

要做好自我医务监督。身体若有不良反应时，要认真分析原因，并采取必要的保健措施，要严格掌握运动量，不宜练习高难动作。

要认真地对运动场地、器械设备及个人的防护用具（如护腕、护膝、护踝等）进行安全卫生检查和管理，不要在不符合体育卫生要求的场地上或者穿着不符合体育卫生要求的服装、鞋子进行运动等。

第六章　高校学生健身房健身风险防范问题研究

1. 引言

随着健身热的兴起，大学生走进健身房健身成了一道亮丽的风景线。然而，健身房内健身内容丰富多样，健身场馆设施复杂，健身教练和管理人员水平不一，加之大学生社会经验少，健身知识有限，在这样的情况下健身，必然存在着难以预料的风险。如何防范健身风险成了大家日益关注的话题。

2. 大学生健身房健身风险防范界定

“大学生”是指具有大学学籍，在大学就读的学生。大学生包括专科生、本科生、硕士研究生、博士研究生等。这个群体的特点是年轻、时尚，精力旺盛，具有好奇心，喜欢尝试新事物，爱争强好胜，学习和生活压力小，有充足的业余时间，具有一定的经济能力和自由支配能力。“健身房健身”是指健身者在健身房内借助一定的健身器材、设施和环境，在专职健身指导员的示教、指导和监督与保护之下，通过自己的积极参与，达到锻炼身体、增强体质的目的①。“风险防范”就是对可能发生的负面结果及危害采取积极防备的措施。

本书把“大学生健身房健身风险防范”界定为“对健身房内参加健身活动的大学生可能发生的负面结果及危害采取积极防备的措施”。

3. 大学生健身房健身风险分析

健身房的健身内容主要包括操房健身项目和器械区健身项目。操房健身项目又包括徒手健身项目和徒手—器械组合健身项目；器械区健身项目又包括固定器械项目和自由器械项目。不同的健身项目对健身者具有不同的健身功效，但是它们存在的风险更不应该忽视。这些项目对健身者造成的伤害主要有身体各部位的肌肉、韧带拉伤或骨损伤、骨关节扭伤、摔伤、慢性疾病或过度疲劳等，严重者甚至导致死亡（表6-1）。

表6-1 近年来健身房典型风险事故一览表

时间	事 故	原因	资料来源
2001.9	“中国健美第一人”马华逝世	健身房装修后污染气体超标和运动量过大所致	北京晨报
2002.9	40岁的曾女士举杠铃扭伤了腰	健身教练指导不够	羊城晚报

① 宋兆荣,古桥,相建华. 现代健身房服务指南[M]. 北京:人民体育出版社,2000.

续表

时间	事　故	原因	资料来源
2003.5	会员赵雷在健身房内攀岩时摔下，导致脚后跟骨裂	岩壁保护人使用不熟悉的保护器的使用方法	南方都市报
2004.4	爱立信中国总裁杨迈在北京某健身俱乐部猝死于跑步机上	对自身身体状况认识不够，健身教练指导不及时	北京晨报
2005.3	安徽某健身房一名男子健身时被突然脱落的杠铃砸中咽喉，伤势严重	健身房的器械安全检查管理不力	搜狐新闻
2006.12	太原某健身房会员上跑步机时，没有注意到跑步机是运转着的，造成严重摔伤	健身房监管不力和会员自我安全保护意识薄弱	实践偶遇
2007.7	太原某高级健身房会员感染皮肤病	健身房卫生状况不达标	实践偶遇
2019.7	山东省淄博市周村50多岁男子晨跑猝死	运动诱发心源性猝死	海报新闻
2020.6	宁波德邦控股球员张文参加足球赛后猝死	运动诱发心源性猝死	大河报网
2020.8	湖南临澧县15岁男孩军训中猝死	热射病（重症中暑）所致	临澧县教育局
2022.7	福州19岁小辉打完篮球后喝冷饮猝死	健身知识不足导致	人民日报
2022.10	53岁的华为高管丁耘在长距离跑步后猝死	负荷过度导致运动性猝死	中国新闻网

4. 大学生健身房健身风险影响因素分析及应对

研究者在分析诱发风险的影响因素时，基本上是从客观因素和主观因素两方面进行分析[①]。根据大学生健身活动的特点，大学生健身活动风险的影响因素也可以从客观条件方面和自我保护意识方面来分析，现分述如下。

4.1 健身场馆方面存在问题及应对

这主要是指操房、器械区的安全情况和健身设施的设计和质量等存在问题而可能导致的健身风险。

应对措施是努力改善硬件设施，如避免场地湿滑、不平、有障碍物；尽量科学布置场地设施，保证健身场地宽敞，不同种类的练习不要混杂排列；使场馆照明合理化，音响设备无噪音，音乐要柔和，场馆温度适宜；空气清新，通风流畅，检查装修辐射，使之符合规定的标准；保证消防、安全通道畅通；要从正规渠道购置设计科学的器械；器械使用后要及时消毒；器械要贴示安全使用说明，使用中外文对照说明，以满足不同健身者的需求；及时修复老化磨损的器械等。

4.2 健身课程方面存在问题及应对

这主要是指大学生所选择的健身课程的安排不合理而可能导致的健身风险。

---

① 卓志. 风险管理理论研究[M]. 北京:中国金融出版社,2006:76.

应对措施是合理安排健身内容，如课程内容要尽量丰富；课程顺序安排要合理，作为管理者和教练，在安排健身课程和编写课程内容时，要从健身者的实际情况出发，使各种类型的健身课程合理组合搭配，课程的内容要丰富多彩，照顾到不同健身者的个体差异。

4.3　健身教练方面存在问题及应对

这主要是指健身教练知识有限、不负责任地盲目指导、训练不科学而可能导致的健身风险。

应对措施是健身教练要有敬业精神。健身教练要本着科学、安全、循序渐进的原则指导健身；要积极为健身者及时提供安全保护和帮助；掌握一些伤病急救处理的方法，以备不时之需；操课内容及动作编排要适度，防止运动负荷过大；作为健身教练，要不断完善和提升自己的业务水平，多参加实践学习等。

4.4　经营管理方面存在问题及应对

这主要是指健身房的管理制度不完善以及管理制度执行不到位而可能导致的健身风险。

应对措施是经营管理者要制定完善的管理制度。健身房要聘请有资质的教练，加强员工安全意识培训，并定期派员工参加培训以提高业务水平；建立有效的激励机制和竞争机制；购置正规厂家的健身设备，督促工作人员定期对健身房的各种设施进行安全检查，对存在问题的器械设施要设置醒目的提示并及早维修或更换；对使用复杂的设施要有使用说明或及时提醒健身者；不开设某些伤害风险大的健身项目；配备医务急救人员和必要药品；有针对突发事件制定的应急预案；要根据法律规定与会员签署安全健身协议并办理意外伤害保险；对新加入的会员提供科学健身处方和健身风险预防知识培训等。

4.5 健身风险知识方面存在问题及应对

美国著名心理学家斯洛维奇（Slovic，1984）对风险知识和风险管理水平的研究表明二者之间的关系成反比①。如果大学生的健身知识匮乏，认识不到不科学健身存在的风险而盲目健身，可能会导致健身风险。知识因素主要包括科学认识自身状况因素、心理健康方面因素、对健身安全的不科学认识因素三个方面。应对措施如下。

第一，健身前对自身状况的客观认识情况。包括大学生对自身年龄、性别是否适合某些健身内容的了解程度；自身是否有伤病、处于生理周期（女性）、饮食营养、用药、吸烟、喝酒、睡眠等造成的身体状态不佳、体质差等问题。大学生在参加健身前要咨询医生并做全面的体检，从而有效杜绝健身风险；要根据自己的实际情况，选择适宜的健身项目和运动强度进行锻炼；要购买意外伤害保险，可以减轻健身风险带来的损失。

第二，不健康心理因素方面。主要是指健身动机方面，包括由于学习、工作、家庭、社会竞争等原因导致的怀着不健康的健身动机参加健身。如锻炼成瘾心理、攀比心理、争强好胜心理、抑郁心理、焦虑心理、发泄心理、健身恐惧心理、逆反心理、失落心理、厌恶心理和不为人所知的不健康的心理因素盲目健身等情况。为了有效地提高健身者这些方面的风险认知，大学生应该端正自己的健身态度，适度调节和放松自己的心情，可以通过与亲友交流，倾诉内心的不快，心情舒畅后再参加健身，不要带着情绪参加锻炼。要怀着轻松愉悦的心态健身，不要把锻炼当成“任务负担”或者与人较量、

① Slovic，P. ，Fischhoff，B. & Lcihtenstein，S. Behavioral decision theory perspectives on risk and safety[J]. Acta Psychologica，1984，（56）：183-203.

一争高下的“砝码”。

第三，对健身安全的不科学认识因素。表现在健身知识缺乏方面的风险有很多，如盲目从众锻炼、盲目减肥或发展肌肉、超负荷锻炼、自我安全意识和保护意识缺乏、健身项目性别化（如认为跳健身操是女性的项目，而器械练习是男性的项目）；对健身计划的合理性认识不足；不清楚某些健身内容存在的危险；对健身活动的准备部分、基本部分和结束部分分不清；对技术动作正确安全性认识不足；对配备适宜的服装和健身护具的安全性认识不足；滥用各种健身补剂等。为了有效提高这些方面的风险认知，健身者自身要注意从各种渠道汲取科学的健身知识，学会判断区分伤病、疲劳过度和正常锻炼反应之间的差别，时刻把健身安全放到首位来考虑，杜绝麻痹大意、练习时注意力不集中现象。不盲目模仿别人的动作和练习方法，排除过度减肥和大强度锻炼发展肌肉的不正确思想。不要仅仅局限于练习某个健身项目，要参加各种丰富多彩的健身活动，使身体各部位得到全面锻炼，从而避免由于造成局部过度发达而产生的薄弱环节为健身安全留下隐患的可能性。每次参加健身前要认真做好准备活动，练习后要充分拉伸放松，对容易发生运动损伤的环节和易受伤的部位，及时采取主动保护和预防措施，加强自我和他人保护与帮助。不节食或过度使用健身营养补剂，要平衡膳食，合理补充各种营养。为确保健身的安全，参加健身前先咨询健身教练或上科学健身培训课程，虚心接受专业人士的指导，制定科学系统的健身计划。

4.6　健身信息信任方面存在问题及应对

信息信任偏差会导致风险管理难度的增加，即信息信任与风险管理水平成反比[①]。如果大学生盲目模仿和信任不正确渠道的健身信息，很有可能诱

① Cha，Y. J. *Environmental risk analysis*：*Factors influencing nuclear risk perception and policy implications*[M]. New York: the University of New York，Albany，1997.

发健身风险。

应对措施是大学生在参加某项健身活动时，要学会判断来自各个方面信息的正误，不盲从于他人，因为并非所有的信息都是有益的。例如，盲目信任媒体或其他健身者所谓的“正确的健身观点和知识”，盲目接受健身教练的不科学辅导，盲目信任健身房的一切设施都是安全的、健身课程都是有效的等，或者由于过度担心参加健身会带来伤害而不敢参加某些陌生的健身项目等。为了缩小对健身风险的认知，大学生在准备参加某项健身活动时，一定要先对这项健身活动可能发生风险的概率、已经发生风险的伤害结果有多严重有一个清醒的认识，做到心中有数，适度的警惕性能够有效地预防风险的发生。健身知识的获得一方面可以通过网络书籍自己学习，另一方面可以咨询有关专家和有经验的健身者。

4.7 健身经验阅历方面存在问题及应对

经验阅历已被确定是影响人们风险认知的一个重要因素。有知识不等于有经验，当人们有了过多或过少的持续和极度风险的经验，反而会较少考虑这些风险的存在。大学生涉世不深，生活经验和社会阅历方面都很匮乏。在健身经验方面，大学生往往表现出缺乏健身经验而容易发生健身风险；或者由于没有发生过风险事故的经历，从而对健身房的危险情况和健身活动存在的风险缺乏警惕性，也容易导致健身风险的发生。

应对措施是大学生在准备参加某项健身活动时，对可能发生的健身风险提前要有心理和物质上的准备，做好防控措施，如准备好健身饮料、手套、护膝、护腕、健身腰带、宽松吸汗的运动装和合适的运动鞋以及一些绷带、药物等外伤医疗物品。对自己初次接触的练习项目和动作，要谨慎进行，多询问教练和专业人士。为了规避风险，可以不参加自己不熟悉或没有把握的健身项目和活动。大学生自己要随时警惕健身房硬件设施方面可能存在的问题，因为即使最完善的健身设施，也可能存在着某些未知的风险。大学生健身者对教练的水平要有一个清醒的认识，不要盲目信任，尤其是那些轻易承诺可以使健身者快速达到减肥或增长肌肉的教练，因为急功近利的健身行为是非常危险的。大学生要有自我保护意识，学习和掌握一些运动伤害急救知识；要熟悉健身房的应急消防通道的具体位置，学会安全逃生技能。

4.8　健身自愿程度方面存在问题及应对

自愿性和风险管理水平成反比[①]，即健身者的志愿参与的程度越高，个体往往不惜为之付出时间、精力、金钱乃至健康和生命安全的昂贵代价（如参加许多极限运动项目）。大学生精力旺盛，喜欢尝试新生事物，而且爱争强好胜，有些大学生由于过度沉迷于健身活动，导致锻炼成瘾。这些因素也极易诱发健身风险。

应对措施是大学生要树立正确的健身观念，不要盲从于社会上减肥或增肌的不良风气。其实，真正要重视的是健身过程中的一种身心的释然和放松，这才是参加健身活动的真正意义所在。

在诸多风险应对的策略中，笔者认为风险防范是最根本的策略，也是对大学生健身风险防范研究的根本目的。风险防范的目的就是通过精心准备，尽量杜绝或减少事故发生的概率和降低损失的程度。需要强调的是，如果大学生有良好的自我安全保护意识，健身时处处留意安全问题，就可以有效地杜绝和控制健身风险的发生。

---

① Siegrist, M. & Cvetkovich, G. Perception of hazards: The role of social trust and knowledge[J]. Risk Analysis, 2000, 20 (5): 713-719.

5. 小结

（1）大学生健身房健身风险防范是指“对健身房内参加健身活动的大学生可能发生的负面结果及危害采取积极防备的措施”。

（2）导致大学生健身风险的因素包括客观因素方面的健身场馆、健身课程、健身教练、经营管理和主观因素方面的健身风险知识、健身信息信任、健身经验阅历、健身自愿程度八个方面。

（3）大学生健身风险的防范要从导致健身风险的影响因素来考虑。

第七章　高校学生特殊环境下体育锻炼问题研究

1. 引言

1.1　问题的提出

大学生身体素质逐年下降，令人担忧。如何推动和促进大学生积极投身到体育锻炼中去，一直是困扰国家教育部门、各高校体育教学工作者以及大学生本人的问题。教育部把每年一度的大学生体质健康测试也纳入了毕业考核的项目，各高校体育教育部门也是绞尽脑汁，增加丰富的体育选项课程，成立各种体育社团，清华大学甚至在下午运动时间强制关闭教学楼、实验室、图书馆等场所，逼学子们出去锻炼，但效果甚微[①②③④]。

2020年初，一场波及全球的新冠病毒疫情大暴发，打破了人们原本正常有序的生活节奏，一切近乎停摆。在没有找到如何攻克病毒的有效方法之前，停运停产，居家隔离成了最好的应对办法。国家卫生健康委员会及钟南山等抗疫专家提醒大家要树立良好的生活卫生习惯，戴口罩、勤洗手、清淡饮食、适度锻炼。随着开学季的到来，教育部采取了停课不停学的策略，安排学生们居家上网课。虽然也安排了学生上体育网课和每天进行一小时的体育锻炼，但在缺少教师现场教学和监督的情况下，完全靠学生自律完成，真正落到实处的寥寥无几。随着隔离时间的延长，许多人开始出现了头晕脑胀、腰酸体困、身体肥胖、近视加重、脊柱变形、“三高”问题、心情烦躁、思维迟缓、失眠易困、坐立不安、食欲不振、如厕困难等蜗居综合症，而有的人由于不懂得科学的运动，选择的运动方法和手段不正确，运动强度不合理，造成了不同程度的运动伤害，反而适得其反。居家隔离不运动和盲目不合理地运动的危害日益凸显！

新冠疫情转为常态化以后，我国各大中专院校在2020年9月终于迎来了开学季，学子们终于可以返校复学了。然而，新冠病毒在国外变异和传播的速度极快，至今也没有被有效地遏制，在没有安全有效的疫苗研发出来之前，我们并未百分之百脱离被感染的风险，疫情防控这根弦依旧不能放松。但是，由于对新冠病毒的过度恐惧，使得许多人至今都心有余悸，直至目前，还有人戴着口罩参加体育锻炼。许多中小学刚刚复课时，学校强制要求其全天都要戴口罩上课，导致了有些孩子由于体育运动中供氧不足造成了头

---

① 王梅，温煦，吕燕，刘阳. 家庭结构对于青少年健康行为的影响[J]. 体育科学，2012，32（5）：34–41.

② 方敏. 青少年锻炼行为阶段变化与变化过程的关系[J]. 西安体育学院学报，2011，28（3）：349–355.

③ 于红妍，毛丽娟，张丽君. 认知、态度、体育锻炼行为：我国学生体质健康监测效果的多维分析[J]. 北京体育大学学报，2012，35（8）：84–87.

④ 徐梓轩. 基于阶段变化模型理论的大学生锻炼行为研究[J]. 南京体育学院学报（自然科学版），2015，14（5）：118–124.

晕、窒息死亡等令人痛心的事件发生！

另外，如前所述，自疫情发生以来至今，学生们居家隔离已经有将近大半年之久，由于环境、条件、自律等多种因素限制和影响，鲜有学生能够经常坚持做到有效的体育锻炼，身体素质急剧下滑。开学后学校又有许多体育活动需要开展，如校运会、学生体质测试等，其中潜藏着诸多运动伤害风险。如何科学锻炼，逐步恢复运动状态，有效规避这些风险的发生显得尤为重要。在防控新冠疫情的严峻形势下，学校如何科学地组织学生参加体育锻炼也成了一个急切需要解决的难题。

根据不断推送的报道发现，新冠病毒主要的攻击对象是年老体弱的群体，身体健壮的年轻人感染率极低。身体强健者即使不幸染上新冠病毒，也不容易被病毒轻易击倒，为抵御和治愈赢得了一定的机会。因此，积极参加体育锻炼，强身健体，提高自身免疫力是当下不二的选择。在新冠疫情等不利的外界条件下，大学生该如何安全、合理、有效地进行体育锻炼已经引起了教育部、高校教学管理部门、教师和大学生们的高度重视。为了弥补以往在此方面研究的不足，有效促进大学生体育锻炼行为和锻炼效果以及终身体育的发展，也为了丰富和促进学校体育教学的开展，有必要对此方面的问题展开深入细致地研究。

1.2　概念界定

1.2.1　大学生

逻辑学上给概念下定义的方法是：被定义概念=最近的属概念+种差。“被定义概念”就是概念的名称。“属概念”是指被定义概念所从属、依附的概念。属概念在内涵上小于被定义概念，在外延上大于被定义概念。“最近的属概念”是指在内涵上比被定义概念小一级、外延上大一级的属概念。“种差”是指从属于一个最近的属概念的种类个体间的差别。被定义概念的种差是指与其同类概念的根本区别[①]。

因此，“大学生”是指在国家认可的高等院校内进行全日制学习的学生，这个群体由专科生、本科生和研究生组成。本书为了在目前疫情防控安全的条件下便于操作，仅选择太原市部分本科院校的大一和大二参加体育课教学的学生进行研究，其他群体不属于本书的范围。

1.2.2 特殊环境

本书的特殊环境是指在疫情（新冠疫情、禽流感、流感）、地球严重污染（海洋及淡水资源污染、雾霾、沙尘暴）、恶劣的气候条件（台风、洪水、干旱、极寒极热）等不利于人类生活的环境。

1.2.3 体育锻炼行为

体育是通过身体活动使人身心得到健康发展的一种社会活动[②]。体育不单单是（身体）活动、是运动，而是集“运动性”和“社会性”于一体的复合体。前者是后者的内核，后者包容着前者；前者是小体育，后者是大体育。锻炼行为不等同于简单的身体活动，而是个体有意识、有目的、有计划地根据自身和外界条件，主动鉴别、筛选并付诸实施的身体运动行为，从而有效地促进其身体和心理健康发展的活动。因此，把“体育锻炼行为”界定为：通过科学的身体活动使个体的身心得到健康发展的行为。

综上所述，根据逻辑学“属+种差”定义方法，把大学生特殊环境下体育锻炼行为界定为“在国家认可的高等院校内进行全日制学习的学生在不利的环境下通过科学的身体活动使身心得到健康发展的行为”。

---

① 彭漪涟. 逻辑学大辞典[M]. 上海:上海辞书出版社,2004.

② 石岩. 体育运动心理问题研究[M]. 北京：北京体育大学出版社，2007：1.

1.3　国内外研究现状综述

1.3.1　体育锻炼行为问题国内研究现状

采用“新冠肺炎”“疫情”“大学生”“体育锻炼”“行为”等关键词在中国知网上进行搜索近10年间的研究结果发现，涉及学生体育锻炼问题的研究十分丰富（表7–1）。

表7–1　近十年来学生体育锻炼问题代表性研究

作者（时间）	学术观点
汪晓赞、郭强、金燕等（2014）	分析构建了中国青少年健康促进框架体系
王坤、季浏（2014）	建构了青少年体育锻炼习惯的概念模型
杜建军、罗琳（2017）	从学校体育、家庭教育和社会环境三个方面逐层深入分析试图构建青少年锻炼行为促进模型
阳家鹏、向春玉、徐佶等（2017）	提出了将家庭环境层面与个体心理层面相联结的理论模型
王先亮（2019）	促进青少年体育锻炼行为应建立全域化的“家—校—社—人”青少年体育锻炼行为干预体系和综合干预模式
李王杰、刘喜山（2020）	详细分析和展望了疫情前后民众体育锻炼的状况并探讨了应对措施
王凯等（2020）	通过政府部门、体育企业、体育社会组织、学校、家庭等进行体育锻炼的抗疫公共传播发挥巨大的作用
胡德刚、宗波波、王宝森等（2020）	建议建立基于网络平台的家校社联动机制来促进大学生居家体育锻炼

分析发现，学者们的研究主要集中在发现青少年参加体育锻炼存在问题

的阶段，热衷于青少年体育锻炼模型的构建①②③④⑤⑥⑦⑧。研究集中在从某个方面如何促进青少年参加体育锻炼，尤其以中小学生为研究对象的居多，而罕见从多角度、全方位对大学生体育锻炼行为进行研究，如何在新冠疫情等外界不利的条件下来促进大学生体育锻炼行为提升的研究更是凤毛麟角。

1.3.2 体育锻炼行为问题国外研究现状

同样，通过中国知网采用 COVID-19（新冠肺炎），epidemic（疫情），college students（大学生），physical exercise（体育锻炼），behavior（行为）等关键词进行搜索发现，国外学者的研究主要集中在从某个具体的方面来阐述体育锻炼对预防和改善新冠肺炎感染和康复的作用，如适宜的体育锻炼可以改善呼吸系统、睡眠质量，增强免疫力，降低肥胖，提高免疫力和治愈率，增强健康指标来降低心血管疾病的死亡率等适合新冠肺炎感染者康复

① 汪晓赞，郭强，金燕，李有强，吴红权，季浏. 中国青少年体育健康促进的理论溯源与框架构建[J]. 体育科学，2014，34（3）：3-14.

② 王坤，季浏. 青少年体育锻炼习惯的概念模型建构[J]. 体育学刊，2013，20（5）：93-96.

③ 杜建军，罗琳. 青少年锻炼行为促进模型建构与干预策略研究[J]. 武汉体育学院学报，2017，51（3）：61-69.

④ 阳家鹏，向春玉，徐佶. 家庭体育环境影响青少年锻炼行为的模型及执行路径：整合理论视角[J]. 南京体育学院学报（自然科学版），2017，31（3）：118-123.

⑤ 王先亮. 全域视角下青少年体育锻炼行为促进模型的构建[J]. 体育成人教育学刊，2019，35（3）：62-69.

⑥ 李王杰，刘喜山. 以新冠肺炎之殇触发体育锻炼机遇[J]. 沈阳体育学院学报，2020，39(3)：18-22.

⑦ 钟秉枢，黄志剑，王凯，车冰清，宋昱. 困境与应对：聚焦新型冠状病毒肺炎疫情对体育事业的影响[J]. 体育学研究，2020，34（2）：9-33.

⑧ 胡德刚，宗波波，王宝森，张吾龙. 新冠肺炎疫情期间大学生居家体育锻炼行为与促进研究[J]. 武汉体育学院学报，2020，54（6）：80-86.

的锻炼手段等研究[①②③④⑤⑥]。国外学者们的研究过于具体和片面，就事论事，缺乏从宏观普适的角度的研究和理论指导。

1.3.3　大学生体育锻炼行为的影响因素研究现状

通过归纳整理前人的研究结果发现（表7-2），对涉及影响青少年参加体育锻炼的外因（学校、家庭、朋友）和内因（习惯、动机、自我效能感）

---

① Maria Fernandez-del-Valle PhD，Márcio Vinícius Fagundes Donadio PhD，Margarita Pérez-Ruiz PhD. Physical exercise as a tool to minimize the consequences of the COVID-19 quarantine：An overview for cystic fibrosis[J]. Medicine & Science in Sports & Exercise，2002（8）.

② Ellemarije Altena，Chiara Baglioni，Colin A. Espie，Jason Ellis，Dimitri Gavriloff，Brigitte Holzinger，Angelika Schlarb，Lukas Frase，Susanna Jernelöv，Dieter Riemann. Dealing with sleep problems during home confinement due to the COVID-19 outbreak：Practical recommendations from a task force of the European CBT-I Academy[J]. Medicine & Science in Sports & Exercise，2002（8）.

③ De Silveira Matheus Pelinski，de Silva Fagundes Kimberly Kamila，Bizuti Matheus Ribeiro，Starck Édina，Rossi Renata Calciolari，de Resende E Silva Débora Tavares. Physical exercise as a tool to help the immune system against COVID–19：an integrative review of the current literature[J]. Medicine & Science in Sports & Exercise，2002（8）.

④ Livio Luzi，Maria Grazia Radaelli. Influenza and obesity：its odd relationship and the lessons for COVID–19 pandemic[J]. Medicine & Science in Sports & Exercise，2002（8）.

⑤ Fabian Schwendinger，Elena Pococco. Counteracting Physical Inactivity during the COVID–19 Pandemic：Evidence–Based Recommendations for Home–Based Exercise[J]. Medicine & Science in Sports & Exercise，2002（8）.

⑥ Borja Sañudo，Adérito Seixas，Rainer Gloeckl，Jörn Rittweger，Rainer Rawer，Redha Taiar，Eddy A. van der Zee，Marieke J. G. van Heuvelen，Ana Cristina Lacerda，Alessandro Sartorio，Michael Bemben，Darryl Cochrane，Trentham Furness，Danúbia de Sá–Caputo，Mario Bernardo–Filho. Potential Application of Whole Body Vibration Exercise for Improving the Clinical Conditions of COVID–19 Infected Individuals：A Narrative Review from the World Association of Vibration Exercise Experts（WAVex）Panel[J]. Medicine & Science in Sports & Exercise，2002（8）.

的研究具有普遍性[1][2][3][4][5][6][7][8][9][10][11][12][13]。这些研究成果对本书具有一定的启发借鉴作用，大学生体育锻炼行为的影响因素比其他群体更具复杂性、多元性，研究更具有挑战性。

---

① 陈宝玲，卢元镇. 家庭对大学生体育意识与行为的影响[J]. 体育文化导刊，2008（1）：100–102.

② 朱瑜，郭立亚，陈颇等. 同伴关系与青少年运动动机、行为投入的模型构建[J]. 天津体育学院学报，2010，25（3）：218–223.

③ 乔玉成. 青少年锻炼习惯的养成机制及影响因素[J]. 体育学刊，2011，18（3）：87–94.

④ 王佃娥，杜发强，韩亚娟. 我国城市青少年校外体育锻炼行为变化阶段与变化程序关系的研究[J]. 广州体育学院学报，2018，38（1）：11–16.

⑤ 冉清泉，付道领. 青少年体育锻炼行为机制的结构方程模型分析[J]. 西南师范大学学报（自然科学版），2013，38（10）：112–118.

⑥ 董宝林，张欢，朱乐青等. 女大学生体育锻炼行为机制研究[J]. 南京体育学院学报（社会科学版），2013，27（6）：91–98.

⑦ 高泳. 青少年体育参与动力影响因素研究[J]. 北京体育大学学报，2014，37（2）：33–38.

⑧ 高岩，王先亮. 父母支持、同伴友谊质量对青少年运动动机与投入影响[J]. 天津体育学院学报，2015，30（6）：480–486.

⑨ 苏晓红，李炳光，田英. 基于社会生态学模型的青少年体育锻炼行为相关因素分析[J]. 沈阳体育学院学报，2017，36（4）：70–76.

⑩ 李会超. 基于社会认知理论对高校学生体育锻炼行为的研究[J]. 广州体育学院学报，2019，39（3）：125–128.

⑪ 丁小燕，洪平，张蕴琨. 江苏省大学生体育锻炼参与行为现状及影响因素分析[J]. 中国学校卫生，2019，40（2）：206–209.

⑫ 魏统朋，陈丽. 新冠肺炎疫情背景下大学生锻炼态度、锻炼行为与身体自尊的关系研究[J]. 体育科研，2020，41（4）：38–42.

⑬ 苗亚坤，李真，梁华伟. 大学生社会支持自我效能感和同侪压力对体育锻炼行为的影响[J]. 中国学校卫生，2020，41（10）：1529–1532.

表7-2　近年来学生体育锻炼行为的影响因素研究

作者（时间）	学术观点
陈宝玲、卢元镇（2008）	家庭从多方面对大学生的体育行为起持久性的影响作用
朱瑜、郭立亚、陈颇（2010）	探讨了能力知觉、同伴支持对青少年自尊、行为动机、情绪体验以及运动投入的影响并构建了结构方程模型
乔玉成（2011）	提出青少年锻炼习惯“养成”的关键是环境润育、制度他律和主体自律
王佃娥、杜发强、韩亚娟（2011）	探讨了青少年校外体育锻炼行为的状况不尽如人意及从自身和其他外界约束等方面进行促进
冉清泉、付道领（2013）	认为初中生的体育锻炼行为受到心理、学校环境、体育课程、家庭等多种因素的影响，是多种因素共同作用的结果
朱乐青等（2013）	心理因素、环境因素以及家庭因素是制约女大学生体育锻炼行为的主要因素
高泳（2014）	从个人自身、家庭、学校、社会四大影响因素方面所涵盖的10个因子对影响青少年体育参与动力的因素进行了深入细致地探讨
高岩、王先亮（2015）	认为父母支持、同伴友谊对青少年参加运动具有不同程度的促进作用
苏晓红、李炳光、田英（2017）	从个体层面、家庭层面、学校层面、社区层面和政策层面对青少年体育锻炼行为的影响因素进行分析
李会超（2017）	适度提高学生体育参与的自我效能感，可以增强学生体育锻炼的积极性
丁小燕、洪平、张蕴琨（2019）	性别、年级、地区、课程内容缺乏趣味性、不喜欢体育教师的授课方式、缺乏体育场地或器材是大学生体育锻炼参与行为的影响因素
魏统朋、陈丽（2020）	锻炼态度、锻炼行为、身体自尊三者之间具有显著的相关性
苗亚坤、李真、梁华伟（2020）	社会支持、同侪压力对大学生体育锻炼行为和自我效能感有显著影响，且自我效能感对大学生体育锻炼行为有正向促进作用

1.3.4 大学生体育锻炼行为影响因素

（1）大学生体育锻炼行为影响因素分析

要想有效地提升大学生参加体育锻炼的积极性，必须找到可能干扰和阻止他们参加体育锻炼的影响因素。对大学生本人的调查研究，就如同医生给病人诊断，通过“望、闻、问、切”，才能准确洞见影响其参加体育锻炼真正的原因，对症下药，为进一步思考应对的策略提供依据。

逻辑学认为，主体是指实践活动和认识活动的承担者；客体是指主体实践活动和认识活动的对象，即同认识主体相对立的外部世界。大学生是参加体育锻炼这个实践和认识活动的主体，因此大学生体育锻炼行为主要受主体和客体两个方面影响因素的困扰，这两方面又分别涵盖了诸多次级因素，次级因素又由许多几乎无法穷尽的具体因素组成。因此，只有尽可能地挖掘和发现这些具体的因素并合并归类，再分别寻找解决这些问题的对策，才能有效提升大学生体育锻炼的行为（图7-1）。

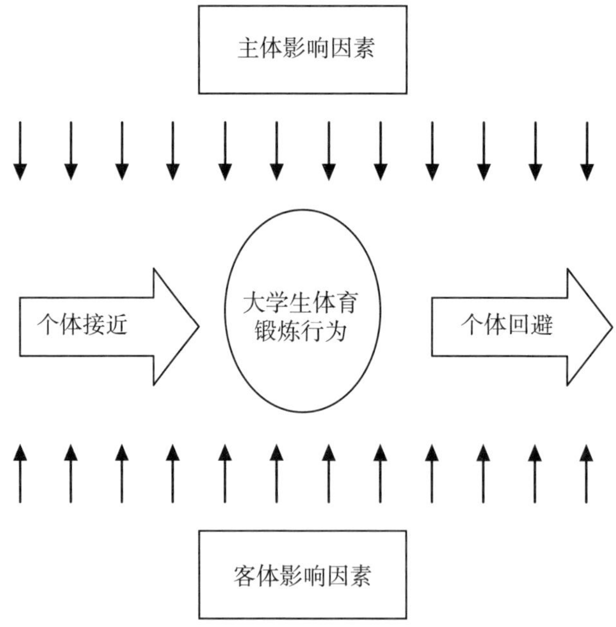

图7-1　大学生体育锻炼行为影响因素分析

（2）大学生体育锻炼行为影响因素分类

寻找影响大学生体育锻炼行为的因素主要有两个方面的困难：其一，判断这些因素的可靠性问题，即所找到的这些因素是否是真实有效的因素，是否仅是表面存在的现象，而不是真正的原因；其二，由于影响大学生参加体育锻炼因素的复杂性、可变化性，所以影响因素的发现和确定不是一次性的，而是一个连续的过程。

影响大学生参加体育锻炼的因素具有一定的普遍性和特殊性，尤其在新冠疫情防控情况下问题更加突出。挖掘大学生体育锻炼行为影响因素的主要依据是历史文献资料。通过对期刊、书报、新闻、网络等海量信息的全面收集，并对其中部分案例研究和统计分析，为大学生体育锻炼行为影响因素的分类提供了宝贵的依据。

在对影响因素进行分析时遵循捕捉信息、动态识别信息、全员参与检查、综合各方意见的原则，搜集各方面可能存在的影响因素。在借鉴前人研究的基础上，本书首先采用头脑风暴法，集思广益，尽可能列举出影响大学生参加体育锻炼的诸方面因素。同时，采用英国心理学家东尼·巴赞（Tony Buzan）“思维导图（The Mind Map）”分析法，进行发散思维分析，分析归类影响大学生参加体育锻炼的原因，然后对这些因素按照从粗到细、由大到小，随着时空的变换，与之相应的影响因素也随之改变的规律进行分层排列整理，逐级分析排列得出了“大学生体育锻炼行为影响因素”的思维导图（图7–2）。

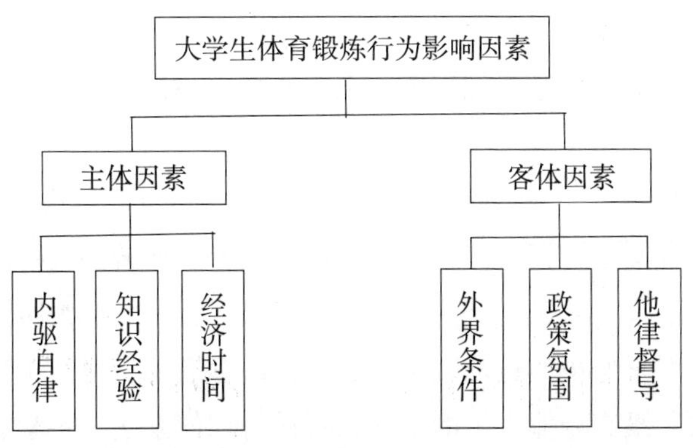

图7–2　大学生体育锻炼行为影响因素分类

综上所述，这些影响因素有时是单独存在的，有时又是交叉存在的，而且有可能出现在参加体育锻炼过程中的不同时期，因此必须从各个方面综合考虑才能有效解决问题。

影响大学生体育锻炼行为的主体因素分析如下。

第一，内驱自律。主要体现在性别、能力自信、健康水平、认知水平、自律慎独、态度、动机与价值观等方面。①有的大学生好静不好动，尤其一些女生羞于参加体育运动，觉得参加体育运动有损自己的形象；还有的大学生认为体育锻炼痛苦大于乐趣，甚至惧怕在比赛中有竞争对抗的压力和丢丑，以及对自己的运动能力和自信产生自我怀疑，有意规避和拒绝参加一切体育锻炼。②的确有些大学生自身患有某些不适合参加体育运动的疾病，如过度肥胖、各种急慢性运动伤病、肾脏或心肺功能系统重大疾病、哮喘、过敏性反应等疾病。③由于大学生正处于人生的黄金时期，个体的生理发展已经接近成熟并呈现出稳定的状态，这种状态一般持续到35岁左右。在此阶段，大学生们的健康状况较其他年龄段的人有着绝对的优势，很少有严重的病痛发生，学习和生活还没有受到健康状况的困扰，让许多大学生在健身认知上存在一定的误区，认为年轻人不需要锻炼，导致大学生对体育锻炼的重要性认识不足，造成他们懒于参加体育锻炼，抵触体育锻炼。④有些大学生缺乏自律自强和自我约束的精神，生物钟紊乱，饮食极其不规律、不健康，懒惰、沉溺手机网络游戏不能自拔等多种原因，甚至伪造疾病诊断书制造借口规避体育锻炼、学习和考试，白白浪费了大好的健身时光。⑤有些大学生由于健身的动机、目的和价值观不正确，导致锻炼目标设立得不合理，追求短期的锻炼收益和效果（通过体育考试、快速减肥增肌等），不是为了终身的身体健康目的而长久地参加锻炼，求胜心切，往往会造成浅尝辄止或知难而退的后果。

第二，知识经验。主要体现在经验习惯、健身知识、手段方法等方面。由于之前的体育锻炼在记忆深处留下了痛苦阴影（痛苦的大强度训练、他人的嘲讽及惩罚、受伤经历、各种不良体验等），从而拒绝参加体育锻炼。另外，即使有些大学生虽然也热衷于参加一些体育锻炼，但由于缺乏科学的锻炼知识和方法，没有专业人士的指导，不懂得如何系统、科学、循序渐进地进行锻炼，盲目热情地参加体育锻炼，存在着诸多安全隐患，也很难长久地坚持下去。

第三，经济时间。主要体现在家庭经济状况、个人时间允许情况等方面。每个人的经济状况和实际的学习生活状况是存在一定的内驱自律的，这些因素是无法回避的。由于时间紧、学业重、经济紧张等表面上存在的原因，也会成为大学生不参加体育锻炼的借口。在体育锻炼与学业事业发展存在冲突时，价值利弊的天平往往会向后者倾斜，体育锻炼往往首先被挤占。上述因素的影响也会导致大学生的体育锻炼不能持久地坚持下去。

影响大学生体育锻炼行为的客体因素分析如下。

第一，外界条件。首先，季节气候、天气、疫情、地域差异等方面会在一定程度上影响个体健身的热情。在气候条件适宜的春、夏、秋这三个季节参加体育锻炼的人数和频次明显高于寒冷不适的冬季；显然，阳光明媚、空气优良的日子要比阴雨不适、雾霾笼罩的天气里更适合体育锻炼；在新冠肺炎、SARS等瘟疫病毒肆虐的时候，居家避难也会极大地影响和限制体育运动的开展；南北差异、城乡差异、贫富差异等也在一定程度上影响着大学生体育锻炼的参与程度。其次，场地设施的匮乏也在很大程度上影响大学生参加体育锻炼。由于我国人口众多，健身场馆不足现象十分严重。运动场主要集中在各级各类学校、事业、企业单位①。国家虽然下达了学校体育场馆向社会开放、公共体育场馆向学生免费或低收费开放的指令，但并未落到实处②。相关部门领导为了方便管理，防止发生不测而带来纠纷，运动场实行封闭管理。大部分居民区居住环境拥挤，不容易找到合适的锻炼场所。最后，加之健身器材、设施配套不足，缺少体育专业人士的健身指导和引领带动，这些也是影响大学生体育锻炼的重要因素。

第二，政策氛围。主要体现在历史文化、民族文化、教育方针政策、健身氛围的营造等方面。首先，与欧美和其他一些重视体育的国家相比（视健身为生活不可或缺的一部分），我国由于受根深蒂固的传统文化的影响，“劳

---

① 国家体育总局体育经济司. 全国体育场地统计调查制度（国统字[2020]41号）[EB/OL] https：//www. sohu. com/a/429333688_501176. 2020.

② 中共中央办公厅，国务院办公厅. 关于全面加强和改进新时代学校体育工作的意见[EB/OL]. http：//www. gov. cn/zhengce/2020-10/15/content_5551609. htm. 2020.

心者治人，劳力者治于人”、重智轻体、静以养生……导致民众重文轻武、不重视甚至鄙视从事体育行业的人，这种影响是顽固的，不会在短期内得到改善；其次，国家有关体育的教育方针政策也起着指挥棒的作用。近年来，教育部虽然制定下达了一系列的重视体育教育的政策文件，但存在着系统性、连续性和落到实处的问题[①]。例如，小升初和高考不考体育、教育部对高校体育工作监管困难等，也是导致大学生不重视体育锻炼的主要原因。再次，媒体对体育运动和体育赛事的导向和宣传作用不容小觑。这主要体现在电视、手机、新闻、网络、期刊、报纸、杂志等对体育赛事的倡导推广和宣传影响方面。由于现代网络信息高度发达，尤其是手机几乎是每个人离不开的“百宝箱”，通过各种健身软件，营造积极参加体育锻炼的氛围和舆论，“互联网+健身”、线上与线下体育赛事活动、智能体育、在线健身等对促进大学生投身体育锻炼的影响作用很大。接着，各种类型的体育赛事的举办（马拉松赛、公路自行车赛、足球、篮球、校运会等各级各类的体育赛事），也是调动大学生参加体育锻炼积极性的重要因素。最后，“近朱者赤，近墨者黑”，大学生所处的学习、生活和工作的环境和相处的群体对其健身的主动参与程度有着重要的影响作用，这主要体现在社会、学校、社区、家庭、亲友等的健身参与鼓励程度和健身氛围的浓厚程度等方面。如果日常生活中鲜见有人重视体育锻炼、参加体育锻炼，缺少家庭亲友结伴健身等，势必会影响大学生参加体育锻炼的热情。

第三，他律督导。主要体现在教育部、教育局、教育部门相关领导、体育教师、教练的他律督导等方面。目前，教育部仅在中考设立了体育考试计分政策，并未增加体育课的学时，也没有相应地降低文化课升学和招考的难度，同时未改变体育在学校教学中所处的边缘位置，造成学生仅在考试前很短的时间内就体育升学考试项目突击训练，往往会留下体育训练痛苦的记忆，过了这个阶段就会远离体育运动，甚至排斥参加一切体育锻炼，更不要

---

① 毛振明，丁天翠，蔺晓雨. 新时代加强与改进中国学校体育的目标与策略——对2007年以来7个关于学校体育工作重要文件的分析与比较[J]. 北京体育大学学报，2021，44（9）：2–12.

说形成终身体育锻炼的习惯了。进入高中和上了大学以后，不再有相关体育考试政策的强制约束，大多数学生的体育锻炼也就放任自流了；同样，各级各类学校每年一度的学生体质测试、校运会由于平时各级部门没有落实严格的监管，学校的操场上鲜见学子们为了迎接这些测试或比赛而挥洒汗水锻炼的场景，最多也就是临考临赛前突击进行一些适应性的练习。加之在疫情防控下，体育场馆和健身场所封闭，导致不得不进行体育课网络教学和居家体育锻炼，教学内容受到局限，锻炼的场地器材受限或不足，缺乏现场统一的组织纪律约束，考核反馈存在困难等问题不一而足。即使没有上述客观条件的影响，体育教师或教练的他律督导也存在一定程度的惰性。

1.3.5　大学生体育锻炼行为提升的有效路径理论构建

计划行为理论（Theory of Planned Behavior，TPB）认为，人的行为并不是百分百地出于自愿，而是处在控制之下①。尽可能排除和控制影响大学生参加体育锻炼的因素，是提升和促进大学生参加体育锻炼的必经之路，所以有必要构建大学生体育锻炼行为提升的有效路径（图7–3）。

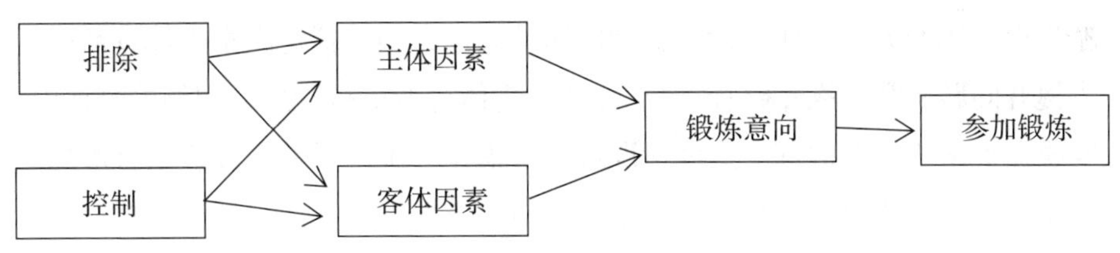

图7–3　大学生体育锻炼行为提升的有效路径构建

① Martin Fishbein & Icek Ajzen. *Belief*, *Attitude*, *Intention and Behavior*: *an Introduction to Theory and Research*[M]. Reading，MA：Addison–Wesley Publishing Company，1975：53.

1.4 大学生体育锻炼行为提升的有效路径研究对策

1.4.1 大学生体育锻炼行为提升问题研究视角

在研究视角上，针对以往研究只注重已经凸显的问题进行局部研究的观点，对大学生体育锻炼行为问题的影响因素的研究仅停留在表面上，没有进一步剖析其本质原因，也罕有研究对这些存在的问题提出深层次、可行性的对策。本书拟从影响大学生体育锻炼行为的个体认知、国家、社会、环境、学校、家庭、教师、同学以及网络媒体等主体和客体等多方面的综合影响因素来思考和展开，剖析真正影响大学生参加体育锻炼的深层原因究竟是什么，然后对症下药，从根本上排除病因，从而使大学生热爱上体育锻炼。

1.4.2 大学生体育锻炼行为提升问题研究方法

在研究方法上，通过对前人的文献资料总结和现实存在的具体情况归纳分析得出影响大学生体育锻炼行为问题的因素，初步拟定大学生体育锻炼行为提升问题研究的操作路径:（1）在大学生体育锻炼行为提升问题的测评中，要根据大学生体育锻炼的具体情况进行考虑；（2）问卷的设计应结合影响因素交互作用的特点，题目设计向单一情境的方向发展；（3）评定过程充分考虑与现实情景结合，并遵循聚合原则，即多次评定预测多次结果，对大学生体育锻炼行为提升问题的评判应考虑围绕影响大学生参加体育锻炼的具体因素进行，多种影响因素综合评价；（4）在影响因素的探讨中，要注重纵向、动态地考察交互作用的多个方面，以提高研究的生态学效度，可采用自编的调查问卷，对一些高校体育任课教师进行调查访谈，对部分本科院校的大学生进行问卷调查，采用定性和定量相结合，理论和实证研究相结合的研究方法，对调查结果进行数理统计、逻辑分析，并探讨问题解决的对策。

1.4.3　大学生体育锻炼行为影响因素的测评方法

心理测量范式（Psychometric Paradigm）的研究方法起源于美国社会学家斯塔尔（Starr，1969）关于参数选择方法的研究，是以个体的主观评价为依据进行度量，运用心理测评量表和多变量分析技术，定量求得有关影响因素的变量[①]。影响因素的测评方法一般包括定性法和定量法两种，采用心理量表定量研究的方法一直是研究的主流[②③④⑤⑥⑦⑧⑨]。

本书在借鉴前人研究经验的基础上，也采用自编的心理量表来测量大学生体育锻炼的影响因素，对影响因素的各题项按照美国社会心理学家李克特（Likert）提出的5级评判的方法来打分，得分越高，说明此项目的影响程度越高，反之则越低。并采用列表排序法和帕累托主次分析法对各影响因素进行评估，并进一步分析人口学特征方面存在的差异。

---

① STARR，C. *Social benefit versus technological risk*[M]. Washington，D. C.：National Academy Press，1969：165.

② 高泳. 青少年体育参与动力影响因素研究[J]. 北京体育大学学报，2014，37（2）：33–38.

③ 高岩，王先亮. 父母支持、同伴友谊质量对青少年运动动机与投入影响[J]. 天津体育学院学报，2015，30（6）：480–486.

④ 苏晓红，李炳光，田英. 基于社会生态学模型的青少年体育锻炼行为相关因素分析[J]. 沈阳体育学院学报，2017，36（4）：70–76.

⑤ 朱瑜，郭立亚，陈颇等. 同伴关系与青少年运动动机、行为投入的模型构建[J]. 天津体育学院学报，2010，25（3）：218–223.

⑥ 冉清泉，付道领. 青少年体育锻炼行为机制的结构方程模型分析[J]. 西南师范大学学报（自然科学版），2013，38（10）：112–118.

⑦ 董宝林，张欢，朱乐青等. 女大学生体育锻炼行为机制研究[J]. 南京体育学院学报（社会科学版），2013，27（6）：91–98.

⑧ 李会超. 基于社会认知理论对高校学生体育锻炼行为的研究[J]. 广州体育学院学报，2019，39（3）：125–128.

⑨ 于可红，卢依娟，吴一卓. 大学生锻炼行为影响因素的结构方程模型分析[J]. 体育学刊，2021，28（2）：103–110.

1.4.4 大学生体育锻炼行为提升问题应对策略分析

大学生体育锻炼问题具有普遍性，这些问题是可以通过对各方面的重视、思考分析和共同努力得到满意解决的。研究认为，通过充分挖掘和利用现有的科技手段、网络资源，科学合理地选择体育锻炼内容，制订锻炼计划，调动各方面的积极性和主动性，充分营造重视体育锻炼的氛围，自律他律地有效监督，家、校、社会、个人齐抓共管，协调一致，这些问题是可以通过主、客体等各方面的重视和共同努力得到满意解决的。

1.5 研究目的与意义

研究从影响大学生体育锻炼行为中存在的问题着手来进行深入地探究，并思考和探讨解决问题的对策，期望为促进大学生参加体育锻炼提供有价值的参考意见。研究主要从影响大学生参加体育锻炼的主、客体方面存在的因素着手分析，寻找解决应对这些问题的办法，激发疫情时期大学生参加体育锻炼的兴趣，让大学生的体育锻炼落到实处。

如何正确有效地提升大学生体育锻炼的效果，使广大学生能有力抵御新冠病毒，提高免疫保健能力，防止因突然参加体育运动而造成伤害风险，保持身体健康和心理健康，顺利完成学业，具有重要的理论借鉴和应用价值。研究除了对抗击新冠疫情有帮助以外，还可以为防避雾霾、沙尘暴等恶劣天气等不利的外界条件下如何进行合理有效的体育锻炼，以及促进线上体育教学的发展具有一定的实用价值。

1.6　研究内容

1.6.1　大学生体育锻炼行为影响因素调查

通过编制《大学生体育锻炼行为影响因素量表》对影响大学生参加体育锻炼的具体因素进行调查，深入剖析影响大学生参加体育锻炼的因素究竟有哪些。尽量穷尽影响大学生参加体育锻炼的因素，对这些影响因素进行归纳汇总，经过项目分析、因子分析、信度和效度检验等过程，进一步编制调查量表，以便更深入地进行研究。采用列表排序法和帕累托分析法，根据大学生体育锻炼行为影响因素的评分均值、累计百分比来分析归类后的影响大学生参加体育锻炼的因素情况有哪些？分析这些影响因素的主次顺序是什么？以便为后面的理论分析提供有意义的条件；采用独立样本T检验（Independent-Sample T Test）和多元方差分析法（Two-way Manova），对研究结果进行客观评估和人口学特征分析。

1.6.2　大学生体育锻炼行为问题结果讨论及应对理论分析

依据调查结果，对困扰大学生参加体育锻炼的因素进行深入地探究，研究如何有效提升大学生参加体育锻炼的积极性，并思考和探讨解决问题的对策，从而为大学生科学、积极地参加体育锻炼提供理论依据和实践指导，为高校的体育课教学管理提供参考意见。

研究路线图（图7–4）：

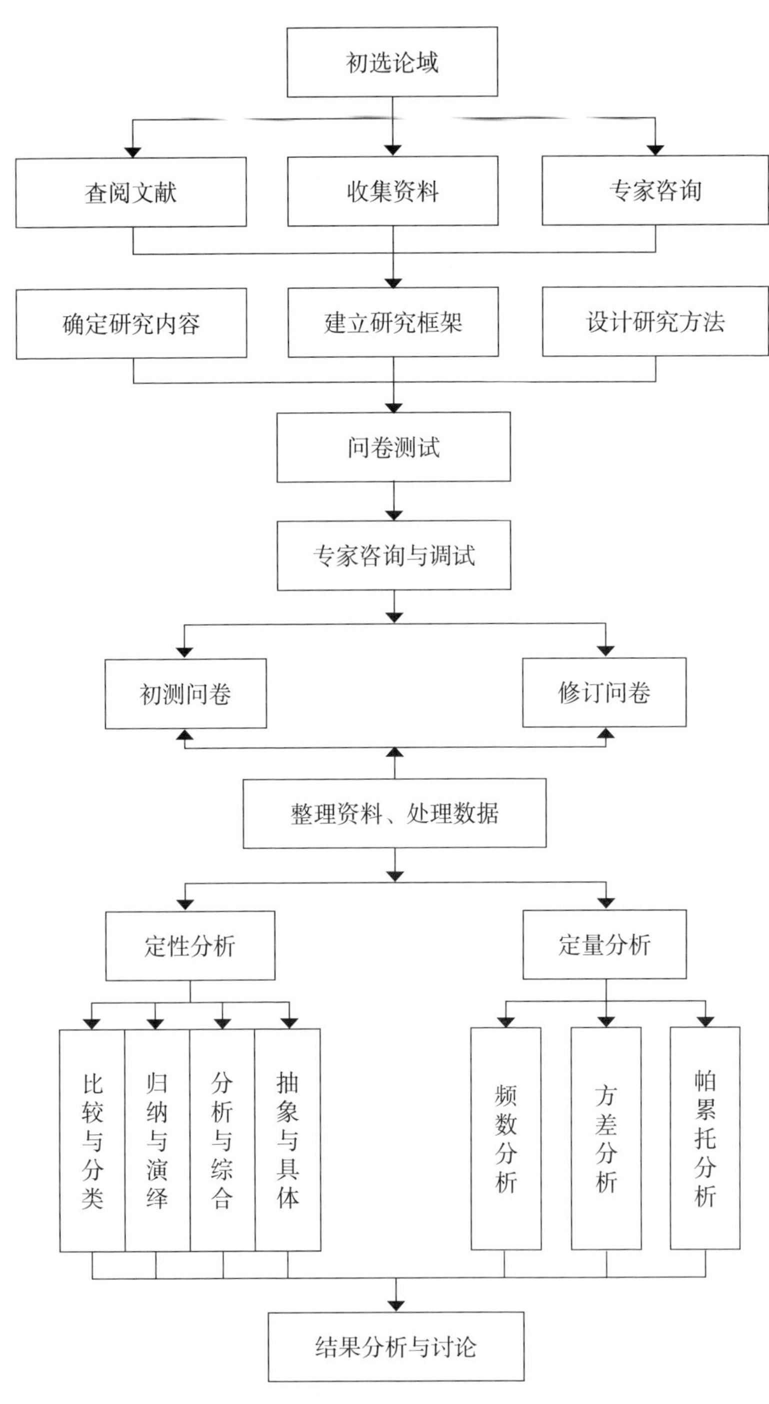
初选论域
查阅文献
收集资料
专家咨询
确定研究内容
建立研究框架
设计研究方法
问卷测试
专家咨询与调试
初测问卷
修订问卷
整理资料、处理数据
定性分析
定量分析
比较与分类
归纳与演绎
分析与综合
抽象与具体
频数分析
方差分析
帕累托分析
结果分析与讨论

图7-4　研究路线图

2. 研究方法

2.1　文献资料法

通过中国学术期刊网（www.cnki.net）、百度中文搜索引擎（www.baidu.com）、专业报刊与新闻报道等收集分析与大学生体育锻炼行为问题研究相关的文献资料。

2.2　专家访谈法

在借鉴前人研究的基础上，本书首先采用“头脑风暴法”，请课题组成员和部分在读研究生、博士生等10人集思广益，尽可能列举出可能影响大学生参加体育锻炼的各种因素，然后对这些影响因素按照从粗到细、由大到小的规律进行分层排列整理，最后再采用特尔菲法请4位专家对影响大学生参加体育锻炼的诸因素进行判断，最终确定了6个方面的影响因素，为调查问卷的编制奠定了理论基础①。同时，对专家和部分担任高校体育教学工作的体育教师进行半结构化的访谈，访谈内容主要涉及他们对量表维度的意见以及就如何促进大学生参加体育锻炼提出建设性意见，对访谈结果详细记录，并进行了内容分析（附件1）。

① 郑旗. 体育科学研究方法[M]. 北京：人民体育出版社，2006：237-249.

2.3 问卷调查法

2.3.1 《大学生体育锻炼行为影响因素量表》的编制

在问卷编制的过程中首先考虑的是问卷题项的收集问题。本书是在查阅文献的基础上，结合可能影响大学生体育锻炼因素的具体情况，收集相关资料并梳理分析制定的，主要涵盖了文献综述部分分析得出的主、客体因素所涵盖的6个方面的内容，初步拟定出包含30个题项的《大学生体育锻炼行为影响因素初级量表》（表7–3）（附件2）。

表7-3 《大学生体育锻炼行为影响因素初级量表》

一级因子		二级因子	
A	1.内驱自律	A1	1.因为自己年轻而不需体育锻炼的观点对你的影响
		A2	2.生病对你参加体育锻炼的影响
		A3	3.好静不好动、懒惰、怕苦怕累的性格对你参加体育锻炼的影响
		A4	4.为了短期目标（考试或比赛）才参加体育锻炼对你的影响
		A5	5.参加体育锻炼的动机是为了快速改善体型对你的影响
		A6	6.沉迷网络游戏等不规律的生活状态对你参加体育锻炼的影响
B	2.知识经验	B1	7.从小到大没有形成体育锻炼的习惯对你的影响
		B2	8.中考体育锻炼留下的痛苦记忆对你参加体育锻炼的影响
		B3	9.不知道适合参加哪些运动项目及如何进行体育锻炼对你的影响
		B4	10.担心受伤而畏惧体育锻炼对你的影响
C	3.经济时间	C1	11.经济状况不允许对你参加体育锻炼的影响
		C2	12.体育锻炼影响学习或工作时对你的影响
		C3	13.体育锻炼需要花费大量时间和金钱时对你的影响

续表

一级因子		二级因子	
D	4.外界条件	D1	14.糟糕的天气条件（冷热、风雨、雾霾等）对你参加体育锻炼的影响
		D2	15.恐怖的疫情（SARS、COVID-19等）对你参加体育锻炼的影响
		D3	16.居住的地方拥挤不堪又远离运动场对你参加体育锻炼的影响
		D4	17.运动场不开放和健身器材匮乏对你参加体育锻炼的影响
		D5	18.缺乏专业人士指导对你参加体育锻炼的影响
E	5.政策氛围	E1	19.校园的健身氛围对你参加体育锻炼的影响
		E2	20.中考后再也没有那样严格的体育考试了对你参加体育锻炼的影响
		E3	21.对大学体育课的重视程度对你参加体育锻炼的影响
		E4	22.大型赛事（奥运会、马拉松等）激励作用对你参加体育锻炼的影响
		E5	23.网媒上推崇的健身达人的榜样作用对你参加体育锻炼的影响
		E6	24.手机上的运动软件的督导作用对你参加体育锻炼的影响
		E7	25.校园体育赛事（球类比赛、运动会等）对你参加体育锻炼的影响
		E8	26."重智轻体"的社会风气对你参加体育锻炼的影响
		E9	27.家庭亲友健身人群的带动作用对你参加体育锻炼的影响
F	6.他律督导	F1	28.教育部门对体育锻炼的重视和监管程度对你参加体育锻炼的影响
		F2	29.体质测试和体育课程的简单易过对你参加体育锻炼的影响
		F3	30.教师或教练在体育锻炼过程中的督导作用对你的影响

2.3.2 题项分析与筛选

为了验证问卷的有效性，选取山西传媒学院大二年级的学生进行预调查和分析，发放调查问卷100份，回收问卷96份，回收率96%，有效问卷87份，有效率90.63%，问卷的信度和效度符合科学调查分析的要求。对调查结果进行探索性因子分析（Exploratory Factor Analysis，EFA），以确定正式问卷的题项。

因子分析的题项尽量不超过30题，题项数过多，有可能抽取过多的共同因素，此时研究者可限定因素抽取的数目，本书的题项数符合要求。根据因素分析理论，项目载荷值显示的是该项目与某公共因素的相关性，项目的因素载荷值越大，说明该项目与公共因素的关系密切，若某公共因素与某个项目间的相关性很低，则该因素反映的心理结构就不能由此项目推知；在保证项目在某一特定公共因素上载荷值大的前提下，若项目的共同度（即项目在各个公共因素上的载荷值的平方和）也比较大，则说明该项目对特定公共因素的贡献大，而对其他公共因素的贡献小。

根据因素分析理论规定适合做因素分析的条件，即（1）一个项目不能在两个以上的因素上都有超过0.3的因素负荷；（2）项目在因素上的负荷都要超过0.4；（3）每个因素不能少于3个项目。并且，在进行因子分析时，KMO（Kaiser-Meyer-Olkin）值是检验统计量，是用于比较变量间简单相关系数和偏相关系数的指标。KMO统计量取值在0和1之间。当所有变量间的简单相关系数平方和远远大于偏相关系数平方和时，KMO值越接近于1，意味着变量间的相关性越强，表示变量间的共同因素越多，越适合进行因子分析；当所有变量间的简单相关系数平方和接近0时，KMO值越接近于0，意味着变量间的相关性越弱，如果KMO值小于0.5时，则不宜进行因子分析[①]。

共同度指的是各评价项目解释方差的比例，其值从0到1，0为评价项目不解释任何方差，1为所有的方差均被评价项目解释。共同度越大，说明其所包含的原有变量信息的量越多，一般认为共同度系数大于0.5就具有高效

① 张敏强. 教育与心理统计学[M]. 北京：人民教育出版社，2002：456.

度。从检验结果中可见，大学生体育锻炼行为影响因素量表各维度的所有共同度系数处于0.563~0.804之间，可视为高效度（表7-4）。

表7-4 《大学生体育锻炼行为影响因素量表》题项共同度

题　项		共同度
A2	2.生病对你参加体育锻炼的影响	0.746
A3	3.好静不好动、懒惰、怕苦怕累的性格对你参加体育锻炼的影响	0.667
A4	4.为了短期目标（考试或比赛）才参加体育锻炼对你的影响	0.724
A6	6.沉迷网络游戏等不规律的生活状态对你参加体育锻炼的影响	0.774
B1	7.从小到大没有形成体育锻炼的习惯对你的影响	0.624
B2	8.中考体育锻炼留下的痛苦记忆对你参加体育锻炼的影响	0.747
B4	10.担心受伤而畏惧体育锻炼对你的影响	0.714
C1	11.经济状况不允许对你参加体育锻炼的影响	0.691
C2	12.体育锻炼影响学习或工作时对你的影响	0.746
C3	13.体育锻炼需要花费大量时间和金钱时对你的影响	0.751
D1	14.糟糕的天气条件（冷热、风雨、雾霾等）对你参加体育锻炼的影响	0.676
D2	15.恐怖的疫情（SARS、COVID-19等）对你参加体育锻炼的影响	0.690
D3	16.居住的地方拥挤不堪又远离运动场对你参加体育锻炼的影响	0.772
D4	17.运动场不开放和健身器材匮乏对你参加体育锻炼的影响	0.675
D5	18.缺乏专业人士指导对你参加体育锻炼的影响	0.630
E1	19.校园的健身氛围对你参加体育锻炼的影响	0.689
E2	20.中考后再也没有那样严格的体育考试了对你参加体育锻炼的影响	0.693
E3	21.对大学体育课的重视程度对你参加体育锻炼的影响	0.619
E4	22.大型赛事（奥运会、马拉松等）激励作用对你参加体育锻炼的影响	0.691
E5	23.网媒上推崇的健身达人的榜样作用对你参加体育锻炼的影响	0.640
E6	24.手机上的运动软件的督导作用对你参加体育锻炼的影响	0.696
E7	25.校园体育赛事（球类比赛、运动会等）对你参加体育锻炼的影响	0.563
E9	27.家庭亲友健身人群的带动作用对你参加体育锻炼的影响	0.647
F2	29.体质测试和体育课程的简单易过对你参加体育锻炼的影响	0.630
F3	30.教师或教练在体育锻炼过程中的督导作用对你的影响	0.804

为了检验问卷的结构效度，需要对《大学生体育锻炼行为影响因素初级量表》进行探索性因子分析。通过SPSS 23.0统计软件进行因子分析，经检验，量表的KMO=0.828，变量间的相关特点Bartlett's Test球体检验值为1507.067，显著性水平P值为0.000，因此均适合进行探索性因子分析。

对30个题项进行正交最大化旋转，求出旋转因素负荷矩阵，结合碎石图，从中获得6个特征值大于1的因子，共解释总方差的64.358%。

删除与因子对应关系出现严重偏差的分析项，以及负荷低于0.4的题目1、5、9、26、28题项，对25个题项再次进行正交最大化旋转，经检验，量表的KMO=0.829，变量间的相关特点Bartlett's Test球体检验值为1250.143，显著性水平P值为0.000，因此均适合进行因子分析。求出旋转因素负荷矩阵，结合碎石图，依旧获得6个特征值大于1的因子，共解释总方差的69.195%（图7–5），从而得出《大学生体育锻炼行为影响因素量表》的每个题项共同度以及旋转后的因素负荷矩阵、每个因素的特征值和贡献率结果（表7–5）。

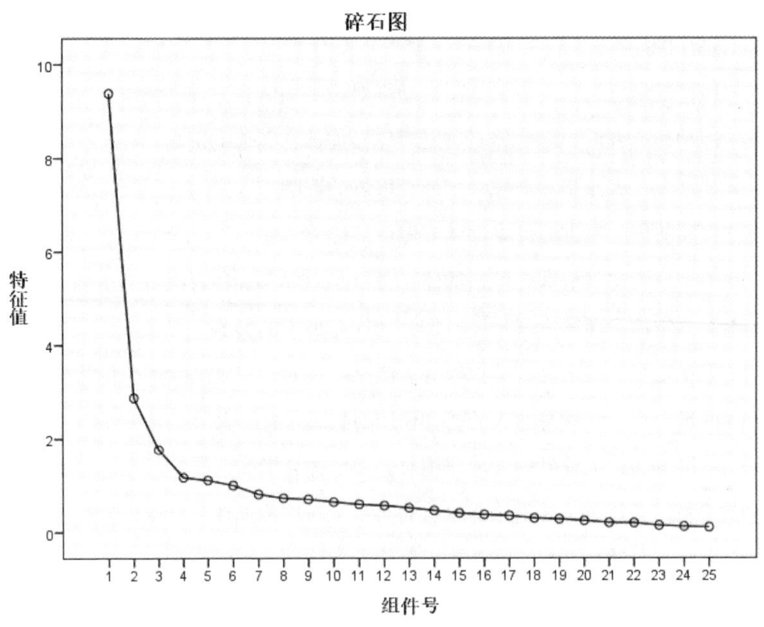

图7–5 《大学生体育锻炼行为影响因素量表》的因素分析碎石图

表7-5 《大学生体育锻炼行为影响因素量表》的结构

题　项	F1	F2	F3	F4	F5	F6
19.校园的健身氛围对你参加体育锻炼的影响	0.723					
20.中考后再也没有那样严格的体育考试了对你参加体育锻炼的影响	0.525					
21.对大学体育课的重视程度对你参加体育锻炼的影响	0.707					
22.大型赛事（奥运会、马拉松等）激励作用对你参加体育锻炼的影响	0.724					
23.网媒上推崇的健身达人的榜样作用对你参加体育锻炼的影响	0.777					
24.手机上的运动软件的督导作用对你参加体育锻炼的影响	0.705					
25.校园体育赛事（球类比赛、运动会等）对你参加体育锻炼的影响	0.655					
27.家庭亲友健身人群的带动作用对你参加体育锻炼的影响	0.576					
2.生病对你参加体育锻炼的影响		0.713				
3.好静不好动、懒惰、怕苦怕累的性格对你参加体育锻炼的影响		0.713				
4.为了短期目标（考试或比赛）才参加体育锻炼对你的影响		0.681				
6.沉迷网络游戏等不规律的生活状态对你参加体育锻炼的影响		0.537				
14.糟糕的天气条件（冷热、风雨、雾霾等）对你参加体育锻炼的影响			0.570			

续表

题　项	F1	F2	F3	F4	F5	F6
15.恐怖的疫情（SARS、COVID-19等）对你参加体育锻炼的影响			0.716			
16.居住的地方拥挤不堪又远离运动场对你参加体育锻炼的影响			0.760			
17.运动场不开放和健身器材匮乏对你参加体育锻炼的影响			0.633			
18.缺乏专业人士指导对你参加体育锻炼的影响			0.608			
11.经济状况不允许对你参加体育锻炼的影响				0.736		
12.体育锻炼影响学习或工作时对你的影响				0.772		
13.体育锻炼需要花费大量时间和金钱时对你的影响				0.721		
29.体质测试和体育课程的简单易过对你参加体育锻炼的影响					0.548	
30.教师或教练在体育锻炼过程中的督导作用对你的影响					0.714	
7.从小到大没有形成体育锻炼的习惯对你的影响						0.650
8.中考体育锻炼留下的痛苦记忆对你参加体育锻炼的影响						0.722
10.担心受伤而畏惧体育锻炼对你的影响						0.558
特征值	9.377	2.875	1.765	1.170	1.110	1.001
贡献率（%）	37.510	11.499	7.059	4.682	4.440	4.005
累积贡献率（%）	37.510	49.009	56.068	60.750	65.190	69.195

对得到的6个因子进行二阶探索性因素分析，经检验，KMO=0.776，

变量间的相关特点Bartlett's Test球体检验值为254.653，显著性水平*P*值为0.000，说明变量间有共享因素的可能性，对观测数据进行因素分析是可行的，结果见图7-6和表7-6。

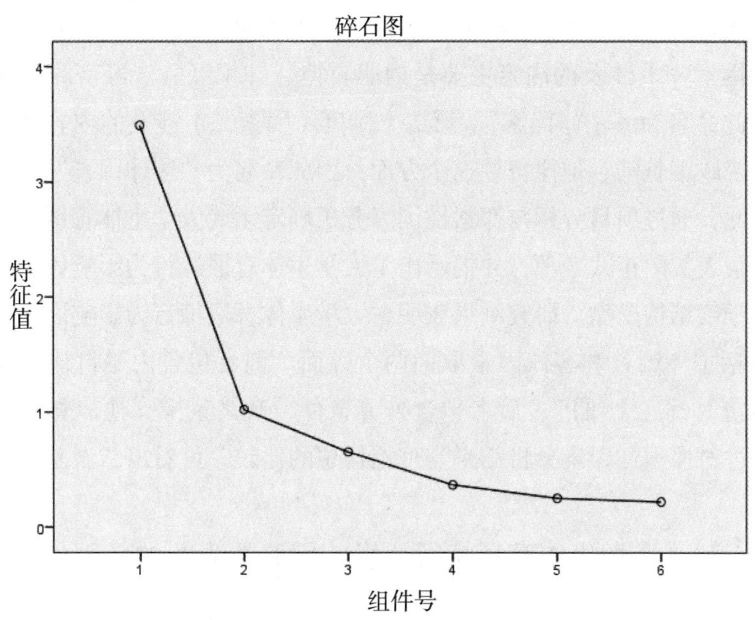

图7-6 《大学生体育锻炼行为影响因素量表》的二阶因素分析碎石图

表7-6 《大学生体育锻炼行为影响因素量表》的二阶因素分析结果

因 子		特征值	贡献率	共同度	因素负荷
因素一	主体因素	3.419	58.181		
A	内驱自律			0.695	0.816
B	知识经验			0.783	0.844
C	经济时间			0.593	0.754
因素二	客体因素	1.021	17.009		
D	外界条件			0.765	0.828
E	政策氛围			0.821	0.848
F	他律督导			0.855	0.911

根据以下标准确定命名因素数目:(1)因素的特征值大于等于1，即因素的贡献率大于等于1;(2)因素必须符合陡阶检验;(3)抽取出的因素在旋转前至少能解释2%的总变异;(4)碎石图拐点;(5)每个因素至少包含三个项目;(6)因素比较好命名。

从表7-6可见，两个因素可以解释一阶因素总方差的75.190%。第一个维度(因素一)涉及的内容主要是内驱自律、知识经验、经济时间三个方面，因此命名为“主体因素”;第二个维度(因素二)涉及的内容主要是外界条件、政策氛围、他律督导三个方面，因此命名为“客体因素”。

至此，通过项目分析与探索性因素分析确定了《大学生体育锻炼行为影响因素量表》的正式题项，并揭示出了大学生体育锻炼行为影响因素的多层次、多维度结构模型。研究结果表明，大学生体育锻炼行为影响因素的结构模型包括主体因素和客体因素取向两个方面。前者包含内驱自律、知识经验、经济时间三个维度，后者包含外界条件、政策氛围、他律督导三个维度。通过对探索性因素分析结果与理论构想的比较，可看出二者基本一致。

2.3.3 《大学生体育锻炼行为影响因素量表》的信度检验

所谓信度(Reliability)，是指调查的可靠程度。它表现为调查结果的一致性、再现性和稳定性。在实施调查时各种随机因素都会给调查过程带来偶然误差，影响调查数据的可靠性和一致性。确定信度时是以相关系数的大小来表示信度的高低，这个相关系数就称为信度系数(Reliability Coefficient)，信度系数表示测量误差对调查得分影响的程度。本书采用内部一致性法(Method of Internal Consistency)估计信度，对初测的87份有效样本进行检验，采用Cronbach's α系数来估计量表的同质性系数。所得的Cronbach's α系数越高则代表调查的内容越趋于一致。其公式如下:

$$\alpha = \frac{n}{n-1}\left(1-\frac{\sum S_i^2}{S_x^2}\right)$$

α: 估计的信度; n: 题数; S_i^2: 每一题目分数的方差; S_x^2: 测验总分的方差。

本书采用内部一致性系数（Cronbach's α）、题项与问卷的相关系数、重测信度作为检验问卷信度的指标①。内部一致性信度检验的被试采用前述的87个有效样本。重测被试选取山西传媒学院摄影系和编导系一年级学生65人，间隔一个月后的重测数据为检验依据，重测时间为2021年3月至4月。《大学生体育锻炼行为影响因素量表》的Cronbach's α系数见表7-7。

表7-7 《大学生体育锻炼行为影响因素量表》的Cronbach's α系数

因素	题项数	Cronbach's α	题项与问卷的相关系数	重测信度
内驱自律	4	0.794	0.705~0.771	0.637
知识经验	3	0.684	0.466~0.686	0.562
经济时间	3	0.829	0.741~0.786	0.746
外界条件	5	0.863	0.818~0.850	0.617
政策氛围	8	0.872	0.847~0.870	0.632
他律督导	2	0.661	0.635~0.687	0.559
主体因素	10	0.874	0.857~0.871	0.648
客体因素	15	0.903	0.893~0.903	0.716
量表	25	0.929	0.924~0.928	0.825

（注：以上相关数据均达到显著性水平，$\alpha<.01$）

从表7-7可以看出，《大学生体育锻炼行为影响因素量表》的2个一级因素以及6个二级因素与问卷的信度系数都较好，同时内部一致性系数、重测信度均超过0.5，达到显著性水平，表明问卷的内部一致性是比较高的，即问卷的信度可以接受。

2.3.4 《大学生体育锻炼行为影响因素量表》的内容效度

内容效度的判断方法主要是看量表是否可以真正测量到研究者所要测量

① 戴海琦，张锋. 心理与教育测量[M]. 山东：暨南大学出版社，2018：49-50.

的变量，以及量表是否涵盖了所要测量的变量。主要采用定性分析的方法通过多位专家来判断确定测量项目与预测变量在内容上是相符的，本书编制的问卷各维度的建立和题目的编制都是在开放式问卷调查的基础上，且经过了有关专家的评定。

2.3.5 《大学生体育锻炼行为影响因素量表》的结构效度

（1）相关结构矩阵

根据因素分析理论，各个因素之间应该具有中等程度的相关，如果相关太高，说明因素之间有重合，有些因素可能并非必要；如果因素之间相关太低，说明有的因素测的并非大学生体育锻炼行为影响因素。按照心理学家Tukcer的理论，构造健全的项目所需要的项目和测验的相关在0.30~0.80之间，项目间的组间相关在0.10~0.60之间，在这些相关全矩之内的项目为测验提供的是满意的信度和效度。本书对一阶因子、二阶因素以及总分之间计算相关，以考察各因素之间的关系，进一步验证大学生体育锻炼行为影响因素的结构效度，结果见表7–8。

表7–8 《大学生体育锻炼行为影响因素量表》各一阶因子、二阶因素和总分之间的相关系数表

	因子1	因子2	因子3	因子4	因子5	因子6	因素1	因素2	问卷
因子1	1.000								
因子2	0.762	1.000							
因子3	0.434	0.519	1.000						
因子4	0.588	0.678	0.663	1.000					
因子5	0.376	0.465	0.370	0.526	1.000				
因子6	0.323	0.389	0.282	0.348	0.664	1.000			

续表

	因子1	因子2	因子3	因子4	因子5	因子6	因素1	因素2	问卷
因素1	0.868	0.899	0.769	0.760	0.477	0.392	1.000		
因素2	0.526	0.626	0.538	0.767	0.878	0.819	0.666	1.000	
问卷	0.769	0.840	0.720	0.836	0.735	0.656	0.918	0.907	1.000

从表7-8可以看出，因素与因素之间、因子与因子之间有中等程度的相关，而因子与因素之间、因素与问卷之间有高相关，说明两个因素有相对的独立性，由于因子1、2、3三者之间的相关系数较高；因子4、5、6之间的相关系数也较高，这说明这几个因子中包含更高阶的因子，适合进行二阶分析。而在两个大的因素中，它与所包含的因子之间的相关颇高，而与未包含的因子之间的相关则相对较低，这也说明了本问卷的结构效度较好。同时，我们从因子与总量表、因素与总量表之间的相关看，它们的相关也较高，这从另一个角度说明了本问卷具有良好的结构效度。

（2）验证性因素分析

2021年4月，采用筛选后的25题项的正式量表进行调查，选取山西传媒学院、晋中学院、太原理工大学三所大学的学生，以班级为单位进行集体施测，对回收的问卷进行完整性、真实性的检查，问卷有未答条目或作答有明显以某种规律出现的视为废卷。共发放问卷200份，回收有效问卷168份，回收效率为84%。其中山西传媒学院58人，晋中学院55人，太原理工大学55人。一年级85人，二年级83人。男生66人，女生102人。采用AMOS23.0进行验证性因素分析，以验证大学生体育锻炼行为影响因素决定因素模型的合理性。

本书把大学生体育锻炼行为影响因素作为内生潜变量（endogenous latent variable），6个影响因素作为外生潜变量（exogenous latent variable），在AMOS23.0中进行数据拟合的验证性分析，得到模型的拟合优度结果：x^2/df为2.134，$P<0.01$，符合2～3的拟合优度标准；非范拟合指数NNFI为0.874，拟合优度指数GFI为0.812，调整拟合优度指数AGFI为0.809，比较拟合指数

CFI为0.895，近似误差均方根RMSEA为0.043（表7-9）。

表7-9 《大学生体育锻炼行为影响因素量表》模型的验证性分析结果

模型	x^2/df	p	NNFI	GFI	AGFI	CFI	RMSEA
M	2.134	0.01	0.874	0.812	0.809	0.895	0.043

分析结果显示，各项拟合优度指数均达到指标可接受的标准，RMSEA≤0.05，表明模型的数据拟合很好。模型的6个前因变量能解释大学生体育锻炼行为影响因素74.29%的方差变异，说明模型中假设的前因变量对内生潜变量能够很好地解释和预测，即6个决定因素能够很好地预测大学生体育锻炼行为影响因素。对6个因子分别作相关分析，各个因素之间有中等程度相关或弱相关，相关系数的绝对值在0.167~0.419之间，说明各因素之间有较好的独立性。

综合以上指标验证表明，本书得到的大学生体育锻炼行为影响因素的决定性因素模型是切实可行的。至此，完成了《大学生体育锻炼行为影响因素量表》的编制（附件3）。

2.3.6 正式调查

（1）样本数量的确定

统计学认为，样本规模的确定一般采用公式$n=\frac{[t^2\times P(1-P)]}{e^2}$，其中，$n$代表样本规模，$t$代表置信度所对应的临界值，$P$代表总体的成数或百分比，$e$代表抽样误差，当$P$=0.5时，$n$达到最大值，即$n=\frac{t^2}{(4\times e^2)}$，它可以保证样本规模足够大。根据95%（即$\alpha$=0.05，$t_\alpha$=1.96）置信水平下不同抽样误差所要求的样本规模表，我们设定抽样误差e=0.05时样本含量为400，对于实际采用的复杂抽样，要达到同样的精度，需要乘上它的设计效应$deff$，通常设计效应为1.8，2，2.5。$deff$越大时，实际样本的规模也就越大。若研究取

deff=1.8，则实际样本数量应为720份。对于一个总数为200000的总体，置信度确定为95%时，若置信区间为±5%，则需要377个样本回答数。山西省本科院校每年的录取总人数不足100000人，本书确定学生的样本数量为1200人，足以满足样本数的需要量。

（2）样本区域及数量分布情况

按照统计学分层随机取样原则，考虑到年级、性别等方面的平衡，2021年5月，分别抽取山西省20所本科院校的大学生进行调查，其中包括太原科技大学、山西中医药大学、山西传媒学院、太原学院、山西工商学院、山西农业大学、山西医科大学、太原理工大学、太原师范学院、大同大学、山西应用科技学院、山西能源学院、山西财经大学、山西大学、吕梁学院、运城学院、忻州师范学院、中北大学、山西警察学院、太原工业学院，依旧按照前面的操作方法，共发放调查问卷1200份（各取大一、大二上体育课班级各一个，每校平均发放60份），回收1093份，回收率为91.1%，其中有效问卷927份，有效率为84.85%（表7-10）。

表7-10　样本人口学特征统计（*n*=927）

变量	变量含义	人数	人数百分比（%）
性别	男	401	43.26
	女	526	56.74
年级	大一	518	55.88
	大二	409	44.12
生源	城市	596	64.29
	农村	331	35.71

2.4 数理统计法

对于回收的调查数据，采用SPSS 23.0、AMOS23.0和Excel统计软件进行分析，具体分析方法如下。

（1）对《大学生体育锻炼行为影响因素量表》的调查结果进行项目分析，采用探索性因素分析（Exploratory Factor Analysis，EFA），寻找影响测验条目之间的共同因素；采用验证性因素分析（Confirmatory Factor Analysis，CFA）来判定量表的结构效度[①]。

（2）采用列表排序法（Taxis）对大学生体育锻炼行为问题影响因素的调查结果进行描述性统计，目的是研究大学生体育锻炼行为问题各影响因素的差异[②]；运用帕累托分析（主次因素分析法）（Pareto Analysis），按照累计百分比为0~80%之间的因素为A类因素，是主要风险因素；百分比为80%~90%间的因素为B类因素，是一般风险因素；其他为C类因素，以确定出大学生体育锻炼行为问题的主要影响因素、一般影响因素与其他影响因素[③]。采用独立样本T检验（Independent-Sample T Test）和多元方差分析法（Two-way Manova）进行统计分析，主要分析大学生体育锻炼行为问题影响因素在人口学特征上的认知差异。

① 张力为，毛志雄. 体育科学常用心理量表评定手册[M]. 北京：北京体育大学出版社，2004：273.

② 邱菀华. 现代项目风险管理方法与实践[M]. 北京：科学出版社，2003：119-121.

③ 贺国芳. 可靠性数据的收集与分析[M]. 北京：国防工业出版社，1995：33.

3. 结果与分析

3.1　大学生体育锻炼行为影响因素调查结果分析

3.1.1　采用列表排序法对大学生体育锻炼行为影响因素调查结果分析

通过对调查数据进行统计处理，得到大学生体育锻炼行为影响因素调查结果，具体情况见表7-11。

表7-11　大学生体育锻炼行为影响因素各维度调查结果分析（n=927）

因素	维度均值	标准差	类内排序	全因素总排序
一、主体因素	3.1844	0.44252		①
1.内驱自律	3.2292	0.61064	2	3
2.知识经验	3.0421	0.65708	3	5
3.经济时间	3.2819	0.75184	1	2
二、客体因素	3.1100	0.47243		②
4.外界条件	3.1655	0.61998	2	4
5.政策氛围	2.8634	0.44428	3	6
6.他律督导	3.3010	0.94219	1	1
三、总量表	3.1472	0.39577		

注：①②为一级影响因素均值排序号。

结果显示，一级因素排序依次是主体因素、客体因素，这说明主体因素是大学生体育锻炼的重要影响因素。表7-11排序结果显示，主体因素包含的影响因素依次为经济时间、内驱自律、知识经验；客体因素包含的影响因素依次为他律督导、外界条件、政策氛围。全因素总排序为他律督导、经济时间、内驱自律、外界条件、知识经验、政策氛围。从各个影响因素对比分析，大部分因素的每题均分都在3以上（每题最高得分为5分，最低为1分），仅在政策氛围因素上得分稍低（2.8634），说明大学生们对各影响体育锻炼因素的认知程度是不同的。

3.1.2 采用帕累托法对大学生体育锻炼行为影响因素调查结果进行分析

运用帕雷托法对各维度影响因素调查结果进行分析（图7–7），按照累计百分比0~80%的因素为A类因素，即主要因素，可取得A类因素为4个，依次为他律督导、经济时间、内驱自律、外界条件；80%~90%之间的因素为B类因素，即次要因素，可取得B类因素1个，即知识经验；C类因素1个，即政策氛围，为一般因素。

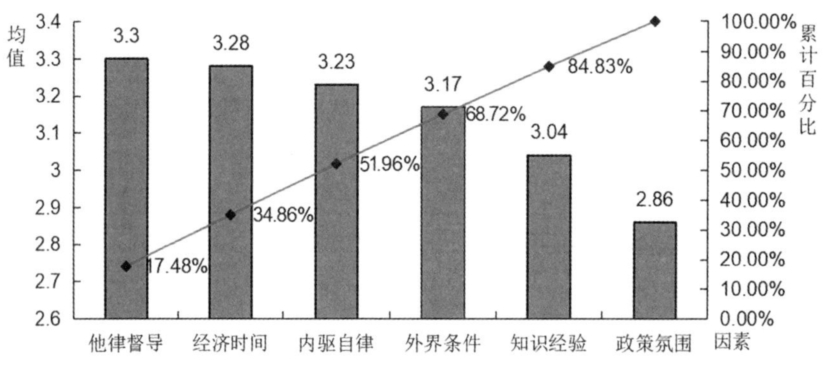

图7–7　大学生体育锻炼行为影响因素各维度调查结果帕雷托分析

3.2　大学生体育锻炼行为影响因素调查结果人口学特征分析

3.2.1　大学生体育锻炼行为影响因素性别差异分析

为了考察不同性别的大学生对体育锻炼影响因素在各维度上的判断是否存在差异，采用独立样本T检验对不同性别的大学生体育锻炼行为影响因素的调查数据进行统计处理，结果见表7-12。

表7-12　不同性别的大学生体育锻炼行为影响因素各维度平均数及T检验

影响因素	性别	人数	维度均值	标准差	*F*	*P*
政策氛围	男	401	2.8594	0.43579	0.359	0.549
	女	526	2.8664	0.45104		
内驱自律	男	401	3.2313	0.62970	1.924	0.166
	女	526	3.2277	0.59630		
外界条件	男	401	3.1521	0.67432	19.131***	0.000
	女	526	3.1757	0.57558		
经济时间	男	401	3.2635	0.77503	1.179	0.278
	女	526	3.2959	0.73411		
他律督导	男	401	3.3329	0.95106	0.068	0.795
	女	526	3.2766	0.93554		
知识经验	男	401	3.1488	0.69063	8.049**	0.005
	女	526	2.9607	0.61870		
主体因素	男	401	3.2145	0.48858	16.244***	0.000
	女	526	3.1614	0.40287		
客体因素	男	401	3.1148	0.54068	42.313***	0.000
	女	526	3.1062	0.41339		
总量表	男	401	3.1647	0.46827	57.962***	0.000
	女	526	3.1338	0.32984		

注：*P<0.05，**P<0.01，***P<0.001。

表7-12的研究结果显示，不同性别的大学生在外界条件维度上存在极其显著性差异，在知识经验维度上存在非常显著性差异；不同性别的大学生在主体因素、客体因素和总量表上均存在极其显著性差异。

3.2.2 大学生体育锻炼行为影响因素年级差异分析

为了考察不同年级的大学生对体育锻炼影响因素在各维度上的判断是否存在差异，采用独立样本T检验对不同年级的大学生体育锻炼行为影响因素的调查数据进行统计处理，结果见表7-13。

表7-13 不同年级的大学生体育锻炼行为影响因素各维度平均数及T检验

影响因素	年级	人数	维度均值	标准差	*F*	*P*
政策氛围	大一	518	2.8381	0.44526	0.124	0.725
	大二	409	2.8955	0.44151		
内驱自律	大一	518	3.2046	0.60850	0.006	0.939
	大二	409	3.2604	0.61266		
外界条件	大一	518	3.1676	0.61850	0.007	0.934
	大二	409	3.1628	0.62260		
经济时间	大一	518	3.2703	0.75998	1.158	0.282
	大二	409	3.2967	0.74207		
他律督导	大一	518	3.2761	0.94021	0.028	0.866
	大二	409	3.3325	0.94490		
知识经验	大一	518	3.0380	0.65566	0.092	0.761
	大二	409	3.0473	0.65964		
主体因素	大一	518	3.1710	0.45052	1.654	0.199
	大二	409	3.2014	0.43212		
客体因素	大一	518	3.0939	0.47142	0.008	0.929
	大二	409	3.1303	0.47349		
总量表	大一	518	3.1324	0.39544	0.229	0.632
	大二	409	3.1659	0.39589		

注：$*P<0.05$，$**P<0.01$，$***P<0.001$。

表7-13的研究结果显示，不同年级的大学生在各维度上均不存在显著性差异。

3.2.3　大学生体育锻炼行为影响因素生源差异分析

为了考察不同生源的大学生对体育锻炼影响因素在各维度上的判断是否存在差异，采用独立样本T检验对不同生源的大学生体育锻炼行为影响因素的调查数据进行统计处理，结果见表7-14。

表7-14　不同生源的大学生体育锻炼行为影响因素各维度平均数及T检验

影响因素	生源	人数	维度均值	标准差	*F*	*P*
政策氛围	城市	596	2.8712	0.44737	0.016	0.899
	农村	331	2.8493	0.43899		
内驱自律	城市	596	3.2328	0.61972	0.376	0.540
	农村	331	3.2228	0.59481		
外界条件	城市	596	3.1540	0.64797	8.998**	0.003
	农村	331	3.1861	0.56648		
经济时间	城市	596	3.2886	0.76223	0.534	0.465
	农村	331	3.2699	0.73375		
他律督导	城市	596	3.3272	0.93413	0.855	0.355
	农村	331	3.2538	0.95613		
知识经验	城市	596	3.0559	0.65411	0.032	0.859
	农村	331	3.0171	0.66265		
主体因素	城市	596	3.1924	0.43333	0.215	0.643
	农村	331	3.1699	0.45891		
客体因素	城市	596	3.1175	0.48262	0.736	0.391
	农村	331	3.0964	0.45391		
总量表	城市	596	3.1550	0.39839	0.020	0.888
	农村	331	3.1332	0.39122		

注：$*P<0.05$，$**P<0.01$，$***P<0.001$。

表7-14的研究结果显示，不同生源的大学生在外界条件维度上存在非常显著性差异，在其他维度和方面上不存在显著性差异。

3.2.4 大学生体育锻炼行为影响因素性别、年级差异分析

为了考察不同性别和年级的大学生对体育锻炼影响因素在各维度上的判断是否存在差异，采用多元方差分析法对不同性别和不同年级的大学生体育锻炼行为影响因素进行2（性别）×2（年级）的统计处理，结果见表7-15。

表7-15 不同性别、年级大学生体育锻炼行为影响因素在各维度上的*F*检验（n=927）

	性别		年级		性别×年级	
	F	*P*	*F*	*P*	*F*	*P*
政策氛围	0.124	0.725	5.005*	0.043	1.906	0.168
内驱自律	0.045	0.832	2.135	0.144	0.418	0.518
外界条件	0.416	0.519	0.046	0.830	0.345	0.557
经济时间	0.677	0.411	0.083	0.774	2.350	0.126
他律督导	0.223	0.637	0.173	0.677	13.053***	0.000
知识经验	19.402***	0.000	0.184	0.668	0.355	0.552
主体因素	6.219*	0.033	1.096	0.295	0.078	0.780
客体因素	0.007	0.935	0.528	0.468	9.544**	0.002
总量表	0.914	0.339	1.038	0.309	3.984*	0.046

注：$^{*}P<0.05$，$^{**}P<0.01$，$^{***}P<0.001$。

表7-15可见，性别主效应在知识经验维度上存在极其显著性差异，在主体因素方面存在显著性差异；年级主效应在政策氛围维度上存在显著性差异；在性别和年级的交互作用下，在他律督导维度上存在极其显著性差异，在客体因素方面存在非常显著性差异，在总量表上存在显著性差异。

3.2.5　大学生体育锻炼行为影响因素性别、生源差异分析

为了考察不同性别和生源的大学生对体育锻炼影响因素在各维度上的判断是否存在差异，采用多元方差分析法对不同性别和不同生源的大学生体育锻炼行为影响因素进行2（性别）×2（生源）的统计处理，结果见表7–16。

表7–16　不同性别、生源大学生体育锻炼行为影响因素在各维度上的*F*检验（*n*=927）

	性别		生源		性别×生源	
	F	*P*	*F*	*P*	*F*	*P*
政策氛围	0.066	0.797	0.209	0.648	4.959*	0.046
内驱自律	0.129	0.719	0.008	0.929	0.911	0.340
外界条件	0.130	0.718	0.665	0.415	0.319	0.572
经济时间	0.047	0.829	0.026	0.871	2.004	0.157
他律督导	0.484	0.487	1.365	0.243	0.213	0.645
知识经验	14.981***	0.000	0.775	0.379	0.870	0.351
主体因素	4.773*	0.042	0.319	0.572	0.616	0.433
客体因素	0.148	0.701	0.316	0.574	0.230	0.632
总量表	1.729	0.189	0.424	0.515	0.525	0.469

注：*P<0.05，**P<0.01，***P<0.001

表7–16可见，性别主效应在知识经验维度上存在极其显著性差异，在主体因素方面存在显著性差异；而生源主效应在所有维度上都不存在显著性差异；在性别和生源的交互作用下，在政策氛围维度上存在显著性差异。

3.2.6　大学生体育锻炼行为影响因素年级、生源差异分析

为了考察不同年级和生源的大学生对体育锻炼影响因素在各维度上的判断是否存在差异，采用多元方差分析法对不同年级和不同生源的大学生体育锻炼行为影响因素进行2（年级）×2（生源）的统计处理，结果见表7–17。

表7-17　不同年级、生源大学生体育锻炼行为影响因素在各维度上的F检验（n=927）

	年级		生源		年级×生源	
	F	P	F	P	F	P
政策氛围	2.466	0.117	0.958	0.328	1.926	0.166
内驱自律	2.172	0.141	0.102	0.749	0.204	0.652
外界条件	0.000	0.993	0.650	0.420	0.355	0.551
经济时间	0.120	0.729	0.208	0.648	0.515	0.473
他律督导	1.234	0.267	1.376	0.241	0.293	0.589
知识经验	0.301	0.583	0.652	0.419	1.026	0.311
主体因素	1.312	0.252	0.649	0.421	0.091	0.762
客体因素	1.501	0.221	0.537	0.464	0.035	0.852
总量表	1.883	0.170	0.788	0.375	0.079	0.779

注：*P<0.05，**P<0.01，***P<0.001

表7-17可见，年级主效应、生源主效应、年级和生源的交互作用下，在所有维度和方面上都不存在显著性差异。

4. 讨论

4.1　大学生体育锻炼行为影响因素测量工具讨论

4.1.1　量表编制的理论依据

因子分析的题项不宜过多，过多则有可能存在重复的共同因素。本书的预试量表是30题，之后经过区分度分析和因素分析，删除5个题项，最后形成了25个题项的正式量表。量表包括主体因素和客体因素两个方面的内容，主体因素包含内驱自律、知识经验、经济时间三个维度；客体因素包含外界条件、政策氛围、他律督导三个维度。再次经探索性因素分析，并经过验证性因素分析和信度、效度检验，证明了该理论模型的合理性。

4.1.2　量表的信度讨论

信度是对测量一致性程度的估计，反映了测量工具的稳定性或可靠性，它一般用信度系数来评价。本书选用Cronbach's α系数，对于量表进行内部一致性信度检验。当问卷的信度系数达到0.8以上时，就可以认为是相当好，信度系数达到0.7以上，即为较好，0.6以上为可接受信度[①]。从统计结果中可以看出，《大学生体育锻炼行为影响因素量表》各因子的α系数在0.661~0.929之间，表明问卷的信度是可靠的。

4.1.3　量表的效度讨论

效度是能正确地测量出所要测量的特性或功能的程度，反映了测量工具的有效性，一般分为内容效度、结构效度和效标关联效度三类[②]。内容效度必须具备的两个条件：一个是定义完好的内容范围；另一个应该是所界定内容范围的代表性取样本。研究的论域范围限定为高等院校内进行全日制学习的学生，所包含的内驱自律、知识经验、经济时间、外界条件、政策氛围、他律督导6个维度的影响因素分析均来源于文献综述及专家访谈，从而保证了量表具有较好的内容效度。

各拟合优度的值一般大于0.8才符合标准。本书通过对量表的正式调查

① 张文彤，董伟. SPSS统计分析高级教程[M]. 北京：高等教育出版社，2011：364.

② Raykow T. , Marcoulides G. A. A first course in structural equation modeling Mahwah[J]. NJ：Lawrence Erlbaum Associates，2000.

数据进行验证性因素分析来检验其结构效度，采用拟合度指数，即研究者提出的理论模型与原始数据的拟合程度来验证模型结构的合理性，结果表明，量表与理论构想基本一致，《大学生体育锻炼行为影响因素量表》的结构模型拟合较好。因此，本量表可以作为大学生体育锻炼行为影响因素相关研究的测查工具。

4.2 大学生体育锻炼行为影响因素调查结果讨论

表7-11的调查结果可见，大部分大学生认为主体因素是影响他们参加体育锻炼的主要原因，客体因素居于次要位置，这样的判断结果与实际情况是相吻合的。健身锻炼的自我内驱力是非常重要的，只有自己想动起来，变“他要我练”为“我要练”，才可以有力地克服外界诸多因素的干扰。因为现实生活中，很少能具备十全十美的健身条件，但只要开动脑筋，自己克服困难，创造条件，完全可以克服重重阻力，实现健身的目的。在我们调查的过程中，许多大学生都能排除诸多困难，常年坚持健身锻炼。

从调查结果来看，大学生在主体因素中把经济时间排在首位，而把内驱自律、知识经验排在后面。由此可见，大部分同学认为经济和时间是影响他们体育锻炼的主要因素，得到这样的结果是合情合理的。毕竟大学生的学业负担是较重的，为了将来的毕业和就业，他们努力学习，甚至为将来进一步深造发展而努力拓展自己的知识面，还有各种资格证考试的压力，这些都可以理解。况且，具体到每个学生的家庭经济情况是有很大差别的，有的家庭能够支持孩子完成正常的学业都很吃力了，更不要说还在其他方面的投入。在客体因素中把他律督导排在首位，把外界条件、政策氛围排在后面，得到这样的结果有些令人担忧。可见，大学生虽然在生理年龄上已经属于成年人的行列了，但他们的内心世界并不成熟，还是孩子，他们依然觉得他律是重要的。在这一点上，相关工作人员要引起重视并积极做好引导工作。尤其令人意外的是，大学生们觉得政策氛围的影响力最低。这从侧面反映出，相关体育政策的缺失或力度不够，没有对大学生的体育锻炼起到有效的指导和约束作用。另一个方面也说明，社会、社区，尤其是校园体育赛事的缺失，没有对大学生体育锻炼产生强大的鼓舞和影响力。上述诸方面也是导致大家对这方面忽略的原因，这一点应该引起有关部门的重视。

全因素总排序的各个影响因素的顺序依次为他律督导、经济时间、内驱自律、外界条件、知识经验、政策氛围，也验证了前面分析的结果。运用帕雷托分析得到的结果与列表排序法的结果基本一致，但帕雷托法可以有效区分全部影响因素的主、次顺序，即主要因素为他律督导、经济时间、内驱自律、外界条件，知识经验为次要因素，政策氛围为一般因素，后两者没有引起大部分大学生的重视。除了政策氛围维度的得分（2.8634）低于打分均值外，其他各维度的均分都在3以上，说明大学生们对影响他们参加体育锻炼因素的认识是比较全面的，这为分析如何应对及促进大学生参加体育锻炼提供了有力证据。

4.3　大学生体育锻炼行为影响因素调查结果人口学特征讨论

表7-12的研究结果显示，不同性别的大学生在知识经验维度上存在非常显著性差异，在外界条件维度上存在极其显著性差异；不同性别的大学生在主体因素、客体因素和总量表上均存在极其显著性差异。分析研究结果发现，在外界条件维度上女生的打分均值高于男生，这说明女生健身锻炼对天气、疫情、地域差异、场地设施、健身器材、专业指导等的考虑和依赖的挑剔程度明显高于男生，这些因素是影响她们健身的重要因素。在知识经验维度上男生的打分均值明显高于女生，这说明男生的健身知识水平的储备明显要比女生丰富，这主要是男生参加体育锻炼普遍比女生多，健身经验和知识的积累自然就会高于女生，要重视对女生在健身知识和经验的传授和关注。在主体因素、客体因素和总量表上男生的得分均值都高于女生，这说明在影响体育锻炼各因素的认知方面女生均落后于男生，男生比女生更加关注体育锻炼的方方面面，投入的时间和精力更多，对于女生的健身动员工作较男生

来说难度更大，更需要耐心细致地劝说及指导工作。

表7-14的研究结果显示，不同生源的大学生在外界条件维度上存在非常显著性差异，在其他维度和方面上不存在显著性差异。从得分均值可见，在外界条件维度上的认知，来自农村的大学生的得分均值略高于来自城市的大学生。这主要是由于地域差异原因导致的城市等发达地区的场地设施、健身器材、专业指导等优于农村造成的。城市里的孩子参加体育健身锻炼几乎不用考虑场地、器材设施缺乏和不足的问题，从社会、社区、学校到家庭，都能充分满足健身硬件的需求，而在农村这些地方明显不如城市。因此，导致农村出来的大学生对外界条件对健身的影响认知程度要高于城市的大学生。

表7-15可见，性别主效应在知识经验维度上存在极其显著性差异，在主体因素方面存在显著性差异，这与表7-12不同性别的大学生体育锻炼行为影响因素各维度平均数及T检验分析得到的结果一致，这里不再赘述。年级主效应在政策氛围维度上存在显著性差异，从统计结果均值发现，大二的学生在政策氛围维度上的认知度明显高于大一的学生。这是由于大二的学生进入大学学习的时间长于大一的学生造成的，他们对大学的历史文化、民族文化、教育方针政策、健身氛围等有了更加深入细致的了解和体验，但大一的学生对这些方面的体验和经历还比较浅。在性别和年级的交互作用下，在他律督导维度上存在极其显著性差异，在客体因素方面存在非常显著性差异。在他律督导维度上，男生的得分均值明显高于女生，大二学生的得分均值明显高于大一的学生。由此可见，男生和高年级的学生对教育部门相关领导、教师教练等的他律督导影响其参加体育锻炼的认知明显高于其他同学，也说明大学生体育锻炼的监管作用不容忽视。

表7-16可见，性别主效应在知识经验维度上存在极其显著性差异，在主体因素方面存在显著性差异，这与前面分析得到的研究结果一致，这里不再赘述；在性别和生源的交互作用下，在政策氛围维度上存在显著性差异。从前文的统计结果可见，城市生源的大学生，尤其是城市生源的女大学生较农村的大学生对政策氛围对大学生参加体育锻炼的影响认知程度更高，这是由于城市的体育健身氛围明显优于农村，以及体育政策落实得比农村更到位、更具体。与农村相较，城市的健身人群多，氛围也较浓，对大学生会造

成一定程度的影响，也方便他们参与其中。而落后和偏远的农村地区对学生的体育锻炼情况仍然没有放到一个重要的位置上，没有按照教育部对体育教学的管理要求去具体落实到位，各年级，尤其是高中以抓文化课升学为主，学生的体育课和体育锻炼被边缘化，甚者被取缔剥夺。相反，城市的各级学校由于教育部门监管严格，对教育部的政策落实得比较到位，体育课和体育锻炼较农村的学校有比较可靠的保障。由于以上原因导致了二者的认知不同。

4.4　大学生体育锻炼行为提升的有效路径分析

4.4.1　树立正确健身观念

人的行为受大脑意识的支配和指挥，个体如果没有树立正确的健身观念，就不会付诸体育锻炼行动。在现实生活中，已经有许多杰出的国之栋梁、知名人士，过度忙于工作和奉献，而忽略了体育锻炼或缺乏正确的锻炼和养生保健知识，不幸导致英年早逝，对国家和家庭都是巨大的损失，令人扼腕叹息，就在我们身边的亲朋过早去世者也不在少数。毛泽东在《体育之研究》中有“体者，载知识之车而寓道德之舍也”“德智皆寄于体，无体是无德智也”“体育占第一之位置”等精辟的论述，所包含的深刻的哲学思想、教育思想、体育思想，具有深远的现实意义。那些觉得自己还年轻、身体还健康、等到需要的时候再参加体育锻炼的观念是极其错误的。《皇帝内经》——《素问・上古天真论》中黄帝和岐伯谈论古人能活百岁而动作不衰与不知养生之道半百而衰的具体原因，与我们现代人存在的亚健康诸多问题吻合。仅以新型冠状病毒肆虐期间出现的不同人群感染结果为例来看，平时注重健身和保健的人群就明显比身体状况差的人群对病毒有着极强的免疫力和抵抗力。因此，高效学习、健康工作、享受生活要从纠正错误的健身观念开始，应尽早投入到体育锻炼中去。

4.4.2 学习科学健身方法

在新冠疫情防控期间，体育锻炼受到的影响主要表现在以下几个方面。

（1）运动项目受限。疫情期间为了防止病毒的交叉感染和扩散，群体不能聚集，这就使得一些多人集体项目，尤其是近距离接触的项目受到了限制，如篮球、足球、集体操舞等。

（2）场地器械受限。在疫情影响下，体育场馆、健身场所处于封闭不开放的状态。活动的空间一下子变得窄小了、不方便了，也不能像正常时期那样使用各种器械了，基本上是处于自家的庭院或室内，可用的器材也极其有限和不便。即使在正常时期，尽管早在1999年教育部就颁布了《关于假期、公休日学校体育场地向学生开放的通知》文件，但至今真正按照文件落到实处的单位微乎其微。

（3）锻炼伙伴受限。原来集体项目的队友和好友都不能再像平时一样正常见面和活动了，疫情期间只能和家人或自己单独进行健身。事实上，即使不在疫情影响下的现实生活中，我们也会遇到诸如恶劣的气候条件（刮风、雨雪、雾霾、沙尘暴等）影响体育锻炼的问题。

针对上述情况，可以采用以下办法进行应对。

（1）从网络或体育专业人士那里学习科学的健身知识和健身方法，尽量选择单人项目进行锻炼，也可以适当选择能够和家里人一起锻炼的项目进行锻炼，还可以跟着运动App里的健身教练进行锻炼。根据自己的需要和条件，选择运动负荷便于自我掌控，并且不受年龄、性别、时间、季节、场地、器械等限制的一些运动项目，如传统武术（健身气功、八段锦、太极拳等）、舞蹈（各种流行舞蹈、健身操、广场舞、国标舞等）、功能力量练习（利用自重、家里各种可以代替杠铃、哑铃的重物进行徒手或配重的功能锻炼、力量锻炼）、室内外简易运动（普拉提、瑜伽、跳绳、跑步、踢毽子等）、小球类运动（羽毛球、乒乓球、网球等）、单人大球类运动（篮球、足球、排球等）、户外运动（骑行、越野行走、爬山等）……大学生也可以选择跟着目前流行的运动App进行体育锻炼，如Keep、咕咚、乐动力、悦动圈、悦跑圈、Nike+、Wake、每日瑜伽等。

（2）国家卫生健康指导委员会倡议，疫情期间以个人居家锻炼为主，宜选择适宜的运动负荷进行锻炼，做好锻炼安全防护①。大众体育锻炼的目的主要是愉悦身心，以增强心肺机能和改善不良身体状况为主，所以选择适中的运动负荷坚持锻炼30~40分钟，每次锻炼消耗200~300千卡的热量就基本达到了锻炼的目的。锻炼中等负荷靶心率的计算方法是自己最大心率的70%~85%，公式是“[220－年龄（岁）]×70%~85%”②。在锻炼前要做充分的准备活动，锻炼过程中要以自身状况来选择适宜的运动负荷，锻炼结束时要做充分的拉伸放松活动。在锻炼前仔细检查场地器材安全状况，锻炼时要穿运动鞋服，在锻炼时要不戴口罩，以免影响正常呼吸而发生意外，不要突然加大锻炼负荷而造成伤害。

（3）养成良好的生活习惯，制订系统的健身计划，拟定科学的健身处方。调整作息规律，每天坚持早睡早起，规律三餐，戒烟酒，大幅度缩减网络游戏时间。制订一个行之有效的工作、学习、锻炼的计划，持之以恒坚持下去，培养一两项体育专长，强制养成体育爱好和健身习惯。清除不良的健身体验，确立合理的健身目标，获得亲朋积极鼓励和支持。

正确的健身方式应该内外兼顾，身心平衡。例如，健身气功、太极拳、瑜伽、普拉提等，这些健身项目是以自身形体活动、呼吸吐纳、心理调节相结合为主要运动形式的体育项目。尤其是健身气功，与现代健身运动存在着一定的差别③。现代健身项目侧重于外在形体肌肉的雕琢，忽略了身心统一的养生之道。过度耗竭的力量耐力训练、僵硬肥大的肌肉并不利于机体的健康发展。健身气功除了调身之外，还可以调心和调息，达到内外兼修的作用，能够祛病健身，延年益寿。

① 中国健康教育中心. 新型冠状病毒感染的肺炎健康教育手册[M]. 北京：人民卫生出版社，2020：76.

② 国家体育总局社会体育指导中心中国健美协会. 健身指导员基础理论教程[M]. 北京：人民体育出版社，1999：120–122.

③ 国家体育总局健身气功管理中心编. 健身气功社会体育指导员培训教材[M]. 北京：人民卫生出版社，2007：4.

4.4.3 投资硬件设施建设

以缺少硬件设施为借口而不能进行体育锻炼的人，实际上还是健身知识匮乏和惰性心理在作祟。在现实生活中，任何地点物体都可以开辟利用来进行体育锻炼。例如，公园、校园、楼宇走廊安静的角落、社区、庭院、房间等任意一块平坦的可以活动开的地面，利用台阶、栏杆、围墙、桌椅板凳、一个装满书的书包……只要你肯挖掘，这些都可以用来进行健身。

仅以校园为例，可以考虑开放各种场馆，甚至扩建场馆（气膜体育馆），配齐配足各种健身硬件设施。例如，因地制宜，在学校的各个适当的位置设置适合锻炼的大小球练习墙、安全清洁的塑胶场地、健身墙、健身角落，并以缴纳押金进行廉价租赁的方式提供健身器材（如各种球类、跳绳、毽球、弹力带、瑜伽垫、饮料等）并粘贴二维码，通过扫描二维码就可以便捷地获得相应的运动项目锻炼方法指导、体育保健知识等信息，使学生和教师随时随地可以进行体育锻炼。

4.4.4 营造体育锻炼氛围

大学可以积极挖掘各方面的力量促进和营造体育健身的氛围。创建体育精品课“一校一品”，组建各种体育运动代表队、体育社团，开展各种体育赛事活动、校园体育文化节等，由上至下带动全体师生员工参加体育锻炼、鼓励健身。

以校园篮球赛事为例，可以作为院校每年举行的重点赛事活动，冠以“某大学 × × 杯篮球赛”为赛事命名，学院下达正式竞赛文件，以引起各部门院系的重视。为了调动全员参与的积极性，限定各院系必须组建代表队参加，而且每队必须有一定比例的女生上场参赛，参赛获得前三名的代表队可以给予加学分的激励政策。同时，要求各院系筹建啦啦操代表队，在篮球赛开赛前进行全院的啦啦操大赛，决出最终名次可以以积分的方式加入篮球赛的最后总分中去。同时，为了调动各院系教师的积极性，每场比赛可以邀请院系领导、辅导员在赛中以罚篮得分的方式参与，罚中的以双倍得分计入本场比赛的总分中去。以此类推，其他赛事也可以这样开展。这样基本上就可以让全体师生参与到体育赛事中去，从而得到相应的体育锻炼。

4.4.5　加强他律督导作用

虽然大学生在生理上已经属于成年人的范畴，但是他们中的大多数心智还没有完全成熟，在学习和体育锻炼方面仍然需要外界的监督和引导。表现在体育锻炼方面主要受国家政策、学校落实监督和家庭三个方面的影响。国家层面主要是指关于学生体育锻炼和考核的相关政策文件；学校层面主要是指教学管理部门和体育教师对相关规定上传下达的执行程度；家庭方面主要是亲朋在体育锻炼方面的支持、榜样和劝导作用。

（1）国家不乏关于青少年体育锻炼工作方面的指导文件，如中共中央、国务院《关于加强青少年体育增强青少年体质的意见》（中发〔2007〕7号）、国务院办公厅转发教育部等部门《关于进一步加强学校体育工作若干意见的通知》（国办发〔2012〕53号）、国务院办公厅《关于强化学校体育促进学生身心健康全面发展的意见》（国办发〔2016〕27号）等，随着文件的落实程度和新问题的出现，不断推陈出新，尤其是在近期，教育部对学生的体育锻炼要求更加重视，相应推出了一些新的政策要求。例如，2021年8月，突然严令终止所有文化课学科类的校外培训的举措，中考体育逐渐要达到和语文、数学等文化课同等升学分值的占比，高考也增加体育考试科目，大学体质测试成绩合格与否与毕业学历挂钩，研究生入学时体育不合格不予录取……这些新政和方法的推出，无疑对督促学生参加体育锻炼起到强大的推动作用。

（2）学校是政策落实的根本。文件要求的四个坚持“坚持课堂教学与课外活动相衔接、坚持培养兴趣与提高技能相促进、坚持群体活动与运动竞赛相协调、坚持全面推进与分类指导相结合”能否真正落实到位是关键。根据学生的体育状况，考虑设置体质测试专项课或实行全员跑操等强制体育锻炼措施。

学校体育教师要甘于奉献，勇挑重担，对全体学生随时随地做到体育锻炼方法的传道、授业、解惑以及督导作用。应充分利用疫情期间采用的网络远程手段，真正发挥现代网络媒体的优势作用。例如，采用“钉钉”“学习通”、微信、QQ等交流、教学、办公App，进行教学管理、答疑解惑、考察考试，让学生采取上传锻炼视频、锻炼打卡等远程监督方式来督导学生进行体育锻炼。教师也可以把自己锻炼或教授的完美的技术动作视频上传到平台，可以更加直观地带动学生进行锻炼。

（3）家庭层面，主要是家长、亲戚以及朋友对学生本人起着强大的推动作用。如果其父母经常参加健身锻炼，无疑在经济支持、传授健身方法经验、运动防护、项目和教练的选择和聘请等体育锻炼方面会对孩子起到示范和帮助作用。同时，他们也是促进学生参加体育锻炼的时刻关怀和督导的最直接和最亲近的人。

5. 结论与建议

（1）大学生体育锻炼行为是指“在国家认可的高等院校内进行全日制学习的学生通过科学的身体活动使其身心得到健康发展的行为”。

（2）通过专家调查、项目分析、因子分析和信、效度检验，编制了《大学生体育锻炼行为影响因素量表》。问卷具有良好的信度和效度，问卷内容包括个人信息调查、大学生体育锻炼行为影响因素调查两个部分，并确定了调查结果的评估方法。

（3）大学生体育锻炼行为受主体因素和客体因素两个方面影响。主体因素主次排序为经济时间、内驱自律、知识经验；客体因素主次排序为他律督导、外界条件、政策氛围。

（4）通过对调查结果的人口学特征分析发现，不同性别的大学生在外界条件维度上存在极其显著性差异，在知识经验维度上存在非常显著性差异；不同性别的大学生在主体因素、客体因素和总量表上均存在极其显著性差异。不同年级的大学生在各维度上均不存在显著性差异。不同生源的大学生在外界条件维度上存在非常显著性差异，在其他维度和方面上不存在显著性差异。性别主效应在知识经验维度上存在极其显著性差异，在主体因素方面存在显著性差异；年级主效应在政策氛围维度上存在显著性差异；在性别和年级的交互作用下，在他律督导维度上存在极其显著性差异，在客体因素方面存在非常显著性差异，在总量表上存在显著性差异。性别主效应在知识经验维度上存在极其显著性差异，在主体因素方面存在显著性差异；而生源主效应在所有维度上都不存在显著性差异；在性别和生源的交互作用下，在政策氛围维度上存在显著性差异。年级主效应、生源主效应、年级和生源的交互作用下，在所有维度和方面上都不存在显著性差异。

（5）对问卷编制的科学性及研究结果进行了深入的讨论，研究认为新冠疫情防控下大学生体育锻炼行为可以从树立正确健身观念、学习科学健身方法、投资硬件设施建设、营造体育锻炼氛围、加强他律督导作用等诸方面来思考应对。

附件1

专家问卷

尊敬的______：

您好！

我们正在做提升大学生体育锻炼问题的研究。下表是所拟定的《大学生体育锻炼行为影响因素量表》的维度和对各维度所做的简短界定。请您阅读下表的内容，对表中的项目逐一考察，并给项目进行评分，最低1分，最高5分。然后回答表后的几个小问题。

谢谢！

山西传媒学院

陈玉璞

2021年3月

《大学生体育锻炼行为影响因素量表》的维度

一级维度	二级维度	包含因素	评分
主体因素	内驱自律	性别、自信、健康、认知、自律慎独、态度、动机与价值观等	
	知识经验	经验习惯、健身知识、手段方法等	
	经济时间	经济状况、个人时间允许情况等	
客体因素	外界条件	天气、疫情、地域差异、场地设施、健身器材、专业指导等	
	政策氛围	历史文化、民族文化、教育方针政策、健身氛围等	
	他律督导	教育部门相关领导、教师教练等的他律督导	

请您简短回答以下问题：

1.您是否同意我们对《大学生体育锻炼行为影响因素量表》的结构构想？是（ ）否（ ）

2.您认为哪些不是《大学生体育锻炼行为影响因素量表》的维度，请划出来；您认为还有哪些因素遗漏？

3.您对促进大学生积极参加体育锻炼行为有什么好的办法？

附件2

大学生体育锻炼行为影响因素预调查

亲爱的同学，请判断以下各因素对您参加体育锻炼的影响程度，所有问题无对错之分，凭您的直觉判断即可。对各影响因素的判断按照“1（完全无影响）、2（不太影响）、3（有影响）、4（有较高影响）、5（有高度影响）”来打分，在相应等级数字上打“√”。对您的作答仅用于科学研究并严格保密，谢谢合作！

基本信息：

性别：男□ 女□　　年级：大一□ 大二□　　生源：城市□　农村□

影响因素	1（完全无影响） 5（高度影响）				
1.好静不好动、怕苦怕累的性格对你参加体育锻炼的影响	1	2	3	4	5
2.生病对你参加体育锻炼的影响	1	2	3	4	5
3.因为自己年轻而不需体育锻炼的观点对你的影响	1	2	3	4	5
4.为了短期目标（考试或比赛）才参加体育锻炼对你的影响	1	2	3	4	5
5.参加体育锻炼的动机是为了快速改善体型对你的影响	1	2	3	4	5
6.懒惰、沉迷网络游戏等不规律的生活状态对你参加体育锻炼的影响	1	2	3	4	5
7.从小到大没有形成体育锻炼的习惯对你的影响	1	2	3	4	5
8.中考体育锻炼留下的痛苦记忆对你参加体育锻炼的影响	1	2	3	4	5
9.不知道适合参加哪些运动项目及如何进行体育锻炼对你的影响	1	2	3	4	5
10.担心受伤而畏惧体育锻炼对你的影响	1	2	3	4	5
11.经济状况不允许对你参加体育锻炼的影响	1	2	3	4	5
12.体育锻炼影响学习或工作时对你的影响	1	2	3	4	5
13.体育锻炼需要花费大量时间和金钱时对你的影响	1	2	3	4	5
14.糟糕的天气条件（冷热、风雨、雾霾等）对你参加体育锻炼的影响	1	2	3	4	5
15.恐怖的疫情（SARS、COVID-19等）对你参加体育锻炼的影响	1	2	3	4	5

续表

影响因素	1（完全无影响） 5（高度影响）				
16.居住的地方拥挤不堪又远离运动场对你参加体育锻炼的影响	1	2	3	4	5
17.运动场不开放和健身器材匮乏对你参加体育锻炼的影响	1	2	3	4	5
18.缺乏专业人士指导对你参加体育锻炼的影响	1	2	3	4	5
19.“重智轻体”的社会风气对你参加体育锻炼的影响	1	2	3	4	5
20.中考后再也没有那样严格的体育考试了对你参加体育锻炼的影响	1	2	3	4	5
21.对大学体育课的重视程度对你参加体育锻炼的影响	1	2	3	4	5
22.大型赛事（奥运会、马拉松等）激励作用对你参加体育锻炼的影响	1	2	3	4	5
23.网媒上推崇的健身达人的榜样作用对你参加体育锻炼的影响	1	2	3	4	5
24.手机上的运动软件的督导作用对你参加体育锻炼的影响	1	2	3	4	5
25.校园体育赛事（球类比赛、运动会等）对你参加体育锻炼的影响	1	2	3	4	5
26.校园的健身氛围对你参加体育锻炼的影响	1	2	3	4	5
27.家庭亲友健身人群的带动作用对你参加体育锻炼的影响	1	2	3	4	5
28.教育部门对体育锻炼的重视和监管程度对你参加体育锻炼的影响	1	2	3	4	5
29.体质测试和体育课程的简单易过对你参加体育锻炼的影响	1	2	3	4	5
30.教师或教练在体育锻炼过程中的督导作用对你的影响	1	2	3	4	5

调查到此结束，再次感谢您的帮助！

附件3

大学生体育锻炼行为影响因素正式调查

亲爱的同学，请判断以下各因素对您参加体育锻炼的影响程度，所有问题无对错之分，凭您的直觉判断即可。对各影响因素的判断按照“1（完全无影响)、2(不太影响)、3(有影响)、4(有较高影响)、5(有高度影响)”来打分，在相应等级数字上打“√”。对您的作答仅用于科学研究并严格保密，谢谢合作!

基本信息：

性别：男□ 女□　　年级：大一□ 大二□　　生源：城市□ 农村□

影响因素	1(完全无影响) 5(高度影响)				
1.网媒上推崇的健身达人的榜样作用对你参加体育锻炼的影响	1	2	3	4	5
2.大型赛事(奥运会、马拉松等)激励作用对你参加体育锻炼的影响	1	2	3	4	5
3.校园的健身氛围对你参加体育锻炼的影响	1	2	3	4	5
4.对大学体育课的重视程度对你参加体育锻炼的影响	1	2	3	4	5
5.手机上的运动软件的督导作用对你参加体育锻炼的影响	1	2	3	4	5
6.校园体育赛事(球类比赛、运动会等)对你参加体育锻炼的影响	1	2	3	4	5
7.家庭亲友健身人群的带动作用对你参加体育锻炼的影响	1	2	3	4	5
8.中考后再也没有那样严格的体育考试了对你参加体育锻炼的影响	1	2	3	4	5
9.生病对你参加体育锻炼的影响	1	2	3	4	5
10.好静不好动、懒惰、怕苦怕累的性格对你参加体育锻炼的影响	1	2	3	4	5
11.为了短期目标(考试或比赛)才参加体育锻炼对你的影响	1	2	3	4	5
12.沉迷网络游戏等不规律的生活状态对你参加体育锻炼的影响	1	2	3	4	5
13.居住的地方拥挤不堪又远离运动场对你参加体育锻炼的影响	1	2	3	4	5
14.恐怖的疫情(SARS、COVID-19等)对你参加体育锻炼的影响	1	2	3	4	5
15.运动场不开放和健身器材匮乏对你参加体育锻炼的影响	1	2	3	4	5
16.缺乏专业人士指导对你参加体育锻炼的影响	1	2	3	4	5
17.糟糕的天气条件(冷热、风雨、雾霾等)对你参加体育锻炼的影响	1	2	3	4	5
18.体育锻炼影响学习或工作时对你的影响	1	2	3	4	5

续表

影响因素	1（完全无影响） 5（高度影响）				
19.经济状况不允许对你参加体育锻炼的影响	1	2	3	4	5
20.体育锻炼需要花费大量时间和金钱时对你的影响	1	2	3	4	5
21.教师或教练在体育锻炼过程中的督导作用对你的影响	1	2	3	4	5
22.体质测试和体育课程的简单易过对你参加体育锻炼的影响	1	2	3	4	5
23.中考体育锻炼留下的痛苦记忆对你参加体育锻炼的影响	1	2	3	4	5
24.从小到大没有形成体育锻炼的习惯对你的影响	1	2	3	4	5
25.担心受伤而畏惧体育锻炼对你的影响	1	2	3	4	5

第八章　高校学生体育考试风险管理问题研究

1. 问题的提出

1.1　引言

我国学生体质健康水平下降的现象已经引起了社会各界高度的重视。围绕文件精神，全国各地积极响应，全面实施素质教育的理念得到了迅速的发展，作为素质教育的重要组成部分，体育首当其冲。全国各地的教育部门绞尽脑汁，在围绕如何快速促进学生体质发展方面可谓是“八仙过海，各显神通”“每天锻炼一小时”“大课间体育活动”“全民健身趣味运动会”“减负减压行动”“禁止补课”“体育工作列入官员的政绩考核”等，旨在引导全员参与的各种手段基本上都用上了，但效果并不理想。究其原因，中国是人口大国，中国的孩子自从一降生就开始面临着巨大的竞争压力，具体的体现就是“考试”，可以说一生有考不尽的“试”。甚至补惯了课的学生居然集体要求学校恢复补课，要让孩子放弃为考试而学习的珍贵时间去锻炼身体，其困难程度可想而知。安踏公司总裁丁世忠（2011）指出体育教育“边缘化”问题日益严重。况且，随着电子产品的普及，许多孩子抵御不了网络游戏的诱惑，把仅有的一点课间活动、课外活动和家庭作业的间歇时间都给了网络游戏，要让孩子动起来更是难上加难。自2007年开始，教育部开始在部分省市试点学生体质健康测试，要求各所学校每年至少对全体学生做一次测试，将结果上报给教育部。截至2012年，根据学生体质达标数据统计，全国有13%的青少年超重和肥胖，超过20%的肺活量指数不合格，营养不良的占38%，小学和初中的近视率就达31%和58%。现在我国的征兵标准已有所降低，但有些地方的合格率仍然只有30%，可见青少年体质差到了什么程度。专家指出，缺乏锻炼是导致我国青少年体质呈逐年下降趋势的直接原因[①]。因此，各地的教育部门亮出了“杀手锏”——体育考试，除了大、中、小学生每年都要参加体育达标考试以外，体育成了中学升学考试的必考科目，分值从30分至60分不等，有逐年提高到100分的可能[②]。如此一来，体育受到了前所未有的关注，主动或被动参加体育锻炼的学生猛增，学生的身体素质得到了强制性的改善，体育教育工作在一定程度上取得了令人瞩目的成就。

然而，体育考试工作一直没有摆脱安全问题的困扰。近年来，学生在体育考试中的风险事故频频发生，给应试者、家庭及社会造成了严重的伤害（表8-1）。在给学生本人及其家庭带来终身不幸和痛苦的同时，也给教育行政部门、学校及教师造成了教学管理上的困扰和不安。

表8-1　近年来我国体育考试猝死事件一览表

时间	地 区	事 件	后果
2007	大庆祥阁学校	一名16岁男生参加体育课1000米达标跑	猝死
2008	重庆某中学	一名初三女生参加中考体育考试	猝死
2009	湖北潜江市园林二中	初三男生周某参加体育中考1000米测试	猝死

① 黄龑. 中考体育存在的问题与对策分析[J]. 体育文化导刊，2010，（8）：87-90.

② 金永明，孟金荣. 全国中招升学体育考试存在问题研究与对策[J]. 体育教学，2010，（7）：36-38.

续表

时间	地 区	事 件	后果
2010	顺德乐从某中学	一名初二女生在跑完200米跑体育考试后突然倒地	猝死
2010	重庆市育才学校	一名初三学生在校内体育课上练习长跑时突然昏厥	猝死
2010	富平县白庙初级中学	初三焦某参加中考体育考试800米跑时突然倒地	猝死
2011	云南大理州宾川县城镇中学	15岁的孔某参加体育课1000米跑考试	猝死
2012	上海东华大学松江校区	一名大三男生缪某在跑完1000米测试后突然晕倒	猝死
2012	湖北襄阳隆中职业技术学校	21岁的熊某替人参加1000米体能测试	猝死
2013	浙江温岭市实验学校	初三男生柯某参加800米测试	猝死
2013	安徽六安中学	一名18岁姓黄的初三男生参加50米体育加试	猝死
2013	华南理工大学	学生裘志雄参加体能测试跑步后休克	猝死

体育考试猝死事故频发，社会各界反应一片哗然。有的学校取消了危险系数高的体育教学项目，把体育教学和比赛开展当成体育娱乐趣味教学；为了避免跑步猝死现象，有的学校甚至取消了中长跑的教学内容；即使没有取消的学校在进行练习和考试时，校方、教师、家长都提前给学生“打预防针”，诸如“跑跑算了”“不要犯傻拼命啊”“已经猝死很多了，不要发生在我们身上啊”“不管用多慢的速度过了终点，都算你完成了考试”……这些言论的诱导，使得学生更加不重视体育锻炼了；还有的学校和学生甚至呼吁直接取消体育考试，以其他更安全的方式进行体能评估。然而，仅仅凭借回避来杜绝体育考试风险的发生并非解决问题的最佳途径，有时这种“将就”“凑合”的回避方式也许能在某个时段保护了一小部分人的利益，却为导致更大、更多的风险埋下了伏笔，不利于我国学生身体素质的健康发展。

由此可见，现有的言论基本都是从体育考试风险事故的某个表面现象来草率下结论、提意见，罕见从时间、空间、客观、主观等全方位、多个角度去深入考虑应对体育考试风险的研究。体育考试的风险并非不可避免的，不要动辄轻言放弃，只要我们认真分析，解剖麻雀，仔细梳理，寻找可能导致体育考试的风险根源，积极应对，就一定可以找到战胜它的良策，从而为体育考试的风险管理寻找一条有效、可持续发展的途径。

1.2 国内外研究现状

1.2.1 研究范畴与概念界定

（1）体育考试内容与对象分析

本书的研究论域主要是针对考试特征显著的中考体育考试，诸如大、中、小学生等的体育达标考试、各类体能考试也可以借鉴本书。研究对象主要是太原市参加中考体育考试的初中生，其他省市的中考体育考试与太原市存在着一定的共性。2008年教育部指定的8所试点城市（唐山、锦州、常州、郑州、青岛、武汉、长沙、仙桃）中招体育考试必测与选测项目显示，中考体育考试主要对学生进行速度、耐力、力量、弹跳、柔韧、灵敏、协调等身体素质的测试①。目前，太原市的中考体育考试项目也分为必考项目和选考项目，必考项目为1000米（男）、800米（女）和立定跳远，选考项目为一分钟跳绳、一分钟仰卧起坐、掷实心球、坐位体前屈四个项目中的一项。测试项目的技巧性较低，但测试的强度却非常大。

参加中考体育考试的考生年龄大都在13~17岁范围内，处于青春发育期的少年期。在这个阶段，由于性腺活动加强，内分泌腺活动发生变化，使神经系统的稳定性受到影响，动作技能学习的协调性暂时下降，有的还伴有

① 金永明，孟金荣. 全国中招升学体育考试存在问题研究与对策[J]. 体育教学，2010，（7）：36-38.

“青春期高血压”症状，对体育锻炼和考试存在一定程度的影响[①]。必须参加体育考试是他们主动或被动的选择，这一群体喜欢争强好胜，在测试中都为取得良好的成绩而拼尽全力。然而，他们绝大部分运动经验匮乏，思想上麻痹大意，由于学业重等原因，平时参加体育锻炼较少或不系统，盲目或冒失地进行体育锻炼，情绪急躁，急于求成，忽视了循序渐进和量力而行的原则。而在练习和考试时因畏难、恐惧、害羞等原因而产生犹豫不决和过分紧张而容易导致运动伤害的发生[②]。

（2）体育考试风险分析

“风险”是指“可能发生的危险”[③]。如果对于某个活动的预期结果没有十分的把握，则该项活动就存在着风险。经济学、金融学、统计学、保险学和体育学的研究者根据各自研究的领域，从不同的视角来描述风险。美国学者威雷特（1901）认为，风险是关于人们不愿看到的事件发生不确定性的客观体现，风险是客观存在的，风险的本质与核心是不确定性。美国学者威廉和汉斯（1964）认为，风险虽然是客观的，但不确定性的程度则是风险分析者的主观判断，不同的人对同一风险的认识可能不同，把人的主观因素引入风险分析之中[④]。美国学者耶茨和斯通（Yates&Stone，1992）认为，风险是由三种因素构成：（1）潜在的损失；（2）损失的大小；（3）潜在损失发生的不确定性，从本质上反映了风险的基本内涵[⑤]。风险是由风险因素增加或产生诱发的风险事件而引起的风险损失，存在实际结果与预期结果的差异，概括了风险的特征：客观性、突发性、多变性、无形性[⑥]。

---

① 王瑞元等. 运动生理学[M]. 北京：人民体育出版社，2002：373-379.

②《体育保健学》编写组. 体育保健学[M]. 北京：高等教育出版社，1987：190.

③ 中国社会科学院语言研究所词典编辑室. 现代汉语词典[M]. 北京：商务印书馆，2010：409.

④ 汪忠，黄瑞华. 国外风险管理研究的理论、方法及其进展[J]. 外国经济与管理，2005，27（2）：25-31.

⑤ Yates，J. F. & Stone E. R. Risk appraisal[A]. In J. F. Yates（Eds.）. Risk taking behavior[C]. New York：John Wiley & Sons Ltd.，1992：387-408.

⑥ 石岩. 我国优势项目高水平运动员参赛风险的识别、评估与应对[M]. 北京:北京体育大学出版社,2005.

体育运动过程中发生的损伤称为运动损伤。运动损伤一般表现为小伤多、四肢受伤多、软组织受伤多和慢性损伤多的特点①。从目前各方面的新闻报道反映，体育考试存在的风险主要是人身伤害，具体体现在心理和机体上。体育考试事故造成的身体伤害主要有身体各部位的肌肉、韧带拉伤、骨关节扭伤、骨折、摔伤、胫骨发炎等急、慢性损伤，头昏、休克或过度疲劳等，严重者甚至导致死亡②。体育考试造成的心理伤害有厌倦体育考试、体育考试恐惧症等，甚至造成其终身都不愿意再参与体育考试和活动。

（3）体育考试风险管理的概念界定

如何应对风险就是风险管理问题。早从公元前1700年开始，我国长江流域从事货物水运的商人们就采取了将一批货物分装于几条船的做法，这实质上是“风险分摊，损失分摊”的避险处理方法。另外，在我国封建社会，富商巨贾们将贵重物品交由镖局武装护送，这也是“风险转移”的处理方法。风险管理的目标是实现最大的安全保障，通过探求风险发生、变化的规律，认识、估计和分析风险所造成的危害，选择适当方法处置风险，尽量避免危害和减少损失。体育考试风险的管理又有别于企业、商业上所注重的财务风险管理，主要是注重对人（考生）的安全的管理。

威廉姆斯（1964）认为“风险管理是通过对风险的识别、衡量和控制，以最低的成本使风险所致的各种损失降到最低限度的管理办法”③。陈仕亮（1994）认为“风险管理是在对风险的不确定性及可能性等因素进行考察、预测、收集分析的基础上制定出识别风险、衡量风险、积极管理风险、有效处置风险及妥善处理风险所致损失等一整套系统而科学的管理方法”④。由此可见，风险管理就是采用科学方法对管理过程中可能存在的风险进行有效的识别、评估和应对的过程。

体育考试具有极强的时间性和空间性特征，风险充斥围绕在体育考试

①《体育保健学》编写组. 体育保健学[M]. 北京：高等教育出版社，1987：189.

② 满昌慧. 不同类型学生体育安全风险特征探析[J]. 中国林业教育，2011，29（2）：12-14.

③ Williams C. A. , Heins R. M. *Risk management and insurance*[M]. New York：McGraw-Hil，1964.

④ 陈仕亮. 风险管理[M]. 成都：西南财经大学出版社，1994：56.

安全问题中的各个环节上。体育考试风险具有全程性、整体性的特点，学生在备考和考试中的任何时间和环节出现了安全问题，整个体育考试的工作就是失败的。所以，体育考试风险管理的研究主要是指在体育考试整个过程中围绕考生人身安全进行的风险预防。因此，把“体育考试风险管理”（Risk Management in Physical Education Test）界定为“采用科学的方法对备战和参加体育考试过程中可能存在的伤害风险进行有效的识别、评估和应对的过程”。

1.2.2　体育考试风险管理影响因素分析

查阅体育文献发现，以往学者们的研究大都集中在对体育活动风险的概括化与全面思考上。研究领域涉及小学、中学、大学体育的教学、训练、参赛及课外活动等方面，均罕见对体育考试风险管理方面的研究。对导致体育活动风险原因的研究结果主要集中在经济风险、环境风险、教学运作风险（教师、学生、学校管理）、管理风险、训练风险、竞赛风险、场馆器材风险、人身安全风险、时间风险、信息风险、合同风险和票务风险、突发事件风险等方面[①②③④⑤]。由此可见，目前体育活动风险因素的分析主要包括主观风险和客观风险两个方面，研究体现出“大”而“全”的特点，但是还没有针对体育考试伤害风险因素的详尽研究。

（1）体育考试主体风险源分析

主体风险源主要是指考生自身。初中生属于未成年人，他们的身心还未

① 杨亚琴，邱菀华. 学校体育教育组织过程中的风险管理研究[J]. 西安体育学院学报，2005，22（5）：84-88.

② 王苗，石岩. 小学生体育活动安全问题与风险防范理论研究[J]. 体育与科学，2006，27（6）：36~40.

③ 石岩. 中小学体育活动风险管理[M]. 北京：北京体育大学出版社，2012：66，123.

④ 刘红，石岩. 风险管理视角下我国大学生体育活动猝死问题研究[J]. 中国体育科技，2008，44（5）：95-102.

⑤ 侯柏晨，孙玉琴. 高校体育运动风险管理与防范策略研究[J]. 哈尔滨体育学院学报，2007，25（2）：12-14.

发育完全，思想也不成熟，而且正处于青春叛逆期，对各方面是非正误的判断缺乏全面正确的思考，对成年人的劝解和教导有时非常排斥，同时还存在着独立与依赖的矛盾、理想与现实的困惑、劣等感、自我显示等心理问题，初中生这个独特的阶段，蕴藏着极大的风险。加之他们的体育锻炼积极性不高，锻炼知识十分贫乏，导致体育锻炼和考试的风险极大。这些问题可以从以下几个方面进行探讨。

①健康状况不佳。学生对自己的健康状况缺乏正确全面的了解（睡眠不足、饮食不良、状态欠佳、疾病、女生月经周期等），对于体育锻炼由于学业重、不重视、接触少等，使他们成了"宅一族""晚睡族""肥胖族""三高（血压、血脂、血糖）族"，或者故意隐瞒自己的特殊体质或先天性重大疾病（各种心脏病），冒险盲目锻炼，从而极易导致伤害风险甚至猝死的发生[①]。

②缺乏自我监督。学生没有认真学习正确的技术动作（如跑、跳时脚落地的缓冲错误）和聆听体育锻炼注意事项和保健知识，没有掌握正确的锻炼方法（如局部锻炼薄弱或锻炼过度），在锻炼或考试中不懂得自我医务监督（如不能有效辨别肌肉韧带撕裂、关节疼痛、胸痛、腹痛、呼吸困难、气短或气短加剧、脸色苍白、头晕、头重脚轻、恶心、呕吐、心悸、心律失常、虚弱和大汗、胸闷、压迫感等症状可能存在的危险），仍旧继续盲目锻炼，从而导致伤害风险的发生[②]。

③安全意识欠缺。学生在体育锻炼时没有医护监督和其他同伴伴随、保护或者故意脱离教师或家长的管理视线的情况下，不按规定的运动量和规范的技术动作练习或注意力不集中，不按照规则练习和比赛，练习中互相打闹，动作粗野，或自行练习一些高强度、高难度的内容，参加考试时超过自身能够承受的强度，从而导致风险的发生[③]。

④价值取向问题。学生的体育价值取向存在问题，重文轻体观念严重，

---

① 刘红，石岩. 风险管理视角下我国大学生体育活动猝死问题研究[J]. 中国体育科技，2008，44（5）：95–102.

② 钱民辉，乔德才. 高考体育测试指南[M]. 山西：山西人民出版社，1992：485–505.

③《体育保健学》编写组. 体育保健学[M]. 北京：高等教育出版社，1987：190–193.

认为体育所占升学分值不高，而且对将来的发展没有多大帮助，练起来既费时，又费力，因此近乎于把百分之百的精力和时间都用在了文化课学习上，从小就缺乏体育锻炼，没有打好基础。况且，如今学生的室外活动大量减少，好多学生平时懒得走路，喜欢以省力方便的现代交通工具代步，体育考试前没有经过刻苦的锻炼，即使锻炼了，也只是“考什么”就“练什么”，觉得练与考试“无关的内容”是在浪费时间和力气，锻炼也从未达到过考试的强度。把体育锻炼和考试与文化课的复习和考试混为一谈，以文化课的学习理念来应对体育考试，考前急功近利，盲目地大强度锻炼，突击恶补体育，想通过“临时抱佛脚”，象征性地进行几次锻炼，就仓促参加体育考试，从而导致伤害风险发生的可能性是极大的[①]。

⑤心理应激问题。运动员参赛时表现出的心理风险有情绪风险、动机风险、注意力风险、自信心风险与协调能力风险等方面[②]。考生考试时的情况和运动员参赛的状况十分相似，由于环境陌生、考场气氛压力等导致的过度焦虑、紧张、恐惧、失眠、过度淡漠、盲目自信或过度激动，造成技术动作变形、僵硬，很容易发生伤害风险。或者有的考生抱着“拼一把”或蒙混过关的思想去应试，如考前偷服违禁药物或处于过度兴奋的状态下，有强烈的运动和表现欲望，一旦此情感表现强烈时，将出现身体和心理的“忘我”，使机体的疲劳感和疼痛感受到抑制，而且这种情感体验掩盖了超负荷下的身体疲劳，使已疲劳的肌体没有疲劳感，因而运动量不断增加，这种靠兴奋剂挖掘身体潜能的方法远远超出了自己的生理和心理极限，从而使技术、战术发挥失常，导致伤害风险发生甚至猝死[③④⑤⑥]。

---

① 陈俊. 学校体育活动中运动性猝死研究进展[J]. 实用医技杂志，2009，16（6）：448-449.

② 石岩，吴慧攀. 运动员参赛心理风险的理论建构[J]. 体育与科学，2009，（1）：57-62.

③ 黄希庭等. 运动心理学[M]. 上海：华东师范大学出版社，2003：326.

④ 刘宇晔. 学生体育考试前情绪的自我控制与调节[J]. 江苏教育学院学报（自然科学版），2004，21（3）：109-111.

⑤ 胡英清. 科学健身运动相关问题分析[J]. 体育学刊，2003，10（1）：63-66.

⑥ 喻坚，刘林箭等. 中考体育加试存在的问题及对策[J]. 山西师大体育学院学报，2004，19（2）：1-3.

⑥运动习惯不良。由于学生作息时间不规律，有睡懒觉、不吃早饭、行为邋遢等不健康生活习惯，平时没有养成锻炼前或考试前要整理好服装（尤其是未系紧鞋带）、做充分的准备活动的习惯，在饱食、饥饿、感冒和发热时仍盲目参加剧烈的锻炼或考试，运动中不合理饮水，锻炼后或考试后没有做好充分的放松恢复的习惯，直接原地站、蹲、卧，运动后立即洗浴，从而极易发生绊倒磕碰、中暑、脱水、重力性休克、大脑心脏缺血、意识丧失、猝死等风险的发生[①]。

（2）体育考试客体风险源分析

①管理部门风险源

第一，教育部主管部门风险源。体育考试的指导方针不明确，国家政策缺乏衔接连续性（仅中考进行体育加试，而小学和高中则没有体育考试政策），造成青少年成长过程中体育锻炼不均衡，从而可能导致风险的发生。

第二，地方主管部门风险源。教育主管部门对体育教育和考试相关方面的重视和投入程度不够（即在升学分值、体育课时、场地、器材、师资、医护等方面投入的人力、物力、财力不足），如教育部体育卫生与艺术司指出：义务教育阶段体育教师缺编30多万（《新京报》《文汇报》），主管部门在确定考试内容前，没有对考试项目的安全性进行仔细的研究，对考试强度的设置不合理，对考试项目的先后次序安排不合理、各项考试之间的间歇恢复时间不合理，对各校在体育锻炼和考试安全方面的要求和监管力度不够等，可能导致间接管理风险[②③]。

第三，校领导风险源。各校的领导对上级关于体育考试的政策方针传达执行不到位，对体育考试的重视程度不够（即在场地、器材、师资、医护等方面投入的人力、物力、财力不足），对体育锻炼和考试未进行行政干预，没有帮助学生树立正确的体育锻炼思想，平时没有合理安排锻炼时间，造成学生考前突击锻炼，平时未警钟长鸣，督促提醒体育教师和班主任对学生的

---

① 钱民辉，乔德才. 高考体育测试指南[M]. 山西：山西人民出版社，1992：485-505.

② 黄龑. 中考体育存在的问题与对策分析[J]. 体育文化导刊，2010，(8)：87-90.

③ 金永明，孟金荣. 全国中招升学体育考试存在问题研究与对策[J]. 体育教学，2010，(7)：36-38.

体育锻炼和考试加强监管力度和进行安全教育，未经常采用广播、宣传栏、讲座等方式进行体育锻炼安全知识宣传和急救知识普及，未在入校前和入校后定期对学生进行严格的体检，未定期对场地器材进行安检和维护及更新，平时的体育课锻炼和测验未安排医护人员在场监督待命，未严格督促每一名学生办理人身意外伤害保险并确保其已经办理了人身意外伤害保险，未与学生签署过安全诚信考试协议，未集体组织考生考前适应过考场并熟悉考场的布局情况，考前未制定考试安全议案，把安全责任落到实处，这些管理漏洞的存在，可能导致直接管理风险①②。

②教师家长风险源

第一，体育教师风险源。体育教师平时对课堂常规的要求不严，不懂得突发运动伤害的准确判断方法及急救方法，体育教师的教学训练经验不丰富。体育活动风险的告知是一种防范和解决体育伤害纠纷的有效途径和手段③。体育教师平时没有认真地讲授过体育锻炼保健知识及体育考试中各个测试项目可能遇到的危险情况、注意事宜及如何进行安全考试的规则和方法，信息告知不及时、不透明也会为考试风险的发生埋下伏笔。体育教师平时未配合学校定期对场地器材进行安检并上报，未传授并演练过对突发事件进行快速反应和处理的方法。体育教师害怕承担责任，不敢严格要求学生进行刻苦锻炼，也未采用各种丰富的方法手段调动学生锻炼的积极性，教学训练时未充分考虑到学生的身心承受能力和个体差异，未按照循序渐进的原则，让学生逐步适应并达到体育考试的强度，或者采用运动员的训练方式方法对学生进行竞技化训练，没有教授给学生正确的锻炼方法（准备活动、各项练习的方法和强度、锻炼完后的调整恢复方法）和各项应试的技术、战术以及应试心理调控方法并进行考试模拟训练，未教会学生体育考试仪器的正

① 叶万华. 无差错工作法与体育安全之我见[J]. 体育成人教育学刊，2003，19（2）：105–106.

② 仵晓民，党炳康. 对中招体育考试若干问题的研究[J]. 渭南师范学院学报，2001，16（6）：92–94.

③ 刘红，石岩. 学校体育活动风险告知理论与方法的研究[J]. 体育与科学，2009，30（4）：92–96.

确使用方法及考前服装饮食起居的应对方法，考前未全面掌握和了解所带班级学生的健康状况并积极配合学生和家长根据具体的情况进行判断和办理缓考和免考手续；考中没有做好学生的组织管理工作，也未积极提醒学生各种应对考试风险的注意事项，未按照上级的要求带领学生进行考前场地适应并确保熟悉考场的布局情况；考后未做好学生的恢复调整、安全监督、快速疏散和安全返校工作，对心态不佳的学生考后未进行心理疏导工作。上述某个环节因素的疏忽，就有可能导致体育考试风险的发生。由此可见，体育教师的责任重大，可能导致的体育考试风险因素也逐渐增多①。

第二，班主任风险源。班主任平时不重视和不支持、不督促学生参加体育锻炼，未根据所了解的学生的体态、健康、性格等不同情况和体育教师及学生家长进行过积极的沟通和商讨应对的方法，考前未积极配合学生和家长根据具体的情况进行判断和办理缓考和免考手续，考中没有做好学生的组织管理工作，也未积极提醒学生各种应对考试风险的注意事项，考后未做好学生的恢复调整、安全监督、快速疏散和安全返校工作，对心态不佳的学生考后未进行过心理疏导工作。班主任如同学生的“第二父母”，如果未尽到自己的职责和义务，也会为体育考试风险的发生埋下伏笔。

第三，家长风险源。家长对孩子平时的身体状况了解程度、平时体育锻炼的重视程度和对体育考试的重视程度不够，把大量的时间都花在了给孩子报文化课辅导班上，而过多挤占了他们体育锻炼的时间，未在平时为孩子提供合理的膳食营养及积极配合准备孩子体育考试必备的各种物品（如运动衫、运动鞋、运动营养补剂、预防性药物等）②，未积极配合校方为孩子办理保险，考前缺乏对孩子健康状况的判断，未及时为有伤病的孩子办理缓考和免考手续，让孩子勉强参加体育考试，考中由于各种原因未全程监护孩子的考试反应情况，考后未对孩子恢复情况认真观察和料理，对考试失败的孩子未进行耐心疏导，而是采用消极冷淡的言行刺激甚至打骂。上述问题的存

① 叶万华. 无差错工作法与体育安全之我见[J]. 体育成人教育学刊，2003，19（2）：105-106.

② 钱民辉，乔德才. 高考体育测试指南[M]. 山西：山西人民出版社，1992：485-505.

在，极易导致意外风险的发生。

③考务风险源

第一，裁判风险源。裁判在监考时营私舞弊、不公正，对待考生不负责任，未认真处理各种考务问题，工作态度冷漠强硬，缺乏耐心，组织不力，不积极为考生示范和讲解考试仪器使用的注意事宜及如何进行安全考试的规则，对动作慢的考生过度施压、催促和谩骂，对考场突发伤害事件反应和处理迟钝，这些因素是导致考试风险发生的重要原因。

第二，考务管理风险源（即考场志愿者和保安）。考务管理风险主要包括环境风险、管理风险、志愿者自身风险以及人群失控风险四大类[①]。考务管理人员未积极维护考试秩序，未对突发事件进行快速反应和处理，未积极监督和疏导考完的考生有秩序、快速撤离，这些因素也在一定程度上影响考试风险发生的可能性。

第三，医务人员风险源。考前未安排具备医疗急救保障措施和具有合格资质和责任心的医护人员，未做到在场监督、尽职尽责、随时待命，没有应对考场突发伤害事故的能力，没有定期认真对学生进行医务监督及体检，未对学生进行考前医务监督及体检，而只是走形式，未对考生进行考后医务监督。

第四，交通风险源。聘用不具备合格资质且驾驶经验不老练、缺乏责任心的司机，遇到考试或急救时交通堵塞，就会导致交通风险。

第五，场地环境风险源。目前场地匮乏，况且大部分院校场馆都不对外开放，可供体育锻炼的地方离家远等问题是普遍存在的；锻炼场地和考场周边交通非常拥堵，考场选择在不容易到达有急救条件医院的地方，锻炼和考试的场地狭窄，器材设施老化陈旧，空气污染严重，锻炼的时段选在极易诱发疾病的阶段（如早晨8点以前和下午6点之后）[②]，即现场的温度过高或过低，场地硬、湿、滑等易造成运动伤害的情况，强行进行锻炼和考试，考场未设有足够的滞留空间和让考生做准备活动和休息的区域，考场的布局不合

---

① 苗苗. 大学生志愿者体育赛事服务风险管理研究[D]. 山西大学,2012.

② 石岩，宋洲洋. 中老年人体育锻炼风险认知研究[J]. 体育与科学，2010，31（1）：73-80.

理，考试时互相干扰，没有舒适的考后放松调整区域等。上述问题的存在也容易诱发伤害风险。

第六，竞争风险源。无论是在平时的体育锻炼，还是体育考试过程中，同学之间的竞争影响作用是巨大的。如果同学之间存在恶性竞争，并在平时体育锻炼和考试时怀着消极的心态备考或对待考试，都会彼此相互影响，并可能导致体育考试风险的发生。在体育考试中，大多数学生愿意为取得好成绩而付出较大的努力，但由于过分紧张，加上考试人数众多，竞争激烈，考生之间的拥挤、碰撞、踩踏等也可能导致伤害风险的发生，考后同学之间攀比成绩也可能导致考试意外的发生[①]。

1.2.3 体育考试风险管理

（1）体育考试风险识别策略

①体育考试风险管理预警程序的构建。风险管理是在对风险的不确定性及可能性等因素进行考察、预测、收集分析的基础上制定出包括识别风险、衡量风险、积极管理风险、有效处置风险及妥善处理风险所致损失等一整套系统而科学的管理方法。在体育活动风险管理的研究中，风险管理预警程序的制定是一个值得借鉴的方法。管理学中的闭环MRP（Manufacturing Resource Planning）逻辑流程图，构建了一个完整的生产计划与控制系统来对企业的安全生产进行控制管理[②]。

体育考试风险的管理是指将现代风险管理理论与体育考试的管理特点相结合，依据体育考试组织管理过程中的风险分析以及解决方法的途径，提出体育考试风险管理的方法——风险识别、风险评估和风险应对。借鉴MRP原理，可以构建“体育考试风险管理预警程序”来指导体育考试管理者进行体育考试风险的管理（图8-1）。

① 祝蓓里，季浏. 体育心理学[M]. 北京：高等教育出版社，2000：34.

② 周三多，陈传明. 管理学[M]. 北京：高等教育出版社，2005：70-71.

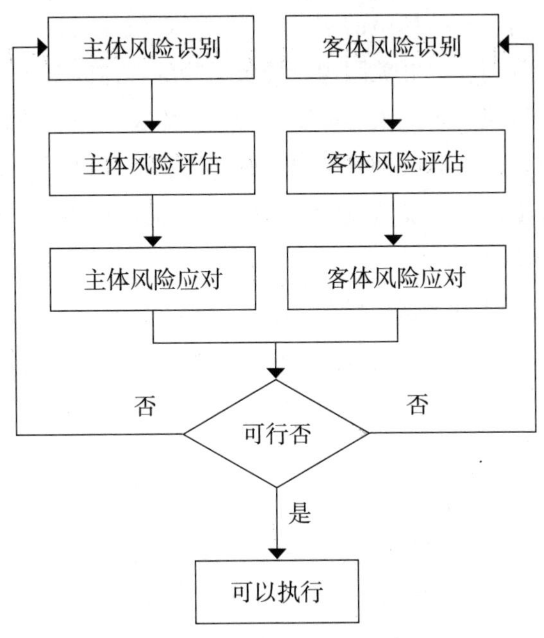

图8–1　体育考试风险管理预警程序

②体育考试风险源关系分析。根据“体育考试风险源”的探究，首先采用“体育考试风险象限模拟图”来进一步确定体育考试风险的诸因素之间的关系（图8–2）。该图假设影响体育考试风险管理的主体风险源和客体风险源以动态的方式存在，从而得出导致体育考试风险发生的相关类型有四种可能性。

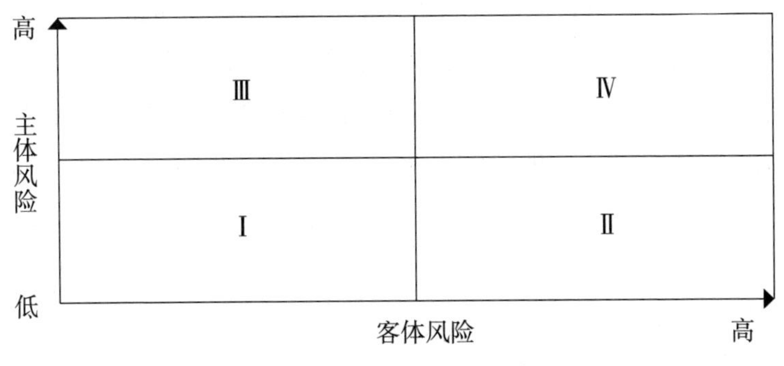

图8–2　体育考试风险象限模拟图

在第Ⅰ象限内，导致风险的主、客体因素都较低时，体育考试风险发生的可能性是极低的；在第Ⅱ象限内，导致风险的客体因素较高，而主体因素较低时，体育考试风险可能由客体因素导致发生；在第Ⅲ象限内，导致风险的主体因素较高，而客体因素较低时，体育考试风险可能由主体因素导致风险发生；在第Ⅳ象限内，导致风险的主体、客体因素都较高时，体育考试风险发生的可能性是极高的。

其次，编制《体育考试风险管理评估表》，对主、客体风险源涉及的九个影响因素进行调查评估，以帮助体育考试管理者和考生分析导致考试风险的各因素的可能性、严重性和可控性，为体育考试风险的评估和应对做好准备。

（2）体育考试风险评估

风险具有相对的稳定性和可测量性，这是风险管理测量的前提条件①。借助风险评估表可以对风险管理特征和取向、客观刺激及评价标准等共性因素进行有价值的分析和探讨，这种方法在风险管理的测评中占据着主导地位。风险评估内容包括以下几个方面。

①风险的存在和发生时间分析，即风险可能在哪个阶段、哪个环节上发生。

②风险的影响和损失分析、风险后果的严重程度及可能带来的损失，某些风险发生的概率不大，但一旦发生会造成恶劣影响，如体育考试猝死事件。

③风险发生的可能性分析，通常用概率表示风险发生的大小。

④风险可控性分析，风险原因研究是为预防对策服务的。

在风险识别的基础上，为确定体育考试中各项风险的影响程度，考虑编制《体育考试风险管理评估表》对体育考试风险进行评估。通过研制的调查表，尝试检验体育考试中的风险主次因素，并采用列表排序法（Taxis）和

① Renn O. Perception of risk[J]. Toxicology Letterl，2004，(149)：405-413.

帕累托分析法（Pareto Analysis），对体育考试风险进行全面的定量判断①②。

列表排序法就是用逐项评分的方法来量化该风险因素可能发生的大小，即事先确定评估标准，然后由专家对风险发生的可能性指标进行打分，然后把专家对各项评分累计相加再求取的平均值进行比较，风险量均值越高，表示该风险因素发生的可能性越大。石岩（2005）对这种风险评估的方法进行了改进，加上了对风险严重性和可控性的估测，从而对风险的判断更加全面具体③。经过改进后的风险量（Rv）的计算公式是：

$$Rv = P \cdot S \cdot C$$

P为风险发生的可能性，S为风险发生的严重性，C为风险发生的可控性。

这种方法是请专家在判断该风险因素的可能性的同时也判断其造成后果的严重性和对该风险因素进行控制的难易程度，然后把专家对各项的评分相乘再累计相加求取的平均值进行比较，风险量均值越高，表示该风险因素发生的可能性越大。这样的判断将更加全面和完善。

列表排序法仅从风险的可能性这个单一因素分析，这种方法只能帮助我们获得简单的体育考试风险因素排序，而不能反映这些因素的主次轻重关系，也不利于在具体风险管理工作中实施，因而需要更进一步的分析。帕累托分析法是从体育考试风险因素产生的可能性、严重性和可控性三个方面乘积的均值和累计百分比来全面判断风险因素的主次关系，通过量化评估得出的结果，帮助管理者有效地识别体育考试过程中存在的主要风险，以弥补列表排序法仅从单一的可能性方面来判断的偏差，从而准确判断体育考试的主要风险，为体育考试安全管理指明方向。

① 邱菀华. 现代项目风险管理方法与实践[M]. 北京：科学出版社，2003：119-121.

② 贺国芳. 可靠性数据的收集与分析[M]. 北京：国防工业出版社，1995：33.

③ 石岩. 我国优势项目高水平运动员参赛风险的识别、评估与应对[M]. 北京：北京体育大学出版社，2005：52.

1.2.4 国外关于体育考试风险管理的研究

关于国外在体育考试风险管理方面的研究也不多见，研究的领域大多集中在体育活动安全方面。日本、加拿大、美国等国家对体育活动安全和风险的研究较早，在理论研究和实证研究中都取得了显著的成果。理论研究主要集中在以下几个方面：体育课程活动项目（national curriculum physical education）的安全管理；学校特殊体育活动（specific sports）和野外探险活动（outdoor adventure programs）的安全管理；体育活动伤害（sports injury）的预防策略（prevention strategies）；体育活动环境与设备的安全管理；学校体育活动安全责任（responsibility）认定。体育活动的安全管理具体探讨的问题包括了体育活动的安全教育（safety education）、体育教师胜任能力（coaching competency）要求、体育活动环境的监督（supervision）、体育活动设施的维护（maintenance）、医疗条件的保证（medical insurance）、传染疾病（infectious diseases）的控制等。实证研究的成果体现在学校体育活动伤害事故模式（School-injury patterns）与风险管理计划（risk management planning）制定的领域。

1.3 研究目的与意义

体育考试安全问题已成为社会关注的热点。以往的关于体育考试风险方面的研究比较匮乏和片面，研究仅仅停留在对体育考试风险事故的原因和预防措施的经验性总结上，缺乏对体育考试风险问题发生背景、原因和特征的深刻剖析，缺乏理论性和系统性。面对体育考试日趋严峻的安全问题，有必要对体育考试风险的本质、发展规律进行深入的探究。

本书拟对体育考试的安全问题从考前、考中及考后等方面进行综合性研究和探讨，借鉴风险管理研究方法，为解决体育考试的安全问题提供新的视角，从而为体育考试风险管理寻找一条可持续发展的道路。同时，通过对体育考试风险管理的研究来提高国家教育管理部门对体育考试安全的重视，也为考生安全参加体育考试树立风险意识，以达到降低体育考试风险发生的目的，从而为解决各类体育考试安全问题提供新的视角和思路。

1.4　研究内容

体育考试风险管理研究主要是对风险的客观研究，是借鉴风险管理技术以客观、科学的方法对体育考试风险进行分析和预测，探讨体育考试风险发生的客观规律、原因及特点，以期对其进行控制和防范。风险管理研究包括风险识别、评估与应对。

1.4.1　体育考试风险识别

体育考试风险识别是风险主体对所面临的风险以及潜在风险加以判断、归类和鉴定性质的过程。风险识别包括两方面的内容：感知风险，即通过调查和了解，识别风险的存在；分析风险，即通过归类分析，掌握风险产生的原因和条件以及风险所具有的性质。本书将编制《体育考试风险管理检查表》作为风险识别的工具。

1.4.2　体育考试风险评估

风险评估是建立在严格科学的基础上，对风险进行鉴定、鉴别、定性、定量分析的方法。在风险识别的基础上，为确定体育考试中各项风险的影响程度，对《体育考试风险管理评估表》的调查结果采用列表排序法和帕累托分析法进行分析，前者是对风险发生的可能性与后果的严重性以及风险的可控性进行调查评估，后者是根据风险频数和累积百分比查找主要风险因素。

1.4.3 体育考试风险应对

事故因果连锁模型（accident-causing theory）、轨迹交叉理论（ orbit intersecting theory ）和管理失误论（management false theory）等事故预防原理是风险管理决策的依据与基础。体育考试风险应对是依据上述理论，在探讨体育考试过程中的主要风险以及考察各类风险相互之间关系的基础上，提出体育考试风险应对体系。其主要目的是风险防范和风险转移。

2. 研究方法

2.1 文献资料法

收集与分析学校体育安全问题和体育考试风险管理问题案例以及理论研究、体育管理学、体育心理学、安全科学、风险管理学等学科的文献资料。

文献资料主要来源是：国家图书馆、北京体育大学图书馆、中国学术期刊网（www.cnki.net）、中文科技期刊数据库（VIP）、百度中文搜索引擎（www.baidu.com）、谷歌中英文搜索引擎（www.google.com）、专业报刊与新闻报道等。

2.2 专家访谈法

在借鉴前人研究的基础上，本书首先采用头脑风暴法，请课题组成员和山西大学体育心理实验室在读研究生、博士生13人集思广益，尽可能列举出导致体育考试风险发生因素的诸方面，然后对导致体育考试的风险因素按照从粗到细、由大到小，随着时空的变换，与之相应的影响因素也随之改变的规律进行分层排列整理，最后再采用特尔菲法请10位专家（其中6人为从事体育活动风险研究和体育考试工作的专家，4人为中学体育教研室主任）对体育考试的影响因素进行判断，最终确定体育考试风险源的九个方面的影响因素，为《体育考试风险管理调查问卷》的编制奠定基础。同时，对专家和部分负责中考体育教学工作的体育教师进行半结构化的访谈，访谈内容主要涉及他们对体育考试风险管理的意见和建议，对访谈结果详细记录，并进行内容分析。

2.3　问卷调查法

2.3.1　调查问卷的内容

根据前文的研究，首先拟定《体育考试风险管理调查问卷》。问卷的内容包括三个部分，第一部分是对体育教师的基本情况调查，包括性别、教龄和职称；第二部分是对体育考试风险源调查，调查影响体育考试风险管理的主、客体因素与专家访谈结果的一致性；第三部分是对影响体育考试风险管理的主体因素（主要包括健康状况问题、自我医务监督、安全意识问题、价值取向问题、心理应激问题、运动习惯问题六个方面）和客体因素（主要包括管理部门风险源、教师家长风险源、考务风险源三个方面）进行调查评估，用以确定各影响因素的主次顺序。

2.3.2　问卷的填答方式

首先，采用自编的《体育考试风险管理检查表》进行调查。《体育考试风险管理检查表》是对风险事件的发生原因进行总结和归纳之后一一列出，采用“二选一”的方式，要求被调查者在认为“是”的风险因素上画“√”，

“否”的风险因素上画“×”，如未穷尽并做适当补充，最后将可能出现的体育考试风险统计汇总，对选择“是”的赋值为1分，对选择“否”的赋值为0分。

其次，采用《体育考试风险管理评估表》调查，目的是了解各种风险对体育考试产生的影响，通过对体育考试风险识别之后，对这些风险因素进行评估，以确定这些风险因素的影响程度。由于体育教师是辅导学生参加体育考试的主导者，在体育考试的过程中起着最关键的作用，体育教师亲身经历过很多体育考试中的风险事件，对这方面的实际体会最为深刻，是体育考试风险评估比较理想的专家人选。本书的体育考试风险评估采用5级评判的方式让体育教师对这些影响体育考试的风险因素进行判断，填表指示语为：请您判断以下各因素导致体育考试风险发生的可能性、严重性和可控性，按下表中的等级判断填答（表8-2）。例如，您认为某个因素影响体育考试风险发生“有点可能”“不太严重”“较易控制”就在后面的空格内分别填写“3、3、2”即可。

表8-2 《体育考试风险管理评估表》等级判断代码表

可能性				
根本不可能	不可能	有点可能	比较可能	非常有可能
1	2	3	4	5
严重性				
没有影响	不严重	不太严重	比较严重	很严重
1	2	3	4	5
可控性				
很容易控制	较易控制	控制有难度	控制难度很大	不能控制
1	2	3	4	5

2.3.3 问卷初测

2014年3月，为了证明问卷的有效性，首先选取太原市7所中学的体育教师进行初测，共发放问卷30份，回收问卷30份，回收率100%，有效问卷30份，有效率100%。

初测结果显示，体育教师们对《体育考试风险管理检查表》的影响因素没有做出任何有实际意义的补充，因此对此部分不再做修改补充。对于《体育考试风险管理评估表》的效度检验和信度分述如下。

2.3.4 《体育考试风险管理评估表》的效度、信度检验

（1）《体育考试风险管理评估表》的效度检验

①内容效度。内容效度的判断方法主要是看量表是否可以真正测量到研究者所要测量的变量，以及量表是否涵盖了所要测量的变量。主要采用定性分析的方法通过多位专家来判断确定测量项目与预测变量在内容上是相符的，本书编制的问卷各维度的建立和题目的编制都是在开放式问卷调查的基础上，经过了有关专家的评定。

②结构效度。结构效度检验主要目的是检验量表的具体内容和各个因素的意义等问题，一般采用探索性因子分析（Exploratory Factor Analysis，EFA）进行检验。

因子分析的题项尽量不超过30题，题项数过多，有可能抽取过多的共同因素，此时研究者可限定因素抽取的数目，本书的题项数符合要求。根据因素分析理论，项目载荷值显示的是该项目与某公共因素的相关性，项目的因素载荷值越大，说明该项目与公共因素的关系密切，若某公共因素与某个项目间的相关很低，则该因素反映的心理结构就不能由此项目推知；在保证项目在某一特定公因素上载荷值大的前提下，若项目的共同度（即项目在各个公因素上的载荷值的平方和）也比较大，则说明该项目对特定公因素的贡献大，而对其他公因素的贡献小①。

根据因素分析理论规定适合做因素分析的条件，即一个项目不能在两个以上的因素上都有超过0.3的因素负荷；项目在因素的负荷上都要超过0.4；

① 金瑜. 心理测量[M]. 上海：华东师范大学出版社，2005.

每个因素不能少于3个项目。并且，在进行因子分析时，KMO值是重要的指标，当KMO值越大时，表示变量间的共同因素越多，越适合进行因子分析。如果KMO值小于0.5时，则不宜进行因子分析[①]。

根据以下标准确定因素数目：因素的特征值大于等于1，即因素的贡献率大于等于1；因素必须符合陡阶检验；抽取出的因素在旋转前至少能解释2%的总变异；碎石图拐点；每个因素至少包含三个项目；因素比较好命名。

为了检验问卷的结构效度，需要对《体育考试风险管理评估表》进行探索性因子分析。通过SPSS 11.5统计软件因子分析，经检验，KMO=0.814，变量间的相关特点Bartlett's Test球体检验值为4035.078，显著性水平*P*值为0.000，因此适合进行因子分析。对问卷的22个题项进行正交最大化旋转，求出旋转因素负荷矩阵，结合碎石图，截取特征值大于1的因素有4个。删除负荷低于0.4的题目，以及在两个以上的因子负荷都超过0.3的因素3、10、13、21题项。《体育考试风险管理评估表》的每个题项旋转后的因素负荷矩阵、共同度以及每个因素的特征值和贡献率结果见表8-3。

表8-3 《体育考试风险管理评估表》的结构

题 项	F1	F2	F3	F4
1.学生健康状况不佳。可能存在重大疾病隐患	0.869			
4.学生安全意识欠缺。擅自练习高难动作或考试竞争过度	0.848			
7.学生运动习惯不良。参加剧烈运动不做准备活动和放松	0.786			
2.学生缺乏自我监督。不能有效区分运动中的各种不良反应	0.735			
5.学生价值取向问题。重智轻体导致的参加体育锻炼过少	0.688			

① 张敏强. 教育与心理统计学[M]. 北京：人民教育出版社，2002：456.

续表

题　项	F1	F2	F3	F4
6.学生心理应激问题。考试时过于紧张、焦虑或过度兴奋	0.647			
22.竞争风险源。每组考生过多可能造成拥挤、碰撞、踩踏		0.827		
20.场地环境风险源。气候恶劣，场地狭窄不平、硬、湿、滑		0.768		
17.考务管理风险源。考场秩序混乱、场面失控		0.725		
16.裁判风险源。缺乏耐心和责任心，态度冷漠、组织不力		0.647		
18.医务人员风险源。缺乏责任心，业务水平差或擅离职守		0.538		
19.交通风险源。交通堵塞，司机缺乏责任心，擅离职守		0.513		
12.体育教师风险源。缺乏责任心、教学能力和管理经验不足			0.683	
15.家长风险源。对孩子的身体状况和体育锻炼关注支持不足			0.665	
14.班主任风险源。对学生身体状况和体育锻炼关注支持不足			0.637	
11.校领导风险源。对体育考试的重视不够，给学生的体育锻炼时间少，对学生的安全教育和体检排查存在漏洞				0.662
9.地方教育主管部门。对体育教育的监管和重视不够，体育考试的分值比重低、课时少，体育考试内容安排不合理				0.648
8.教育部主管部门。教育方针导向不明确，政策缺乏延续性				0.617
特征值	5.802	2.676	1.273	1.031
贡献率	29.958%	13.817%	6.573%	5.323%

表8-3可见，第一个维度（F1）包含六个方面，涉及的内容主要是健康状况问题、缺乏自我监督、安全意识问题、价值取向问题、心理应激问题、运动习惯问题等，因此命名为“主体因素”。第二个维度（F2）包含裁判、考务管理、医务人员、交通、场地环境、竞争六个方面风险源，因此命名为“考务风险因素”。第三个维度（F3）包含体育教师、班主任和家长三个方面风险源，因此命名为“教师家长因素”。第四个维度（F4）包含教育部和地方教育主管部门及校领导三个方面风险源，因此命名为“管理部门因素”。后三个维度都属于“客体因素”。这4个因子共解释55.671%（大于50%）的总体变异量，分析结果见表8-4。

表8-4 《体育考试风险管理评估表》的因素分析结果

因子	特征值	贡献率	累计贡献率
主体因素	5.802	29.958%	29.958%
考务风险因素	2.676	13.817%	43.775%
教师家长因素	1.273	6.573%	50.348%
管理部门因素	1.031	5.323%	55.671%

（2）《体育考试风险管理评估表》的信度检验

所谓信度（Reliability），是指调查的可靠程度。它表现为调查结果的一致性、再现性和稳定性。在实施调查时各种随机因素都会给调查过程带来偶然误差，影响调查数据的可靠性和一致性。确定信度时是以相关系数的大小来表示信度的高低，这个相关系数就称为信度系数（Reliability Coefficient），信度系数表示测量误差对调查得分影响的程度[①]。本书采用内部一致性法（Method of Internal Consistency）估计信度，采用Cronbach's α系数来估计量表的同质性系数。对初测的30份有效样本进行检验，采用Cronbach's α系数来估计量表的同质性系数。所得的Cronbach's α系数越高则代表调查的内容越

① 井森. 网上购物的感知风险研究——基于上海大学生的实证分析[M]. 上海：上海财经大学出版社，2006：74-77.

趋于一致。其公式如下：

$$\alpha = \frac{n}{n-1}(1-\frac{\sum S_i^2}{S_x^2})$$

α：估计的信度；n：题数；S_i^2：每一题目分数的方差；S_x^2：测验总分的方差。

《体育考试风险管理评估表》的信度检验Cronbach's α系数见表8-5。

表8-5 《体育考试风险管理评估表》的Cronbach's α系数（n=30）

因素	测试人数	题项数	Cronbach's α
主体因素	30	6	0.962
考务风险因素	30	3	0.836
教师家长因素	30	3	0.876
管理部门因素	30	6	0.991
总问卷	30	18	0.916

从统计结果中可以看出，问卷各因子的α系数均大于0.8，问卷α系数大于0.9，经过检验，表明问卷的内部一致性是比较高的，即问卷的信度可以接受。

至此，形成了包含“个人信息、体育考试风险管理检查表和体育考试风险管理评估表”3个主要部分组成的《体育考试风险管理调查问卷》(附件1)。

2.3.5 问卷的评估方法

研究采用石岩（2005）经过改进后的风险量（*Rv*）的计算公式对《体育考试风险管理评估表》进行计算。采用方差分析法对人口学特征进行比较，采用列表排序法和帕累托法对《体育考试风险管理调查问卷》的结果进行分析（表8-6）。

$$Rv = P \cdot S \cdot C$$

P为风险发生的可能性；S为风险发生的严重性；C为风险发生的可控性。各分量表Rv平均值越高，该因素对体育考试风险管理的影响越高。该量表总Rv平均值越高，各因素对体育考试风险管理的影响越高。

表8-6 《体育考试风险管理评估表》各分量表的条目序号和得分范围

分量表	主体因素	考务部门因素	教师家长因素	管理部门因素
条目数	6	6	3	3
条目序号	1～6	7～12	13～15	16～18
得分范围	1～125	1～125	1～125	1～125
分值计算	采用公式：$Rv=P \cdot S \cdot C$对各分量表进行计算，然后累加求取平均值。P为风险发生的可能性；S为风险发生的严重性；C为风险发生的可控性。			
意义	各分量表Rv平均值越高，该因素对体育考试风险管理的影响越高；该量表总Rv平均值越高，各因素对体育考试风险管理的影响越高。			

2.3.6 正式调查

2014年4月，采用《体育考试风险管理调查问卷》进行正式调查。选取太原市2中、5中、11中、12中、13中、15中、16中、19中、20中、21中、23中、27中、29中、30中、36中、37中、38中、47中、48中、49中、51中、52中、53中、54中、55中、56中、57中、58中、59中、60中、61中、62中、63中、64中、65中、66中、67中、成成中学、进山中学、育英中学、综合高中、外语科技学校、电大附中、外国语学校、第二外国语学校、市实验中学、市第二实验中学、市第三实验中学、市第四实验中学、山大附中、师院附中、省实验中学、科技大学实验中学、黄陵中学、太大附中、教育园区学校、明德学校、民航学校、中辐院学校等60所中学，涵盖了太原市所辖迎泽区、杏花岭区、小店区、万柏林区、尖草坪区和晋源区六个区，共发放问卷120份（由于中学体育教师数量较小，所以本书最终确定体育教师的样本数量为120人），回收112份，回收率为93.33%，其中有效问卷101份，有效率为90.18%。

本次所调研的体育教师中，男性中学体育教师明显多于女性中学体育教师，中学体育教师以年轻教师占主体，教龄绝大多数在20年以下，职称结构以中级职称者居多（表8-7）。

表8-7　调查对象基本情况（n=101）

基本资料	类型	人数（人）	百分比（%）
性 别	男	73	72.28
	女	28	27.72
教 龄	≤10年	33	32.67
	10～20年	45	44.56
	≥20年	23	22.77
职 称	初级	34	33.66
	中级	58	57.43
	高级	9	8.91

2.4　观察法

课题组成员对山西大学附属中学和志达中学两所学校进行定期观察，对体育课进行每周1～2次、每次1～2小时的连续观察，并对小店区、迎泽区、杏花岭区、万柏林区、晋源区和尖草坪区的中考体育考点进行了考察和考试期间的观察。观察内容涉及影响考试安全的各方面因素，并对观察事实做详细记录。

2.5 数理统计法

对于回收的调查问卷数据，采用SPSS 13.0和Excel软件进行分析，具体分析方法如下。

（1）对初次调查的《体育考试风险管理评估表》进行项目分析，采用探索性因素分析（Exploratory Factor Analysis，EFA），寻找影响测验条目之间的共同因素，旨在确定量表问卷内容的信度、效度[①]。

（2）采用列表排序法（Taxis）对《体育考试风险管理调查问卷》的调查结果进行描述性统计，目的是研究体育考试管理者对体育考试风险因素识别程度[②③④]；运用帕累托分析（主次因素分析法）（Pareto Analysis），按照累计百分比为0~80%之间的因素为A类因素，是主要风险因素；百分比为80%~90%间的因素为B类因素，是一般风险因素；其他为C类因素，根据分析结果确定出体育考试的主要风险因素、一般风险因素与其他因素[⑤]。

① 张力为，毛志雄. 体育科学常用心理量表评定手册[M]. 北京：北京体育大学出版社，2004：273.

② 邱菀华. 现代项目风险管理方法与实践[M]. 北京：科学出版社，2003：119-121.

③ 袁方. 社会研究方法教程[M]. 北京：北京大学出版社，1997：408.

④ 郑旗. 体育科学研究方法[M]. 北京：人民体育出版社，2006：273.

⑤ 贺国芳. 可靠性数据的收集与分析[M]. 北京：国防工业出版社，1995：33.

3. 体育考试的风险识别

3.1 体育考试风险识别的含义和特征

风险识别是风险主体对所面临的风险以及潜在风险加以判断、归类和鉴定性质的过程。风险识别包括两方面的内容：感知风险，即通过调查和了解，识别风险的存在；分析风险，即通过归类分析，掌握风险产生的原因和条件以及风险所具有的性质[①]。

要想有效地杜绝体育考试风险的发生，必须找到可能导致风险发生的源头，即风险源。找到围绕可能导致考生人身伤害风险的一切因素，才能进一步思考应对的策略。风险识别目前面临的主要问题是可靠性问题，即是否有严重的或潜在的风险未被发现或认识清楚。如果一些主要风险源在识别阶段被忽视，那么就不能做到提前采取有效的防范和应对措施，就有可能导致整个项目或活动风险管理的失败，给个人和单位造成极大的损失。由于风险的可变化性，风险的识别不是一次性的，而是一个连续的过程。

由于导致体育考试伤害风险发生的原因比较多，而且有些情况也比较复杂，在实践中对一些严重事故的调查取证也较为困难，因此有必要对体育考试伤害风险发生的原因进行探究。

风险具有客观性、突发性、多变性和无形性等特点，要想有效识别风险，有必要对风险的诱发过程有一个明确的认识。与风险紧密相关的方面主要包括风险因素、风险事件和风险损失，通过风险事故链可以清晰认识这三者之间的关系（图8–3）[②]。

---

① 范明志，陈锡尧. 对我国重大体育赛事风险识别的初探[J]. 体育科研，2005，26（2）：26–29.

② 石岩. 我国优势项目高水平运动员参赛风险的识别、评估与应对[M]. 北京:北京体育大学出版社,2005.

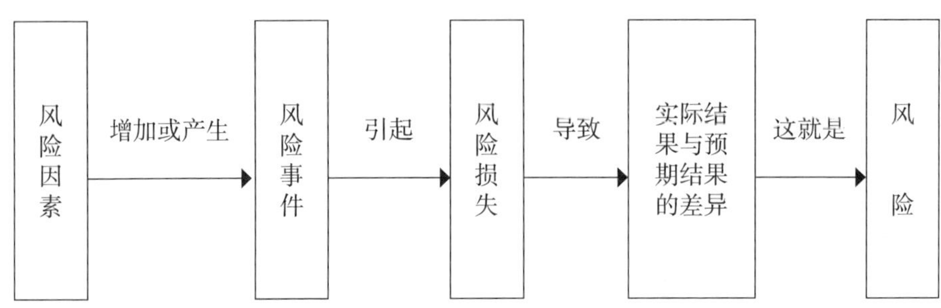

图8-3　风险事故链分析

3.2　体育考试风险源及类别

为了深入、全面地认识体育考试的风险源，并有针对性地进行管理，有必要将体育考试风险进行分类。体育考试风险源的重要依据是历史资料和文献资料。以往发生在全国各地体育考试伤害事故以不同的形式（书报、新闻、网络）保存下来，对此采用各种方法进行了全面的收集，并做了比较分析。相比较之下，从文献资料中获得的信息更加直接，其中部分案例研究和统计分析为体育考试的风险识别提供了宝贵依据。

根据风险的特点，在识别风险时遵循捕捉风险信息、动态识别风险、全员参与检查、综合各方意见的原则，全方面排除风险因素。在借鉴前人研究的基础上，本书首先采用头脑风暴法，集思广益，尽可能列举出导致体育考试风险发生的诸方面因素，然后对导致体育考试的风险因素按照从粗到细、由大到小，随着时空的变换，与之相应的影响因素也随之改变的规律进行分层排列整理。同时，采用“故障树分析法”，对已经发生的体育考试事故进行透彻分析，以确定导致体育考试风险的真正原因[①]。最后再采用特尔菲法进行专家判断，逐级分析排列得出了“体育考试风险源”的结构图（图8-4）[②]。

① 王迪迪. 浅谈事故树分析在学校体育安全风险管理中的应用[J]. 运动，2011，3(19)：1-3.
② 郑旗. 体育科学研究方法[M]. 北京：人民体育出版社，2006：237-249.

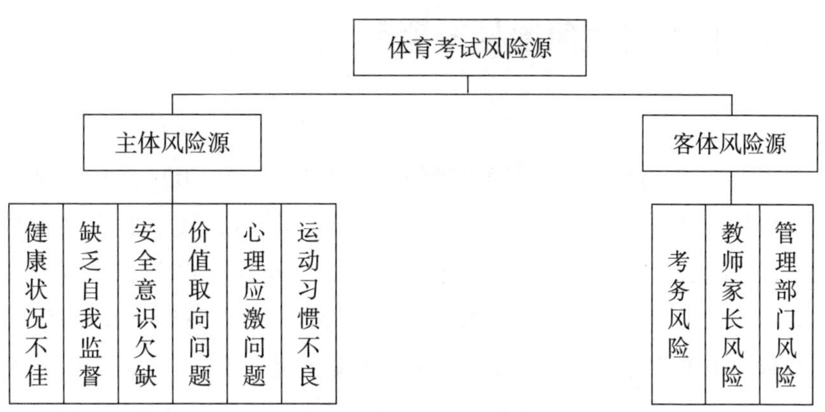

图8-4　体育考试风险源

3.3　体育考试风险识别方法

“风险检查表”是一种将可能发生的许多潜在风险列在一个表上，供风险管理人员进行检查核对，用来判别是否存在表中所列出的或类似的问题，使得风险管理者集中来识别常见的、已知的和可以预测的风险的方法。本书也采用此方法进行调查研究。

首先，依据前面对体育考试风险源的分析，编制出《体育考试风险管理检查表》；其次，为了保证《体育考试风险管理检查表》的有效性，请部分体育风险研究领域的专家和体育教师对初稿进行审查，对不合适的一些项目进行必要的整理；最后形成《体育考试风险管理检查表》。

《体育考试风险管理检查表》采用“判断题”的方式，要求中学体育教师逐一对表中所列出的风险因素进行判断，在认为是的因素上打“√”，在认为否的因素上打“×”，如未穷尽，请其在表右侧空白处做适当补充。

3.4 体育考试风险检查项目

采用编制的《体育考试风险管理检查表》对体育教师进行调查，调查内容主要包括主体因素和客体因素两大方面。主体因素包括学生的健康状况、自我监督情况、价值取向问题、心理应激问题、运动习惯问题六个方面的内容；客体因素又包括考务管理、教师和家长及教育管理部门三个方面，具体包括裁判、考务管理、医务人员、交通、场地环境、竞争、体育教师、班主任、家长、教育部、地方教育部门、学院领导等因素，具体分述如下。

3.4.1 主体因素方面包含条目的基本情况

表8-8 主体因素方面包含条目的基本情况

学生个人方面可能导致体育考试伤害风险发生的因素		
1.健康状况不佳	（1）睡眠不足	
	（2）饮食不良	
	（3）有急慢性运动伤病或女生生理周期	
	（4）有肾脏或心肺功能系统重大疾病隐患	
2.缺乏自我监督	（1）技术动作错误	
	（2）缺少运动保健知识	
	（3）不能有效判断运动过程中的各种损伤程度（拉伤、扭伤、骨折等）	
	（4）不能有效区分运动过程中的各种不良反应的危险程度（心悸、心律失常、胸闷、胸痛、腹痛、呼吸困难、头晕、恶心、呕吐、虚弱和大汗等）	
3.安全意识欠缺	（1）体育锻炼时有意逃避教师的监管视线，擅自练习高难动作	
	（2）考试时竞争过度，超过自己能承受的极限	
	（3）注意力不集中	
	（4）不按规则练习或比赛，追逐打闹，动作粗野	

续表

学生个人方面可能导致体育考试伤害风险发生的因素		
4.价值取向问题	（1）重智轻体，体育锻炼过少	
	（2）急功近利，“考什么”就只“练什么”	
	（3）锻炼从未达到或超过考试时的强度	
	（4）考前突击大强度锻炼	
5.心理应激问题	（1）考试时过度焦虑、紧张、恐惧、失眠	
	（2）考试时过度淡漠或过度激动和盲目自信	
	（3）考试时偷服违禁药物（如兴奋剂）	
6.运动习惯不良	（1）参加剧烈运动前后不做充分的准备活动和放松，立即原地蹲、卧	
	（2）在饱食、饥渴、生病时仍参加剧烈的锻炼或考试	

3.4.2　客体因素方面包含条目的基本情况

表8-9　考务管理方面包含条目的基本情况

考务管理方面可能导致体育考试伤害风险发生的因素		
1.裁判风险源	（1）裁判缺乏耐心和责任心，未认真进行考试规则的讲解和示范	
	（2）态度冷漠，对考生随意施压或催促辱骂	
	（3）组织不力，对突发情况应对迟慢	
	（4）营私舞弊，裁判不公，谋求私利	
2.考务管理风险源	（1）管理人员未积极维护考试秩序，考场秩序混乱	
	（2）未对突发事件进行快速反应和处理，场面失控	
	（3）未积极监督和疏导考完的考生有秩序快速撤离考场	

续表

考务管理方面可能导致体育考试伤害风险发生的因素		
3.医务人员风险源	（1）医务人员缺乏责任心，擅离职守	
	（2）未对参加体育考试的学生进行认真的伤病鉴定	
	（3）医务人员的资质和经验不足，不能有效应对考试中的突发伤害事件	
4.交通风险源	（1）交通堵塞	
	（2）司机缺乏责任心，擅离职守	
	（3）司机的资质和经验不足，延误急救时机	
5.场地环境风险源	（1）在气候条件恶劣，如温度过高或过低的情况下考试	
	（2）在空气污染严重的情况下考试	
	（3）在场地内外狭窄不平，如硬、湿、滑，器材设施老化陈旧的环境下考试	
6.竞争风险源	（1）考试时竞争激烈，同学之间互相攀比成绩	
	（2）考试时每组考生过多可能造成拥挤、碰撞、踩踏	

表8-10　教师家长方面包含条目的基本情况

教师家长方面可能导致体育考试伤害风险发生的因素		
1.体育教师风险源	（1）缺乏责任心，对课堂常规的要求不严	
	（2）教学能力、管理经验不足	
	（3）对运动伤害缺乏判断能力和急救知识	
	（4）事先未告知学生体育锻炼和考试可能存在的伤害风险	
	（5）未给学生传授过体育锻炼保健知识	
	（6）未经常主动检查体育器材的安全并上报排除	
	（7）对学生平时的体育锻炼要求不严，强度过高或过低	
	（8）未系统传授给学生应对体育考试的准备、技术、战术及心理调整的方法	
	（9）对自己所带班级的学生健康状况了解得不够	
	（10）考前从未带领学生认真适应考场，平时从未有达到过考试强度的训练	

续表

教师家长方面可能导致体育考试伤害风险发生的因素		
2.班主任风险源	（1）缺乏与学生家长、体育老师的沟通，对每一名学生的身体健康状况缺乏了解	
	（2）对本班学生的体育锻炼重视、支持和监督力度不够	
	（3）未给参加体育考试有困难的学生及早帮助并采取应对措施（办缓、免考等）	
3.家长风险源	（1）缺乏与班主任、体育老师的沟通，对孩子的身体健康状况缺乏了解	
	（2）对孩子体育锻炼重视、支持和监督力度不够，日常体育锻炼过少	
	（3）未给自己有伤病的孩子办缓、免考手续，勉强应试	
	（4）未给孩子做好针对应对体育考试方面衣、食、住、行等的专门准备工作	
	（5）对考试不理想的孩子进行言行刺激甚至打骂	

表8-11　教育管理部门方面包含条目的基本情况

管理部门方面可能导致体育考试伤害风险发生的因素		
1.国家教育部门	（1）关于中学体育考试的教育方针导向不明确	
	（2）中小学体育教育政策缺乏延续性，小升初和高考不考体育	
2.地方教育部门	（1）对体育教育重视程度不够，体育考试的分值比重低，课时少	
	（2）对体育考试的准备工作和执行情况监管不够	
	（3）安排的体育考试内容及考试项目顺序不合理	
3.校领导风险	（1）对体育考试的重视投入不够	
	（2）留给学生的体育锻炼时间少	
	（3）对学生参加体育锻炼和考试的安全教育工作及监管力度不足	
	（4）对参加体育锻炼和考试学生的体检排查存在漏洞	
	（5）在学生参加体育锻炼和考试时没有安排医护人员监督	

3.5 体育考试风险识别问题讨论

由于体育考试风险问题涉及的因素很多，其风险识别是非常复杂和困难的。体育考试风险识别必须是一个连续的、动态的过程，不是仅凭一两次调查分析就能完成的。许多复杂的和潜在的风险要经过多次识别才能准确得出。另外，我们编制《体育考试风险管理检查表》目的是用于体育考试风险管理，帮助体育考试管理者和体育教师对在体育考试中可能出现的问题从微观角度进行一个较为全面的判断和预测，有助于为预防体育考试风险的发生做好周全的准备，而且有利于对体育考试发生的伤害事故进行归因分析，进而为客观、全面分析体育考试伤害事故以及有针对性地提出风险应对措施提供合理依据。

4. 体育考试风险评估与讨论

体育考试安全问题既然会受到诸多因素的影响，那么哪些风险因素是主要的？它们的影响有多大？就需要在风险识别的基础上了解体育考试中各项风险的具体情况，就要对体育考试风险进行评估。准确的风险评估可以为体育考试的风险管理提供参考依据，并可以根据研究结果思考应对体育风险的对策。

4.1 体育考试风险评估的含义及内容

体育考试风险评估就是指在体育考试风险识别的基础上，用定性分析和定量分析相结合的方法，通过收集大量的详细资料加以分析，估计和预测风险发生的概率和损失程度。具体包括：对体育考试风险发生的可能性的分析，通常用概率表示风险发生的大小；对体育考试风险的影响和损失的分析，即风险后果的严重程度及可能带来的损失，某些风险发生的概率不大，但一旦发生会造成恶劣影响，如学生猝死事件；对体育考试风险可控性的分析，风险原因研究是为预测、对策服务的，有的风险是可控的，如考试前周到细致的检查工作，有的是不可控的。

体育考试风险评估内容包括以下几个方面：（1）体育考试风险管理各影响因素检查结果分析；（2）体育考试全部影响因素检查结果分析；（3）体育考试风险管理影响因素检查结果人口学特征分析；（4）体育考试风险管理影响因素评估结果分析；（5）体育考试风险管理影响因素评估结果人口学特征分析。

4.2 体育考试风险管理各影响因素检查结果分析

4.2.1 个体因素检查结果分析

采用列表排序法对调查数据进行统计处理，得到个体因素检查结果，具体情况见表8-12。

表8-12 个体因素检查结果分析（n=101）

风险因素	选择频数累计	类内排序	全因素总排序
一、健康状况不佳			
1.睡眠不足	81	3	7
2.饮食不良	76	4	11
3.有急慢性运动伤病或女生生理周期	92	2	3

续表

风险因素	选择频数累计	类内排序	全因素总排序
4.有肾脏或心肺功能系统重大疾病隐患	96	1	1
平均值	86.25		①
二、缺乏自我监督			
5.技术动作错误	80	3	8
6.缺少运动保健知识	71	4	14
7.不能有效判断各种运动损伤的危险程度	88	1	4
8.不能有效区分各种不良反应的危险程度	85	2	6
平均值	81		④
三、安全意识欠缺			
9.体育锻炼时有意逃避教师的监管视线，擅自练习高难动作	73	3	13
10.考试时竞争过度，超过自己能承受的极限	92	1	3
11.注意力不集中	78	2	10
12.不按规则练习或比赛，追逐打闹，动作粗野	78	2	10
平均值	80.25		⑤
四、价值取向问题			
13.重智轻体，体育锻炼过少	80	3	8
14.急功近利，“考什么”就只“练什么”	65	4	15
15.锻炼从未达到或超过考试时的强度	86	2	5
16.考前突击大强度锻炼	94	1	2
平均值	81.25		③
五、心理应激问题			
17.考试时过度焦虑、紧张、恐惧、失眠	75	1	12
18.考试时过度淡漠或过度激动和盲目自信	75	1	12

续表

风险因素	选择频数累计	类内排序	全因素总排序
19.考试时偷服违禁药物（兴奋剂）	47	2	16
平均值	65.67		⑥
六、运动习惯不良			
20.参加剧烈运动前后不做充分的准备活动和放松，立即原地蹲、卧	79	2	9
21.在饱食、饥渴、生病时仍参加剧烈的锻炼或考试	92	1	3
平均值	85.5		②

注：①②③④⑤为一级影响因素风险认知均值排序号。

结果显示，一级影响因素排序依次为健康状况不佳、运动习惯不良、价值取向问题、缺乏自我监督、安全因素欠缺、心理应激问题。

类内排序结果显示，在健康状况不佳因素中，有肾脏或心肺功能系统重大疾病隐患和有急慢性运动伤病或女生生理周期排在前两位；在缺乏自我监督因素中，不能有效判断各种运动损伤的危险程度和不能有效区分各种不良反应的危险程度排在前两位；在安全意识欠缺因素中，考试时竞争过度，超过自己能承受的极限和注意力不集中和不按规则练习或比赛，追逐打闹，动作粗野排在前两位；在价值取向问题因素中，考前突击大强度锻炼和锻炼从未达到或超过考试时的强度排在前两位；在心理应激问题因素中，考试时过度焦虑、紧张、恐惧、失眠，考试时过度淡漠或过度激动和盲目自信排在前两位；在运动习惯不良因素中，在饱食、饥渴、生病时仍参加剧烈的锻炼或考试排在首位。

在全因素总排序中，以大于总体选择频数平均值（M=79.97）进行取舍，共取得11个风险因素，依次为有肾脏或心肺功能系统重大疾病隐患；考前突击大强度锻炼；有急慢性运动伤病或女生生理周期；考试时竞争过度，超过自己所能承受的极限；在饱食、饥渴、生病时仍参加剧烈的锻炼或考试；不能有效判断各种运动损伤的危险程度；锻炼从未达到或超过考试时的强度；不能有效区分各种不良反应的危险程度；睡眠不足；技术动作错误；

重智轻体，体育锻炼过少。

4.2.2　考务管理因素检查结果分析

采用列表排序法对调查数据进行统计处理，得到考务管理因素检查结果，具体情况见表8-13。

表8-13　考务管理因素检查结果分析（n=101）

风险因素	选择频数累计	类内排序	全因素总排序
一、裁判风险源			
1.裁判缺乏耐心和责任心，未认真进行考试规则的讲解和示范	69	3	6
2.态度冷漠，对考生随意施压或催促辱骂	67	4	7
3.组织不力，对突发情况应对迟慢	70	2	5
4.营私舞弊，裁判不公，谋求私利	72	1	3
平均值	69.5		④
二、考务管理风险源			
5.管理人员未积极维护考试秩序，考场秩序混乱	71	1	4
6.未对突发事件进行快速反应和处理，场面失控	67	3	7
7.未积极监督和疏导考完的考生有秩序快速撤离考场	70	2	5
平均值	69.33		⑤
三、医务人员风险源			
8.医务人员缺乏责任心，擅离职守	72	2	3
9.未对参加体育考试的学生进行认真的伤病鉴定	73	1	2
10.医务人员的资质和经验不足，不能有效应对考试中的突发伤害事件	69	3	6
平均值	71.33		③
四、交通风险源			
11.交通堵塞	70	1	5

续表

风险因素	选择频数累计	类内排序	全因素总排序
12.司机缺乏责任心，擅离职守	64	2	8
13.司机的资质和经验不足，延误急救时机	70	1	5
平均值	68		⑥
五、场地环境风险源			
14.在气候条件恶劣，如温度过高或过低的情况下考试	73	1	2
15.在空气污染严重的情况下考试	72	2	3
16.在场地内外狭窄不平，如硬、湿、滑，器材设施老化陈旧的环境下考试	72	2	3
平均值	72.33		②
六、竞争风险源			
17.考试时竞争激烈，同学之间互相攀比成绩	80	1	1
18.考试时每组考生过多可能造成拥挤、碰撞、踩踏	80	1	1
平均值	80		①

注：①②③④⑤⑥为一级影响因素风险认知均值排序号。

结果显示，一级影响因素排序依次为竞争风险源、场地环境风险源、医务人员风险源、裁判风险源、考务管理风险源和交通风险源。

类内排序结果显示，在裁判风险因素中，排在前两位的因素依次是营私舞弊，裁判不公，谋求私利和组织不力，对突发情况应对迟慢；在考务管理风险因素中，管理人员未积极维护考试秩序，考场秩序混乱和未积极监督和疏导考完的考生有秩序快速撤离考场排在前两位；在医务人员风险因素中，未对参加体育考试的学生进行认真的伤病鉴定和医务人员缺乏责任心，擅离职守排在前两位；在交通风险因素中，交通堵塞、司机的资质和经验不足，延误急救时机和司机缺乏责任心，擅离职守排在前两位；在场地环境风险因素中，在气候条件恶劣，如温度过高或过低的情况下考试，在空气污染严重的情况下考试和在场地内外狭窄不平，如硬、湿、滑，器材设施老化陈旧的环境下考试排在前两位；在竞争风险因素中，考试时竞争激烈，同学之间互相攀比成绩和考试时每组考生过多可能造成拥挤、碰撞、踩踏并列排在首位。

在全因素总排序中，以大于总体选择频数平均值（M=71.75）进行取舍，共取得8个风险因素，依次为考试时竞争激烈，同学之间互相攀比成绩；考试时每组考生过多可能造成拥挤、碰撞、踩踏；未对参加体育考试的学生进行认真的伤病鉴定；在气候条件恶劣，如温度过高或过低的情况下考试；营私舞弊，裁判不公，谋求私利；医务人员缺乏责任心，擅离职守；在空气污染严重的情况下考试；在场地内外狭窄不平，如硬、湿、滑，器材设施老化陈旧的环境下考试。

4.2.3 教师家长因素检查结果分析

采用列表排序法对调查数据进行统计处理，得到教师家长因素检查结果，具体情况见表8-14。

表8-14 教师家长因素检查结果分析（n=101）

风险因素	选择频数累计	类内排序	全因素总排序
一、体育教师风险源			
1.缺乏责任心，对课堂常规的要求不严	74	4	6
2.教学能力、管理经验不足	75	3	5
3.对运动伤害缺乏判断能力和急救知识	77	2	3
4.事先未告知学生体育锻炼和考试可能存在的伤害风险	75	3	5
5.未给学生传授过体育锻炼保健知识	74	4	6
6.未经常主动检查体育器材的安全并上报排除	70	8	10
7.对学生平时的体育锻炼要求不严，强度过高或过低	72	6	8
8.未系统传授给学生应对体育考试的准备、技术、战术及心理调整的方法	79	1	2
9.对自己所带班级的学生健康状况了解得不够	73	5	7
10.考前从未带领学生认真适应考场，平时从未有达到过考试强度的训练	71	7	9
平均值	74		②

续表

风险因素	选择频数累计	类内排序	全因素总排序
二、班主任风险源			
11.缺乏与学生家长、体育老师的沟通，对每一名学生的身体健康状况缺乏了解	79	1	2
12.对本班学生的体育锻炼重视、支持和监督力度不够	76	2	4
13.未给参加体育考试有困难的学生及早帮助并采取应对措施（办缓、免考等）	73	3	7
平均值	76		①
三、家长风险源			
14.缺乏与班主任、体育老师的沟通，对孩子的身体健康状况缺乏了解	77	2	3
15.对孩子体育锻炼重视、支持和监督力度不够，日常体育锻炼过少	82	1	1
16.未给自己有伤病的孩子办缓、免考手续，勉强应试	74	4	6
17.未给孩子做好针对应对体育考试方面衣、食、住、行等的专门准备工作	73	5	7
18.对考试不理想的孩子进行言行刺激甚至打骂	75	3	5
平均值	76		①

注：①②③为一级影响因素风险认知均值排序号。

结果显示，一级影响因素排序依次为班主任及家长风险源、体育教师风险源。

类内排序结果显示，在体育教师风险因素中，排在前三位的因素依次是未系统传授给学生应对体育考试的准备、技术、战术及心理调整的方法，对运动伤害缺乏判断能力和急救知识，教学能力、管理经验不足和事先未告知学生体育锻炼和考试可能存在的伤害风险；在班主任风险因素中，缺乏与学生家长、体育老师的沟通，对每一名学生的身体健康状况缺乏了解和对本班学生的体育锻炼重视、支持和监督力度不够排在前两位；在家长风险因素中，对孩子体育锻炼重视、支持和监督力度不够，日常体育锻炼过少，缺乏与班主任、体育老师的沟通，对孩子的身体健康状况缺乏了解和对考试不理想的孩子进行言行刺激甚至打骂排在前三位。

在全因素总排序中，以大于总体选择频数平均值（M=75.33）进行取舍，共取得6个风险因素，依次为家长对孩子体育锻炼重视、支持和监督力度不够，日常体育锻炼过少；体育教师未系统传授给学生应对体育考试的准备、技术、战术及心理调整的方法；班主任缺乏与学生家长、体育老师的沟通，对每一名学生的身体健康状况缺乏了解；体育教师对运动伤害缺乏判断能力和急救知识；家长缺乏与班主任、体育老师的沟通，对孩子的身体健康状况缺乏了解；班主任对本班学生的体育锻炼重视、支持和监督力度不够。

4.2.4 教育管理因素检查结果分析

采用列表排序法对调查数据进行统计处理，得到教育管理部门因素检查结果，具体情况见表8-15。

表8-15 教育管理部门因素检查结果分析（n=101）

风险因素	选择频数累计	类内排序	全因素总排序
一、教育部门			
1.关于中学体育考试的教育方针导向不明确	51	2	9
2.中小学体育教育政策缺乏延续性，小升初和高考不考体育	65	1	1
平均值	58		①
二、地方教育部门			
3.对体育教育重视程度不够，体育考试的分值比重低，课时少	60	1	4
4.对体育考试的准备工作和执行情况监管不够	50	3	10
5.安排的体育考试内容及考试项目顺序不合理	59	2	5
平均值	56.33		③
三、校领导风险			
6.对体育考试的重视投入不够	61	2	3

续表

风险因素	选择频数累计	类内排序	全因素总排序
7.留给学生的体育锻炼时间少	55	4	7
8.对学生参加体育锻炼和考试的安全教育工作及监管力度不足	62	1	2
9.对参加体育锻炼和考试学生的体检排查存在漏洞	53	5	8
10.在学生参加体育锻炼和考试时没有安排医护人员监督	56	3	6
平均值	57.4		②

注：①②③为一级影响因素风险认知均值排序号。

结果显示，一级影响因素排序依次为教育部、校领导和地方教育部门。

类内排序结果显示，在教育部门因素中，中小学体育教育政策缺乏延续性，小升初和高考不考体育排在首位，其次是关于中学体育考试的教育方针导向不明；在地方教育部门因素中，对体育教育重视程度不够，体育考试的分值比重低，课时少和安排的体育考试内容及考试项目顺序不合理排在前两位；在校领导风险因素中，对学生参加体育锻炼和考试的安全教育工作及监管力度不足和对体育考试的重视投入不够排在前两位。

在全因素总排序中，以大于总体选择频数平均值（M=57.2）进行取舍，共取得5个风险因素，依次为教育部对中小学体育教育政策缺乏延续性，小升初和高考不考体育；校领导对学生参加体育锻炼和考试的安全教育工作及监管力度不足；校领导对体育考试的重视投入不够；地方教育部门对体育教育重视程度不够，体育考试的分值比重低，课时少；地方教育部门安排的体育考试内容及考试项目顺序不合理。

4.3 全部影响因素检查结果分析与讨论

4.3.1 全部影响因素检查结果分析

采用列表排序法对调查数据进行统计处理，得到全部影响因素检查结果，具体情况见表8-16。

表8-16 全部影响因素检查结果分析（n=101）

风险因素	平均频数累计	类内排序	全因素总排序
一、个体因素			
1.健康状况不佳	86.25	1	1
2.缺乏自我监督	81	4	4
3.安全意识欠缺	80.25	5	5
4.价值取向问题	81.25	3	3
5.心理应激问题	65.67	6	14
6.运动习惯不良	85.5	2	2
平均值	79.97		①
二、教育管理部门			
7.国家教育部门	58	1	15
8.地方教育部门	56.33	3	17
9.校领导风险	57.4	2	16
平均值	57.24		④
三、教师家长			
10.体育教师风险源	74	2	8
11.班主任风险源	76	1	7
12.家长风险源	76	1	7

续表

风险因素	平均频数累计	类内排序	全因素总排序
平均值	75.33		②
四、考务管理			
13.裁判风险源	69.5	4	11
14.考务管理风险源	69.33	5	12
15.医务人员风险源	71.33	3	10
16.交通风险源	68	6	13
17.场地环境风险源	72.33	2	9
18.竞争风险源	80	1	6
平均值	71.75		③

注：①②③④为一级影响因素风险认知均值排序号。

结果显示，一级因素排序依次为个体因素、教师家长、考务管理和教育管理部门。

类内排序结果显示，在个体因素中，排在前三位的因素依次是健康状况不佳、运动习惯不良和价值取向问题；在教育管理部门因素中，国家教育部门因素排在首位；在教师家长因素中，班主任和家长风险并列排在首位；在考务管理因素中，竞争风险、场地环境风险和医务人员风险排在前三位。

在全部影响因素总排序中，以大于总体选择频数平均值（M=71.07）进行取舍，共取得9个主要风险因素，依次为健康状况不佳、运动习惯不良、价值取向问题、缺乏自我监督、安全意识欠缺、竞争风险、班主任风险及家长风险、体育教师风险。

4.3.2　全部影响因素检查结果讨论

调查结果显示，影响体育考试风险管理的主要因素依次是健康状况不佳、运动习惯不良、价值取向问题、缺乏自我监督、安全意识欠缺、竞争风险、班主任风险及家长风险、体育教师风险。

如此看来，起到重要影响作用的因素首先体现在个体因素方面，其次是与学生日常接触亲密的老师和家长。可见，客观因素通过管理部门的重视和注意，是比较容易杜绝风险诱发的因素的，而主观方面的诸因素（即学生自身）确是体育考试风险管理的难点。这首先是因为个体存在着较大的差异造成的。每个人在平时的健康、锻炼、避险经验知识的学习和积累等方面存在着较大的不同，造成每个人应对体育考试风险的能力高低不同；其次，这些因素是无形的，不像客观存在的问题，一目了然，便于发现并排除。最后，日常与考生密切接触的老师和家长对参加体育考试风险的重视程度和提醒告诫也是至关重要的。

因此，上述因素在研究结果中靠前是合理的。同时，研究结果也提醒我们要对这些可能导致考试风险的因素格外引起重视。

4.4 体育考试风险管理影响因素评估结果分析与讨论

4.4.1 采用列表排序法对体育考试风险管理影响因素评估结果分析

通过对调查数据进行统计处理，得到体育考试风险管理影响因素评估结果，具体情况见表8-17。

表8-17 体育考试风险管理影响因素评估结果分析（n=101）

风险因素	风险量均值	类内排序	全部因素总排序
一、个体因素			
1.健康状况不佳	3.97	4	4
2.缺乏自我监督	4.03	2	2
3.安全意识欠缺	3.90	5	5

续表

风险因素	风险量均值	类内排序	全部因素总排序
4.价值取向问题	4.00	3	3
5.心理应激问题	3.77	6	6
6.运动习惯不良	4.23	1	1
平均值	3.98		①
二、教育管理部门			
7.国家教育部门	2.84	3	14
8.地方教育部门	2.87	2	13
9.校领导风险	2.90	1	12
平均值	2.87		④
三、教师家长			
10.体育教师风险源	3.16	2	10
11.班主任风险源	3.48	1	9
12.家长风险源	3.48	1	9
平均值	3.37		②
四、考务管理			
13.裁判风险源	2.90	5	12
14.考务管理风险源	3.16	3	10
15.医务人员风险源	2.74	6	15
16.交通风险源	2.97	4	11
17.场地环境风险源	3.52	2	8
18.竞争风险源	3.55	1	7
平均值	3.14		③

注：①②③④为一级影响因素风险认知均值排序号。

结果显示，一级因素排序依次是个体因素、教师家长、考务管理、教育管理部门。

类内排序结果显示，在个体因素中，排在前三位的因素依次是运动习惯不良、缺乏自我监督、价值取向问题；在教育管理部门因素中，校领导因素排在首位；在教师家长因素中，班主任和家长风险并列排在首位；在考务管理因素中，竞争风险、场地环境风险和考务管理风险排在前三位。

在全部因素总排序中，以大于风险量均值（M=3.34）进行取舍，共取得10个主要风险因素，依次为运动习惯不良、缺乏自我监督、价值取向问题、健康状况不佳、安全意识欠缺、心理应激问题、竞争风险、场地环境风险、班主任和家长风险。

4.4.2 采用帕累托法对体育考试风险管理影响因素评估结果进行分析

运用帕雷托方法对全部影响因素检查结果进行分析（图8-5），按照累计百分比0~80%的因素为A类因素，即主要因素，可取得全部影响因素中主要风险因素为13个，依次为健康状况不佳、价值取向问题、安全意识欠缺、心理应激问题、运动习惯不良、缺乏自我监督、竞争风险、医务人员风险、考务管理风险、国家教育部门风险、校领导风险、地方教育部门风险、裁判风险；80%~90%之间的因素为B类因素，即次要因素，可取得B类因素2个，即场地环境风险和交通风险；其他为C类因素，即一般因素。

4.4.3 体育考试风险管理影响因素评估结果讨论

编制《体育考试风险管理影响因素评估表》目的是帮助体育考试管理者和体育教师，在体育考试中可能出现的问题从宏观角度进行一个总体的判断和预测，有助于决策者了解体育考试风险容易发生在哪些方面，从而有针对性地就这些方面做好预防体育考试风险发生的准备。

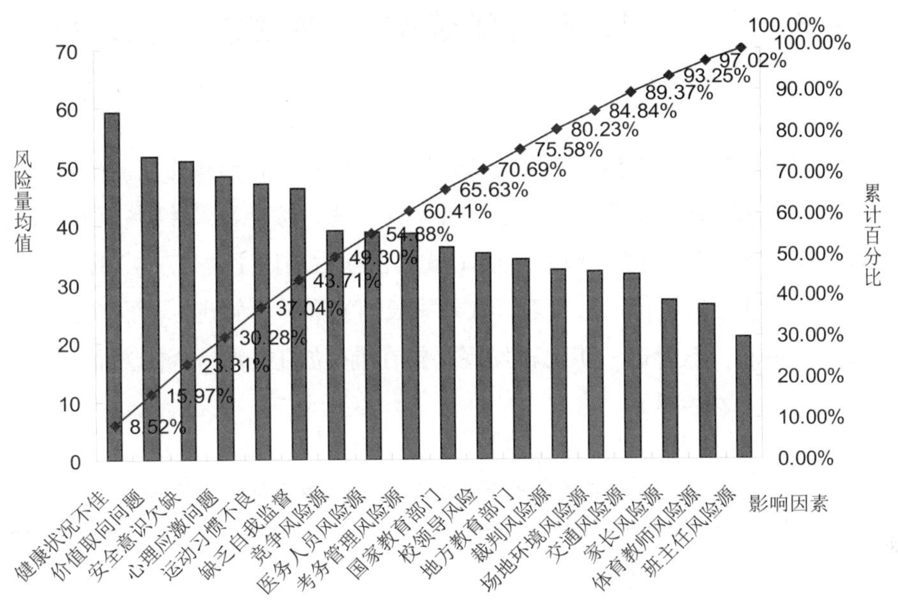

图8-5　体育考试风险管理影响因素评估结果帕雷托分析

通过对表8-17、图8-5的体育考试风险管理主要影响因素的评估结果进行相应的对比发现，各主要影响因素在顺序上存在较大不同，出现评估结果在个别地方不同的原因是与这两种方法本身有很大的关系，是两种评估方法的计算方式和评估方式不同造成的。列表排序法只是对各风险因素可能性的比较判断，不考虑其他因素；而帕雷托分析则不仅要对“风险出现的可能情况”进行判断，而且还要考虑各风险因素后果的严重程度和可以控制的程度，通过三方面相乘再求得平均值的方式得到的结果，这样就造成了两种评估结果存在一定的差异。但是，这两种方法并不矛盾，相反可以互相补充，都可以运用到体育考试风险的评估中。前者是帮助决策者识别风险发生的可能性的主次顺序，后者是在已知风险主次顺序的基础上，进一步判断哪些风险的后果更严重，哪些风险更容易控制，从而为预防工作的安排提供合理的借鉴和指导。

4.5 体育考试风险管理影响因素评估结果比较分析

现将全部影响因素检查结果、列表排序评估结果和帕累托评估结果得到的体育考试风险管理主要影响因素进行比较发现，检查表累计频数和列表排序评估得到主要影响因素基本一致（虽然在前后顺序上存在一定的不同）；与帕累托评估结果进行比较发现，教师家长因素和教育管理因素两个方面存在较大的不同；三者进一步比较发现，排在前6位的主要是个体方面所包括的风险因素（表8-18）。

表8-18 体育考试风险管理主要影响因素评估结果比较

	1	2	3	4	5	6	7	8	9	10	11	12	13
检查表累计频数	健康状况不佳	运动习惯不良	价值取向问题	缺乏自我监督	安全意识欠缺	竞争风险	班主任风险	家长风险	体育教师风险	无	无	无	无
评估表排序	运动习惯不良	缺乏自我监督	价值取向问题	健康状况不佳	安全意识欠缺	心理应激问题	竞争风险	场地环境风险	班主任风险	家长风险	无	无	无
帕累托评估表	健康状况不佳	价值取向问题	安全意识欠缺	心理应激问题	运动习惯不良	缺乏自我监督	竞争风险	医务人员风险	考务管理风险	教育部主管部门风险	校领导风险	地方教育部门风险	裁判风险

上述结果说明，个体因素是体育考试风险管理的重点和难点，即这些个体因素极易导致考生体育考试风险的发生，它们渗透在考生的日常锻炼、学习和生活中，而且这些因素是管理者看不见、摸不着的，潜移默化地存在于不同的个体中，很难进行统一而有效的管理，这就提醒管理者不仅要重视客观表面所存在的体育考试风险管理，更要想办法提高考生自身对体育考试的风险意识（风险认知），做到既治标又治本，这样才能有效杜绝体育考试风险发生的概率。

排在6位以后的体育考试风险影响因素主要是客观因素。考务管理因素中的竞争风险因素紧挨在主观因素之后，可见竞争风险和考务管理风险也是不容忽视的主要影响因素，考生的竞争风险是客观存在的，而且具有突发性和造成风险后果严重程度的不确定性，提醒管理者在对体育考试风险管理时要重点抓好这两个方面的工作。虽然考务管理因素在排序中也有体现，但是这些因素只要通过细致认真地筹备和检查监督，是可以有效避免的。

列表排序法体现出班主任、家长和体育教师会对管理考生的体育考试风险有一定的影响作用，提醒考试管理者要对上述人群做好思想工作并提出一定的要求，让他们从不同的角度发挥自己的作用，起到管理、教育和沟通的作用，从而有效降低体育考试风险的发生；而在帕累托分析中，上述三者却不在其中，这就说明这3个因素所导致的后果并不严重，而且是可控的。取而代之的是3个教育管理因素，即国家教育部门风险、校领导风险和地方教育部门风险，这3个风险因素虽然不会直接导致学生考试风险的发生，但从行政手段上宏观控制着体育考试的大政方针，起到指导和指令性作用，体育考试管理者无法对这些权力部门进行指导和干涉，如果这些权力部门制定的体育考试政策不合理，可能会导致严重的后果，而且可控性较差。

4.6 体育考试风险管理影响因素评估结果人口学特征分析与讨论

4.6.1 体育考试风险管理影响因素评估结果性别差异分析

采用单因素方差分析（One-Way Anova）对评估数据进行统计处理，得到不同性别体育教师对体育考试风险管理影响因素的评估结果（表8-19）。

表8-19 体育考试风险管理影响因素评估结果性别差异F检验（n=101）

影响因素	性别（Sex）	人数（n）	风险认知均值（M）	标准差（SD）	F	P
个体因素	男	73	47.01	18.10	1.499	0.231
	女	28	57.06	26.94		
教育管理因素	男	73	34.04	22.67	0.120	0.732
	女	28	37.15	25.58		
教师家长因素	男	73	24.58	16.59	0.001	0.975
	女	28	24.88	37.77		
考务管理因素	男	73	39.76	16.75	3.752	0.063
	女	28	27.77	15.57		

研究结果显示，体育教师对体育考试风险管理影响因素的评价在性别上不存在显著性差异。

4.6.2 体育考试风险管理影响因素评估结果教龄差异分析

采用单因素方差分析（One-Way Anova）对评估数据进行统计处理，得到不同教龄体育教师对体育考试风险管理影响因素的评估结果（表8-20）。

表8-20　体育考试风险管理影响因素评估结果教龄差异F检验（n=101）

影响因素	教龄（Year）	人数（n）	风险认知均值（M）	标准差（SD）	F	P
个体因素	≤10	33	47.17	22.01	0.846	0.440
	10～20	45	46.53	19.15		
	≥20	23	58.07	23.07		
教育管理因素	≤10	33	35.78	27.32	0.534	0.592
	10～20	45	43.47	25.89		
	≥20	23	30.13	15.38		
教师家长因素	≤10	33	30.40	31.32	0.826	0.449
	10～20	45	19.73	18.39		
	≥20	23	18.60	10.43		
考务管理因素	≤10	33	37.53	15.41	1.805	0.184
	10～20	45	43.90	19.75		
	≥20	23	27.85	16.97		

研究结果显示，体育教师对体育考试风险管理影响因素的评价在教龄上不存在显著性差异。通过进一步多重比较发现，各因素不同教龄两两之间也不存在显著性差异。

4.6.3　体育考试风险管理影响因素评估结果职称差异分析

采用单因素方差分析（One-Way Anova）对评估数据进行统计处理，得到不同职称体育教师对体育考试风险管理影响因素的评估结果（表8-21）。

表8-21　体育考试风险管理影响因素评估结果职称差异F检验（n=101）

影响因素	职称	人数（n）	风险认知均值（M）	标准差（SD）	F	P
个体因素	初级	34	44.57	19.65	0.382	0.686
	中级	58	51.70	23.08		
	高级	9	54.52	22.97		
教育管理因素	初级	34	34.33	19.39	0.832	0.446
	中级	58	39.60	27.57		
	高级	9	25.90	14.62		
教师家长因素	初级	34	25.67	18.36	0.301	0.742
	中级	58	27.02	30.44		
	高级	9	18.38	11.19		
考务管理因素	初级	34	38.21	17.04	2.510	0.100
	中级	58	39.39	16.63		
	高级	9	23.33	14.47		

研究结果显示，体育教师对体育考试风险管理影响因素的评价在职称上不存在显著性差异。通过进一步多重比较发现，只有在考务管理因素上中级职称和高级职称之间存在显著性差异（P=0.038），其他各因素不同职称两两之间不存在显著性差异。

4.6.4　体育考试风险管理影响因素评估结果人口学特征讨论

上面的研究结果表明，不同（性别、教龄、职称）的体育教师对体育考试风险管理影响因素的评价结果不构成显著性的影响，全体参与调查的体育教师们都能够从自身的角度出发对体育考试存在的风险管理问题做出客观明确的评价。中级职称和高级职称的体育教师在考务管理因素上的认识存在显著性差异，这可能与他们各自的工作角色（高级职称的教师一般大多担任领导管理的角色，而中级职称的教师一般以教学工作为主）不同而造成了他们认识上的不同，但不会影响整体的评估分析结果。

5. 体育考试风险应对理论分析

在对体育考试风险进行识别和评估之后，接下去一个最重要的环节就是如何有效地控制这些风险，以期减少事故发生的概率和降低损失的程度，这应该是体育考试管理者和考生最关心的问题，也是对体育考试风险管理进行研究的根本目的。

制定风险管理程序是有效应对体育考试风险发生的关键。DIM是对风险管理作业程序的简称，包括制订风险管理计划（Develop）、执行风险管理计划（Implement）、管理风险管理计划（Manage）三个基本步骤①。

5.1 制订风险管理计划

为了确保风险管理计划的科学性，必须拟定一个逻辑完善的计划编制程序（图8-6）②。

（1）确立目标。目标是指期望取得的成果。体育考试风险管理的目标是尽可能避免或减少各种伤害和损失的发生。与体育考试相关的各管理部门和成员根据自己承担的任务和角色进行目标分解，进行由上至下分级管理，具体目标落实到各个部门和个人的头上，并根据体育考试时空变化的不同阶段（备考阶段、考前阶段、考中阶段、考后阶段），落实到各个具体的环节中去。

①（美）小罗宾·阿蒙，查理德·M. 索撒尔，大卫·A. 巴利尔. 体育场馆赛事筹办与风险管理[M]. 沈阳：辽宁科技出版社，2005：92.

② 周三多，陈传明. 管理学[M]. 北京：高等教育出版社，2005：120.

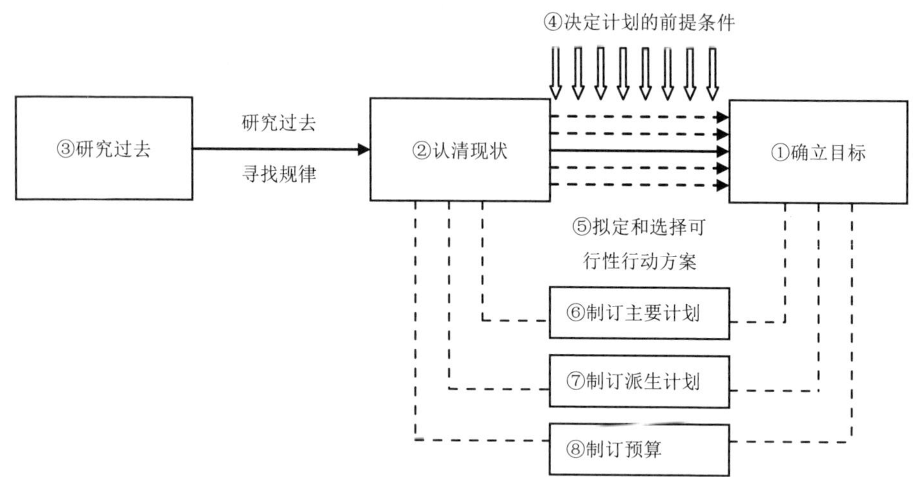

注：图中的序号表示计划编制的步骤。

图8-6　计划编制的程序

（2）认清现状。根据体育考试的不同阶段，对可能诱发考试风险的各环节进行细致分析和探究。具体包括体育考试制度制定得是否合理？管理部门是否就体育考试风险问题部署过相关的文件规定并对有关单位进行过督导检查？体育考试风险管理任务是否已经落到了实处？是否进行过认真的体育考试风险应对教育和备战演练？与考试相关的人是否对体育考试风险问题引起了足够的重视并积极行动起来把应对措施落到了实处？考生本人是否对考试风险引起了足够的重视和了解？是否教授考生认真学习和掌握过应对各种体育考试风险的方法？

（3）研究过去。研究过去的目的是从过去发生过的事件中得到启示和借鉴，引以为戒的同时，更重要的是能否通过已知的风险发现其发生的规律。采取的方法可以用演绎法或归纳法，也可以把两种方法综合使用。

（4）决定计划的前提条件。前提条件是指在体育考试的整个过程中可能存在和发生风险的各个环节。要尽可能地梳理清楚，不要遗漏任何看似微不足道的地方，做到不留死角。这样的好处是便于风险管理任务的布置和责任落实到位，也便于分清任务职责和相互之间的协调合作。具体到体育考试风险管理涉及的环节有国家教育部门（分管学校体育工作的领导）、地方教育局（分管学校体育工作的领导）、各相关教育部门（分管学校体育工作的领导）、学校体育部（各职能部门主任和体育教师）、医务室（校医）、各个自然班（班主任）、每一个考生的家庭（家长和学生个人）、同学（竞争者）、考务管理部门（考场布置、器材设施、裁判、志愿者、气象、交通、突发事件、医疗急救）。如果发现遗漏可进一步补充完善。

（5）拟定和选择可行性行动方案。这个步骤又可分为三个环节来完成：拟定可行性行动计划、评估计划和选定计划。这就要求所涉及的体育考试风险管理环节要尽可能多地制订出具体详实的可行性行动计划，拟定计划时要充分发动群众，争取风险管理专家的意见，采用头脑风暴法和特尔菲法。

评估和选定计划的目的是确保计划付诸实施时的全面性、可操作性、高效性和节约性，要采用定性和定量相结合的方法对风险计划进行评估。

（6）制订主要计划。当选定了某一行动方案后，下一步就是围绕此方案拟定一个详实的管理文件。这个文件要清楚地确定和描述“5W1H”的内容，即What（做什么）、Why（为什么做）、Who（谁去做）、Where（何地做）、When（何时做）、How（怎样做）。

（7）派生计划。派生计划是指次级计划，次级计划又可以派生出下一级更具体的计划，以此类推。例如，当学校分管教学的部门把制订的全校学生体育考试风险管理计划拟定出来以后，涉及的学校相关部门就应该再制订出更加具体的风险管理预案，如体育部风险管理预案、年级组风险管理预案、校医室风险管理预案、学生家长风险管理预案……这些子部门再把具体风险管理责任落实到具体负责人并制订更加详尽的预案。例如，体育部更进一步的风险管理计划有体育场馆设施安全管理预案、体育教师教学安全预案、体育测试安全管理预案、风险事故急救安全预案等。以此类推，层层深入，直至落实到相关具体的每一个人的头上。

（8）制订预算。每一个方案的实施要想落到实处，必须有人力财力的支持。所以，精确地、数字化的估算是落实一个风险计划的关键，包含的主要内容是聘请相关人员的费用、处理体育考试风险事故的资金额度预算、对工作完成程度的奖惩……这些要有一个明确的定量考核标准，从而会产生较硬的约束性。

5.1.1 风险确定

确定风险的过程，也就是相关部门和个人寻找风险源的过程。这就需要用到前文研制的《体育考试风险管理检查表》进行逐一排查和落实，如果在排查的过程中发现有新的风险因素，要继续完善和补充。例如，以排查体育教师风险源为例（表8-22），对体育教师的风险管理工作进行比对、排查，如果存在风险的可能性，就做记号标注，如果发现新的漏洞，可以在下面空白处补充。

表8-22 体育考试风险管理体育教师风险源检查表

（1）缺乏责任心，对课堂常规的要求不严	
（2）教学能力、管理经验不足	
（3）对运动伤害缺乏判断能力和急救知识	
（4）事先未告知学生体育锻炼和考试可能存在的伤害风险	
（5）未给学生传授过体育锻炼保健知识	
（6）未经常主动检查体育器材的安全并上报排除	
（7）对学生平时的体育锻炼要求不严，强度过高或过低	
（8）未系统传授给学生应对体育考试的准备、技术、战术及心理调整的方法	
（9）对自己所带班级的学生健康状况了解得不够	
（10）考前从未带领学生认真适应考场，平时从未有达到过考试强度的训练	
补充1	
补充2	
补充3	
补充n	

由于体育考试风险排查任务极其艰巨，这就要求各个部门分工合作，然后将排查结果汇总，以利于确定究竟哪里是薄弱环节，哪里容易发生风险，然后再针对具体问题，考虑应对的办法。

5.1.2 风险划分

当完成了风险源的排查工作以后，接下来的环节是进行风险因素的划分归类。划分的原则应该遵循可能造成风险后果的严重性。因为风险管理不可能把所有风险都杜绝，必须要把那些后果严重的主要风险找出来，以便于重点应对。划分的依据是风险发生的频率和造成后果的严重程度。矩阵分析广泛应用在风险区分上，风险因素的划分一般可以归入以下9个类别中去，不宜过多进行分类，否则会给区分工作带来麻烦。下面以区分学生个人方面可能导致体育考试伤害风险发生的因素为例来划分这些风险因素的类别（表8–23）。

表8-23　体育考试风险归类矩阵

严重性 可能性	高	中	低
经常	技术动作错误；不能有效区分运动过程中的各种不良反应的危险程度（心悸、心律失常、胸闷、胸痛、腹痛、呼吸困难、头晕、恶心、呕吐、虚弱和大汗等）；考试时竞争过度，超过自己能承受的极限；锻炼从未达到或超过考试时的强度；考前突击进行大强度锻炼；参加剧烈运动前后不做充分的准备活动和放松，立即原地蹲、卧	缺少运动保健知识；重智轻体，体育锻炼过少；急功近利，“考什么”就只“练什么”	睡眠不足；饮食不良；考试时过度焦虑、紧张、恐惧、失眠；考试时过度淡漠或过度激动和盲目自信
偶尔	体育锻炼时有意逃避教师的监管视线，擅自练习高难动作	有急慢性运动伤病或女生生理周期；不能有效判断运动过程中的各种损伤程度（拉伤、扭伤、骨折等）；注意力不集中；在饱食、饥渴、生病时仍参加剧烈的锻炼或考试	不按规则练习或比赛，追逐打闹，动作粗野
很少	有肾脏或心肺功能系统重大疾病隐患	考试时偷服违禁药物（兴奋剂）	

5.1.3 风险处理

风险应对的方法，通常从改变风险因素的性质、风险发生的概率和风险后果大小三个方面入手，对号入座，根据不同的风险因素，采取不同的应对策略，如风险回避、风险转移、风险降低、风险自留、风险应急和立法管理等措施①②。风险的处理原则也可以遵照矩阵归类法来选择处理风险事故的轻重缓急，这样做的好处是可以高效率的分配和使用有限的人力和财力来处理风险事件（表8-24）。

表8-24 体育考试风险处理矩阵

严重性 可能性	高	中	低
经常	回避、应急、立法	转移并降低、应急、立法	转移并降低、应急、立法
偶尔	回避、转移或降低、应急、立法	转移并降低、应急、立法	自留并降低、应急、立法
很少	转移并降低、应急、立法	转移或自留并降低、应急、立法	自留并降低、应急、立法

（1）体育考试风险回避

风险回避是指在参加日常锻炼或体育考试时，由于某些原因（如恶劣的气候条件、自身伤病等）发生伤害事故的可能性较大，发生后的伤害程度较为严重且伤害的可控性弱，主动采取措施放弃（如停止锻炼、停考、免考等）原先承担的风险或者完全拒绝承担风险的行动方案，不强行要求学生锻炼或考试。从某种意义上说，风险回避是将发生伤害风险的概率降低为零。

① 秦巍峰. 学校体育活动中风险管理策略分析[J]. 产业与科技论坛，2008，7（4）：200-201.

② 沈建明. 项目风险管理[M]. 北京：机械工业出版社，2004：149-161.

需要特别说明的是，采用风险规避是各种风险应对方法中最为简单的方式，也是较为消极的一种方式，因为没有了风险，也就没有了参加体育考试活动所获得的收益（学分）。

（2）体育考试风险转移

在体育考试过程中一旦发生严重的伤害事故，往往会给个人、家庭、学校和社会造成沉重的负担和打击。应未雨绸缪，如果提前及早做好防备，就可以最大程度减轻或避免风险带来的不利影响。风险转移的方法可以有效减少风险后果带来的损失。

风险转移是指一些单位或个人为避免承担风险损失，有意识地将损失或与损失有关的财务后果转嫁给另外的单位或个人去承担[①]。风险转移的方法种类很多，一般经常被采用的方法是购买人身意外伤害保险，通过专门的机构，根据有关法律，签订保险合同。保险是以合同的方式建立起来的关系，集合多数单位的风险，合理收取保险金，对特定灾害事故造成的损失后果或人身伤亡给予资金补偿的经济形式[②]。当风险事故发生时，就可以获得保险公司的补偿，从而将风险转移给保险公司。因此，学校和家长可以为孩子办理此类保险来减轻体育考试风险造成的损失和负担。

（3）体育考试风险降低

相对于风险回避而言，风险降低是一种积极的风险应对方法。风险降低包含了在风险预防和风险控制两方面的措施。风险预防就是通过各方面的努力尽力防止风险的发生，风险控制就是如果有些风险已经存在或发生了，则通过风险控制努力降低风险的程度。对体育考试风险而言，就是通过对可能造成体育考试风险的主、客体因素进行有效的识别和评估，对既不能回避也不能转移的风险设法降低伤害发生的概率，缩小伤害的程度。现分述如下。

①主体风险降低。学校和家长要定期给孩子进行体检，学生自身也要注意关注自身的健康状况，不要隐瞒病情，要形成良好的生活习惯。对学生加

---

① 王苗，石岩. 小学生体育活动安全问题与风险防范理论研究[J]. 体育与科学，2006，27（6）：36~40.

② 卓志. 风险管理理论研究[M]. 北京：中国金融出版社，2006：76.

强安全意识教育，强化各种运动技能，教授体育保健知识，使学生能够正确区分和应对体育锻炼过程中的各种不良反应和运动伤病。从根本上改变学生的重智轻体的价值观念，培养学生良好的体育锻炼习惯，全面发展学生的身体素质和心理素质，逐步提高锻炼强度，并使其在考试前达到或超过考试强度的能力，考试时不要超过自己的极限强度。

②考务风险降低。加强裁判、考务管理人员、医护人员和司机的素质和业务水平的培训，有效控制考试的各个环节。在遇到气候条件恶劣、空气质量差的情况要及时调整考试时间。改善考场的条件，坚决杜绝使用存在安全隐患（器械陈旧、场地狭窄、不平、硬、湿、滑）的器材和场馆测试。每组测试的考生人数要适宜，防止发生拥挤、碰撞、踩踏，测试项目之间要留有充分的休息时间。

③教师家长风险降低。通过工作量业务考核等方式提高体育教师的责任感、教学和管理水平，积极排除各种教学隐患。体育课及体育测试前，体育教师要认真检查设备和器材，体育课及体育测试中，体育教师应该对学生进行安全意识教育，对有潜在风险的运动项目采取安全防范措施，做好保护与帮助工作，对学生的运动强度进行必要的监控，力争控制在合理的运动强度范围之内。班主任、家长与体育教师之间要保持沟通，对孩子的体育锻炼给予足够的重视和支持，对孩子的健康状况要做到心中有数，不勉强要求孩子参加体育考试。家长要认真阅读并如实反馈体育测试风险告知书中的意见。

④管理部门风险降低。国家教育部门要制定明确的青少年体育锻炼政策和指导方针，保证政策实施的延续性。地方教育主管部门要对体育考试给予足够的重视，可以采取必要的手段（如提高体育升学分值、增加和延长体育课的学时等）调动学生参加体育锻炼的积极性，合理选择安排考试的项目、顺序，并布置温馨的考场环境和选择适宜的季节气候条件组织考试。各校的领导要做好体育考试工作的监督和执行工作，成立安全组织机构，制定风险防控预案，拟定体育测试风险告知书，在学校宣传栏和校园网上广泛进行宣传，核查体育设备和器材的安全，并设置相应的安全使用标志和说明；学生自备或体育教师自制的体育器材应有体育部组织检查和风险评估，评估合格的准许使用；设置现场急救点，安排医务人员值班，并与附近的医院保持畅通的联络。设立测试后的控制中心，主要做好考试后的问题处理和考生的放

松恢复工作，如配备运动康复专业人士对考完试的考生进行按摩、牵拉和冰敷等科学放松活动，以便使其快速消除疲劳，防止意外发生。

（4）体育考试风险自留

风险自留是指在参加体育考试时，对那些伤害发生的可能性小、发生后伤害程度轻且伤害的可控性强的风险留给自己的一种行为方式。风险自留也是处理残余风险的一种应对方法，风险自留的受体是指考生个体。由于有些风险是在体育考试过程中难免的，如参加锻炼和体育考试过程中的一些意外伤害事故（如学生不小心摔伤、扭伤、拉伤，器械意外故障导致的伤害等），这类风险只有通过考生自己来提高警惕性避免。与考生签署《考试安全协议》，内容包括安全注意事项提醒和明确学生自身和校方各自应承担的风险责任。本着先进行双方调解，调解不成再走法律诉讼程序，严禁无理取闹而影响教学或测试工作的正常进行。

（5）体育考试风险应急

针对体育考试过程中可能出现的风险，事先制定出风险应急处理方案。比如，一旦发生体育考试意外伤害事故和不可抗拒的危险，体育考试现场要储备具有一定水平的急救人员，能在第一时间积极开展急救，对不同的伤病情况能够做初步的区分和处理（如止血、各种骨折的合理妥善处理、休克猝死的急救等），并与急救单位建立畅通的联系和保持消防急救运输通道的畅通，涉事部门不要隐瞒，尽快向上级部门汇报并及时通知家长。负责风险防控工作的人员要填写事故报告，详细记录整个处理过程并存档，以便事后理赔和诉讼。事故描述应该包括以下信息：事故发生的时间、地点、事故情况描述（或摄像）、解决办法、受伤状况、财物损失程度等[①]。

（6）体育考试风险立法管理

依法对体育考试风险进行规定和管理，可以有效制约和降低体育考试风险的发生概率。然而遗憾的是，我国目前还没有专门针对体育考试风险管理方面的法律法规，我们期待着国家尽快出台此方面的法律法规，通过法律手段有力地规范体育考试过程中存在的各方面的问题，从而使考生得到更安

① 纪宁，巫宁. 体育赛事经营与管理[M]. 北京：电子工业出版社，2004：138.

全、更权威、更专业、更为人性化的服务和权益保障。

5.2 执行风险管理计划

要想有效地执行风险管理计划，必须要做到上传下达，沟通配合。按照“5W1H”的内容，即What（做什么）、Why（为什么做）、Who（谁去做）、Where（何地做）、When（何时做）、How（怎样做）来具体执行体育考试风险管理计划。回答上述问题依次为：体育考试风险管理、为了有效降低体育考试风险的发生、执行对象包括各级各类学校或考试组织机构涉及的相关部门和人（决策者、管理者、教师、家长、考生）、执行的地点主要涉及运动场和考场、执行的时间段主要在体育课训练及测试时、课外体育锻炼时、体育测试的整个阶段、根据已经制定的体育考试风险管理计划逐条落实。下面以太原市中考体育考试组织管理为例来分析如何具体执行体育考试风险管理计划。

（1）体育考试以县（市、区）为单位设置考场，每个县（市、区）只设置一个考场，考试的场地应在全封闭的标准400米环形塑胶跑道的田径场上进行。

（2）体育考试全部采用智能化考试器材进行，考试成绩直接记录在“太原市学生体育考试智能卡（IC卡）”中，实现体育考试计算机全程管理。

（3）做好体育考试考务人员的选拔和管理。考场内仪器操作人员必须全部外聘，实行集中全封闭式管理。严禁选派本地工作人员，违者以作弊处理。

要特别加强对考务人员的培训工作，每台仪器的操作人员必须在考试前认真核对考生IC卡信息与考生本人是否符合，严禁出现替考、错考现象。

（4）考生必须按照规定时间参加考试，每位考生的全部考试项目必须在一个单元时间内（半天内）连续完成。

（5）每组考生必须在检录时佩戴号码，由专人带队引导参加各项目考试。考试顺序为：选考项目→立定跳远→男生1000米跑和女生800米跑。

（6）每组考生三个考试项目全部结束后，在出口处由考务人员统一收回IC卡并按组当场密封保存（考生不得将IC卡带出考场）。同时，以组为单位当场打印成绩单一式三份，一份由考生签字确认后交考点考务办公室留存，一份在考场公示栏中张贴公示，一份由考生学校统一领取留存。

（7）为保证每名考生的成绩、名次准确记录，必须在每台仪器测试点架设监控设备或摄像机（1000米跑和800米跑考试项目须在起点和终点同时架设），选派专业人员负责录像工作，保证每位考生图像清晰可辨。一旦考生成绩有误，有据可查。如因录像不清晰或无录像等问题导致考生成绩无法查证，属责任事故，责任由各考点承担，并按照相关规定对相关责任人进行问责。

（8）为提高考试透明度，每个考场必须按照规定在考场外醒目位置设立公示栏，将《体育考试规则》《体育考试操作流程》《体育考试评分标准》《考生成绩单》和举报电话张贴公示，接受广大考生和家长的监督。

（9）实施考试关键点强化监督机制。考试期间，市体育考试领导组办公室将选派工作人员组成考务监督组赴各考点，严格按照考试操作规程对考试过程进行强化监督。

（10）考试前丢失智能卡（IC卡）的考生，必须持学校证明，在本校带队教师的带领下，于考试前到考点考务办公室办理缓考手续，并及时提出补办申请和缴费。

（11）考试项目全部测试完毕的考生，不得再申请参加缓考。

（12）各县（市、区）必须成立五人以上的体育考试仲裁组，全权负责处理本考点事务，解决体育考试过程中所发生的争议事宜。如考生对自己的体育考试成绩有异议，必须在考试成绩单签字确认前向考点仲裁组提出申请。由仲裁组复核后（只限对原始成绩进行复查），当场向考生反馈复核结果。如发现确有问题，需要更正考试成绩，则必须出具《太原市初中学业考试（体育部分）仲裁意见表》，且由仲裁组全体成员签字确认，并将所有证明材料（包括录像资料）统一装档封存，以备核查。

（13）严格考试数据管理

①市招生考试管理中心负责汇总全市体育考试成绩。

②各县（市、区）负责将考生编组。

③各县（市、区）必须将免考考生的体育成绩统一于正考前和缓考前分别录入出口电脑主机成绩库。

④体育考试成绩将采用网络实时传输。考生每考完一项后，其考试成绩将通过网络实时传输至数据库。

⑤进一步加大对考试数据库的管理力度。各县（市、区）在每单元（半天）考试结束后，必须将考试成绩刻录成不可擦写的光盘一式三张分别装入档案袋密封；如有特殊情况需要说明，需另附书面报告（不要装入密封档案袋）于当天考试结束后一并交回市教育局监察室封存。

⑥体育考试全部结束后两天内，由各县（市、区）负责将经仲裁组确定有问题的考生体育考试成绩进行复核，并认真填写《太原市学生体育考试成绩复核记录表》，报送市体育考试领导组办公室备案。

（14）如遇天气或其他特殊原因不能正常考试，由各县（市、区）报请市体育考试领导组办公室同意后，可另行确定考试时间，并及时通知有关学校和考生，妥善做好相关工作。

5.3 管理风险管理计划

有效管理风险管理计划，需要从以下几个方面入手:（1）国家政策扶持；（2）教育行政部门配合；（3）学校落实；（4）社会参与；（5）法律保障。

5.3.1 国家政策扶持

主要是制定体育考试政策的决策部门——教育部。政策的科学、合理和可持续性可以有效降低体育考试风险的发生。首先，虽然目前教育部把各级各类学校每年一度的体育达标考试已经作为升学和毕业的一项考察指标，但真正落实起来缺乏有力度的监督，效果也不尽如人意。因此，教育部要制定合理的体育考试政策，要逐步完善目前仅仅在初中升高中阶段设立体育考试的规定，为了保证学生体育锻炼的连续性和形成终身体育的习惯，应该把小升初和高考这两个阶段也增加体育考试的规定。其次，应该提高体育科目所占的分值比重，以引起社会的足够重视。最后，制定更为科学、客观的评价体系，降低形体类与遗传因素关联性较大的测试项目分值，以推动学生体质的提升和运动技能的提高。在注重体能素质的同时，也要增加运动技能方面的体育考试，以利于锻炼兴趣的发展和终生体育习惯的养成。

5.3.2　教育行政部门配合

各地教育行政机构要做好上传下达的任务，及时按照教育部的文件规定修改和落实体育考试的政策并制定相关文件传达给各级各类院校，并督导检查其尽快落实。对各级各类学校提出明确的体育考试规定和规范化考试要求。保护学校和体育教师开展体育教学和活动的积极性，对于学校和体育教师在履行了安全防控责任后发生的体育风险意外伤害事故，不得追究学校和教师的行政责任。教育行政部门应当将体育风险防控工作纳入学校考核的内容，指定专人负责，组织体育安全员培训，并定期进行督导检查。以防控中考体育考试风险为例，太原市教育局做出了以下缜密的规定，从而有效地降低了体育考试风险的发生。

（1）加强领导，重视体育考试

①各县（市、区）要提高认识，统一思想，高度重视，实行“一把手”工程。要认真制定本县（市、区）体育考试工作的具体实施方案和细则，健全机构，严密组织，明确分工，责任到人。同时，要积极协调当地卫生、公安、交警、电力等部门，加强沟通配合，确保体育考试工作顺利进行。

②市教育局将与各县（市、区）教育局签订《太原市2015年初中学业考试（体育部分）工作责任书》。同时，各县（市、区）要向社会公开承诺，确保体育考试公开、公平、公正，自觉接受社会及新闻媒体的监督。

（2）规范有序，实施体育考试

①各县（市、区）要按照“属地管理、分工负责、责任到人、违规必究”的原则，严格规范程序，认真组织实施体育考试工作。

②要加强对考务人员的管理，考试前必须对考务人员进行纪律教育和技术培训，持证上岗，严肃考场纪律，确保考试工作阳光、公平、规范、顺利

实施。

③为维护考试公平公正、保障考生合法权益，市体育考试领导组办公室再次重申考务人员纪律规定如下：严禁未培训上岗，严禁携带手机等通信工具，严禁擅自离岗、串岗、私自活动，严禁故意损坏考试仪器，严禁徇私舞弊。

④市体育考试领导组办公室对群众举报的违规行为，一经查实，将对违规考生按作弊论处。对涉及的有关工作人员立即取消其考务工作资格，并严格按照有关规定进行问责，直至开除公职。

（3）阳光透明，监督体育考试

①实施阳光工程。实行全员监督和公示制度，增强透明度，健全社会监督机制。各考点要在醒目位置设立考风考纪接待处、公示栏和举报箱，自觉接受家长、群众咨询和社会监督。考试期间，市教育局将派出巡视组赴各考场进行巡视督查。

②各县（市、区）要成立由人大代表、政协委员、行风监督员、家长代表组成的考务监督组，对考试过程进行全程监督，并向社会公布体育考试监督举报电话（考试期间必须有专人值守），接受学生、家长和社会对体育考试工作的监督，确保体育考试阳光、透明。

（4）确保安全，搞好体育考试

①各县（市、区）要与学校签订《体育考试安全责任书》，健全安全防患措施，明确责任，落实责任。考试期间，各考点要在显著位置放置考生安全考试宣传标语或温馨提示。

②各学校必须由校级领导带队组织考生集体到考场参加考试，特别要注意加强安全教育，注意交通安全，如需租用车辆，必须租用手续齐全符合相关安全规定的车辆。随队教师要组织学生进行考前热身训练，同时要提醒考生如身体不适，不能参加考试应提出申请缓考。

③各考场要加强医疗救护措施，至少配备两名专业医护人员（内科、外科）和一辆救护车，消除一切安全隐患，严防安全事故的发生。

④各学校要充分认识体育考试工作的重要意义，加强宣传教育，要将《太原市2015年初中学业考试（体育部分）考生家长通知书》发到每位考生手中（由学生、家长签字确认后，学校于考试前必须收回留存），要组织学

生在考试前认真观看《太原市2015年初中学业考试（体育部分）流程及规则》光盘，仔细阅读《太原市2015年初中学业考试（体育部分）宣传手册》，使学生及家长充分了解体育考试的目的意义，熟悉体育考试的规则、方法和要求。同时，应要求考生家长积极配合学校做好考生体质健康调查工作，将考生的身体健康状况如实向学校告知，不能谎报和隐瞒相关病情。对心肺功能不良或患有先天遗传性疾病，不宜参加体育考试的考生，要劝其办理免考手续，防止意外事故发生。

⑤各县（市、区）教育局和学校要认真制定体育考试应急预案，做好考试工作各环节的安全保障和服务保障，落实各项应急措施。要加强考务人员安全意识教育，合理安全使用考试器材，杜绝发生因体育器材管理和使用不当造成伤害事故。

⑥各县（市、区）要认真做好体育考试的总结工作，考试结束后，要认真总结经验，查找问题，测试工作完成后将书面总结材料、工作照片等资料报送太原市体育考试领导组办公室（市教育局体卫艺处）。

5.3.3　学校落实

第一，校园体育运动风险防控管理的第一责任人由校长担任，并建立校园体育运动风险防控管理小组，负责制定校园体育运动风险防控管理细则，从场地器材、体育教学、课外体育活动、训练、竞赛、体育考试等方面综合全面考虑，具体负责处理体育风险事故。

第二，明确学校和体育教师在体育考试风险防控中的责任，妥善处理组织体育教学、训练、测试与防范体育风险的关系，不得以时间紧或为了规避体育运动风险为由而随意调整体育教学内容，挤占或挪用体育教学和活动时间。

第三，教务处要遵照教育部的规定安排体育教学，做好教学的督导、检查考核工作，遇恶劣气候条件或意外情况，要调整安排体育课的补课时间。

第四，学生工作管理部门应当将体育考试风险防控系统纳入学校对学生的安全教育和安全管理范畴，不幸发生体育风险事故后，负责与家长及学生的沟通、协商和调解。

第五，体育部应当对所有体育相关工作进行风险评估，建立风险防控档案和预案，指导并督促体育教师做好风险防控工作，根据场地器材的使用情况，及时发现存在的安全隐患，并向有关部门反映和排除。

第六，总务处应当建立体育器材安全明细，对学校的体育器材、场地设施定期进行检查与评估，定期进行维护，强制报废超过使用年限的相关体育器材和设备，并设置体育器材设施及设备的安全警告标志。

第七，体育教师应该提高责任心和业务水平，在组织教学、活动、训练、测试时，应该根据风险评估的结果，针对容易发生风险事故的内容和环节，细化并严格执行体育风险防控措施和制度，根据具体教学和活动内容，有针对性地对学生进行体育安全教育，随时关注学生的健康状况，根据具体情况区别对待、因材施教。不幸发生体育安全事故后，应在第一时间组织救治，启动应急处理预案。

第八，班主任要及时了解学生的健康状况，并经常与相关部门和人员取得联系。在课外体育活动和测试中，配合好学生的安全教育管理工作，取得学生家长对体育风险的重视和防控工作的支持。

第九，校医务室应当聘用具有一定资质的医务人员，建立学生健康档案，对不适合参加体育活动的学生记录在案，学校和教师对不适合参加体育锻炼的学生给予照顾的同时有义务保护学生的个人隐私。

第十，建立体育安全员制度，指定专人负责学校体育工作风险防控评估、协调安全事故责任认定和处理。体育安全员必须掌握一定的安全及急救知识。

5.3.4 社会参与

第一，建立由校方、家长代表和风险防控专家组成的体育考试风险管理委员会，指导和监督体育考试风险防控工作。

第二，学校主动公示体育运动风险防控管理制度，接受家长和社会的监督。

第三，学校或家长为参加测试的学生统一购买“学生体育运动意外伤害险”，通过第三方担保来降低和化解意外风险带来的损失。

第四，体育测试时，除了在现场设置医疗急救点外，还要和附近的医院联系好，做好急救准备。

第五，和地方公安、交警和消防部门取得联系并获得支持，以保障测试秩序的维护和急救通道的畅通。

第六，体育测试前，要和考生家长取得联系，向家长下达安全告知书，并获得家长允许参加测试的反馈意见。

第七，提供采购、安装体育测试器材及体育场地设施、设备的商家应该具备规定资质，符合国家相关的产品标准和安全标准。

第八，联系新闻媒体，广泛宣传体育考试风险防控注意事项，起到引起注意和强制进行风险教育的目的。

5.3.5　法律保障

关于处理学校体育伤害事故的法律法规文件，我国先后出台了《学校体育工作条例》（1990）、《学校卫生工作条例》（1990）、《中华人民共和国未成年人保护法》（1992）、《初中毕业生升学考试体育试点工作方案》（1993）、《中华人民共和国教师法》（1994）、《中华人民共和国教育法》（1995）、《学生伤害事故处理办法》（2002）、《教育部国家体育总局共青团中央关于开展全国亿万学生阳光体育运动的通知》（2006）、《关于加强青少年体育增强青少年体质的意见》（中发〔2007〕7号）、《关于进一步加强学校体育工作若干意见的通知》（国发办〔2012〕53号）等一系列法律法规文件，对体育教学活动过程中发生的人身伤害、经济纠纷、各方应负的责任和承担的义务等方面做出了明确的规定和约束。目前，虽然我国暂时还没有专门针对体育考试风险管理方面的法律法规，我们在呼吁国家立法的同时，也可以借鉴上述相关法律进行处理和执行发生的体育考试风险事件。

6. 结论

（1）体育考试风险管理是指“采用科学的方法对备战和参加体育考试过程中可能存在的伤害风险进行有效的识别、评估和应对的过程”。

（2）通过开放式问卷、专家调查、项目分析、因子分析和信、效度检验，研制了《体育考试风险管理问卷》，问卷具有良好的信度和效度；问卷内容包括个人信息、体育考试风险管理检查表和体育考试风险管理评估表3个主要部分，并确定了问卷的评估法。

（3）《体育考试风险管理检查表》结果显示：主体影响因素共取得6个主要因素，依次为健康状况不佳、运动习惯不良、价值取向问题、缺乏自我监督、安全因素欠缺、心理应激问题。考务管理因素共取得6个主要因素，依次为竞争风险源、场地环境风险源、医务人员风险源、裁判风险源、考务管理风险源和交通风险源。教师和家长因素共取得3个主要因素，依次为班主任风险源、家长风险源、体育教师风险源。教育管理部门共取得3个主要因素，依次为教育部、校领导和地方教育部门。全部影响因素检查结果共取得9个主要风险因素，依次为健康状况不佳、运动习惯不良、价值取向问题、缺乏自我监督、安全意识欠缺、竞争风险、班主任风险、家长风险、体育教师风险。

（4）《体育考试风险管理评估表》结果显示：采用列表排序法共取得10个体育考试风险管理主要风险因素，依次为运动习惯不良、缺乏自我监督、价值取向问题、健康状况不佳、安全意识欠缺、心理应激问题、竞争风险、场地环境风险、班主任风险、家长风险；采用帕累托法共取得13个体育考试风险管理主要风险因素，依次为健康状况不佳、价值取向问题、安全意识欠缺、心理应激问题、运动习惯不良、缺乏自我监督、竞争风险、医务人员风险、考务管理风险、教育部风险、校领导风险、地方教育部门风险、裁判风险。

（5）从人口学特征分析结果显示：不同性别、教龄、职称的体育教师对体育考试风险管理影响因素的评价均不存在显著性差异。

（6）研究认为，合理有效应对体育考试风险应该遵循“制订、执行和管理风险管理计划”的步骤，有条不紊地进行。

附件1

体育考试风险管理调查问卷

亲爱的朋友：

非常感谢您在百忙之中参与我们的体育考试风险问题研究，您的填答将为我们的研究提供非常有价值的参考依据，填答问卷大概需要占用您10分钟的时间。

一、个人资料：

性别________ 教龄_________职称_________

二、填表说明：下面是《体育考试风险管理检查表》，请您围绕体育考试整个过程（锻炼和考试），判断以下各因素是否会导致体育考试伤害风险发生，在您认为“是”的风险因素后面空格内画“√”，“否”的风险因素后面空格内画“×”。如未穷尽，请在表右侧空白处做适当补充。

学生个人方面可能导致体育考试伤害风险发生的因素	
1.健康状况不佳	（1）睡眠不足
	（2）饮食不良
	（3）有急慢性运动伤病或女生生理周期
	（4）有肾脏或心肺功能系统重大疾病隐患
2.缺乏自我监督	（1）技术动作错误
	（2）缺少运动保健知识
	（3）不能有效判断运动过程中的各种损伤程度（拉伤、扭伤、骨折等）
	（4）不能有效区分运动过程中的各种不良反应的危险程度（心悸、心律失常、胸闷、胸痛、腹痛、呼吸困难、头晕、恶心、呕吐、虚弱和大汗等）

续表

学生个人方面可能导致体育考试伤害风险发生的因素	
3.安全意识欠缺	（1）体育锻炼时有意逃避教师的监管视线，擅自练习高难动作
	（2）考试时竞争过度，超过自己能承受的极限
	（3）注意力不集中
	（4）不按规则练习或比赛，追逐打闹，动作粗野
4.价值取向问题	（1）重智轻体，体育锻炼过少
	（2）急功近利，“考什么”就只“练什么”
	（3）锻炼从未达到或超过考试时的强度
	（4）考前突击大强度锻炼
5.心理应激问题	（1）考试时过度焦虑、紧张、恐惧、失眠
	（2）考试时过度淡漠或过度激动和盲目自信
	（3）考试时偷服违禁药物（如兴奋剂）
6.运动习惯不良	（1）参加剧烈运动前后不做充分的准备活动和放松，立即原地蹲、卧
	（2）在饱食、饥渴、生病时仍参加剧烈的锻炼或考试
管理部门方面可能导致体育考试伤害风险发生的因素	
1.国家教育部	（1）关于中学体育考试的教育方针导向不明确
	（2）中小学体育教育政策缺乏延续性，小升初和高考不考体育
2.地方教育部门	（1）对体育教育重视程度不够，体育考试的分值比重低，课时少
	（2）对体育考试的准备工作和执行情况监管不够
	（3）安排的体育考试内容及考试项目顺序不合理
3.校领导风险	（1）对体育考试的重视投入不够
	（2）留给学生的体育锻炼时间少
	（3）对学生参加体育锻炼和考试的安全教育工作及监管力度不足
	（4）对参加体育锻炼和考试学生的体检排查存在漏洞
	（5）在学生参加体育锻炼和考试时没有安排医护人员监督

续表

教师家长方面可能导致体育考试伤害风险发生的因素	
1.体育教师风险源	（1）缺乏责任心，对课堂常规的要求不严
	（2）教学能力、管理经验不足
	（3）对运动伤害缺乏判断能力和急救知识
	（4）事先未告知学生体育锻炼和考试可能存在的伤害风险
	（5）未给学生传授过体育锻炼保健知识
	（6）未经常主动检查体育器材的安全并上报排除
	（7）对学生平时的体育锻炼要求不严，强度过高或过低
	（8）未系统传授给学生应对体育考试的准备、技术、战术及心理调整的方法
	（9）对自己所带班级的学生健康状况了解得不够
	（10）考前从未带领学生认真适应考场，平时从未有达到过考试强度的训练
2.班主任风险源	（1）缺乏与学生家长、体育老师的沟通，对每个学生的身体健康状况缺乏了解
	（2）对本班学生的体育锻炼重视、支持和监督力度不够
	（3）未给参加体育考试有困难的学生及早帮助并采取应对措施（办缓、免考等）
3.家长风险源	（1）缺乏与班主任、体育老师的沟通，对孩子的身体健康状况缺乏了解
	（2）对孩子体育锻炼重视、支持和监督力度不够，日常体育锻炼过少
	（3）未给自己有伤病的孩子办缓、免考手续，勉强应试
	（4）未给孩子做好针对应对体育考试方面衣食住行等的专门准备工作
	（5）对考试不理想的孩子进行言行刺激甚至打骂

续表

考务管理方面可能导致体育考试伤害风险发生的因素	
1.裁判风险源	（1）裁判缺乏耐心和责任心，未认真进行考试规则的讲解和示范
	（2）态度冷漠，对考生随意施压或催促辱骂
	（3）组织不力，对突发情况应对迟慢
	（4）营私舞弊，裁判不公，谋求私利
2.考务管理风险源	（1）管理人员未积极维护考试秩序，考场秩序混乱
	（2）未对突发事件进行快速反应和处理，场面失控
	（3）未积极监督和疏导考完的考生有秩序快速撤离考场
3.医务人员风险源	（1）医务人员缺乏责任心，擅离职守
	（2）未对参加体育考试的学生进行认真的伤病鉴定
	（3）医务人员的资质和经验不足，不能有效应对考试中的突发伤害事件
4.交通风险源	（1）交通堵塞
	（2）司机缺乏责任心，擅离职守
	（3）司机的资质和经验不足，延误急救时机
5.场地环境风险源	（1）在气候条件恶劣，如温度过高或过低的情况下考试
	（2）在空气污染严重的情况下考试
	（3）在场地内外狭窄不平，如硬、湿、滑，器材设施老化陈旧的环境下考试
6.竞争风险源	（1）考试时竞争激烈，同学之间互相攀比成绩
	（2）考试时每组考生过多可能造成拥挤、碰撞、踩踏

三、填表说明：下面是《体育考试风险管理评估表》，请您围绕体育考试整个过程（锻炼和考试），判断以下各因素导致体育考试伤害风险发生的可能性、严重性和可控性，请按下图中的等级判断填答。例如，您认为某个导致体育考试风险发生的因素“有点可能”“不太严重”“较易控制”，就在

后面的空格内分别填写“3、3、2”即可。

可能性				
根本不可能	不可能	有点可能	比较可能	非常有可能
1	2	3	4	5
严重性				
没有影响	不严重	不太严重	比较严重	很严重
1	2	3	4	5
可控性				
很容易控制	较易控制	控制有难度	控制难度很大	不能控制
1	2	3	4	5

可能导致体育考试伤害风险发生的因素		风险评估		
		可能性	严重性	可控性
主体风险	1.学生健康状况不佳。可能存在重大疾病隐患			
	2.学生安全意识欠缺。擅自练习高难动作或考试竞争过度			
	3.学生运动习惯不良。参加剧烈运动不做准备活动和放松			
	4.学生缺乏自我监督。不能有效区分运动中的各种不良反应			
	5.学生价值取向问题。重智轻体导致参加体育锻炼过少			
	6.学生心理应激问题。考试时过于紧张、焦虑或过度兴奋			
考务风险	7.竞争风险源。每组考生过多可能造成拥挤、碰撞、踩踏			
	8.场地环境风险源。气候恶劣，场地狭窄不平、硬、湿、滑			
	9.考务管理风险源。考场秩序混乱、场面失控			

续表

<table>
<tr><td colspan="2" rowspan="2">可能导致体育考试伤害风险发生的因素</td><td colspan="3">风险评估</td></tr>
<tr><td>可能性</td><td>严重性</td><td>可控性</td></tr>
<tr><td rowspan="3"></td><td>10.裁判风险源。缺乏耐心和责任心，态度冷漠、组织不力</td><td></td><td></td><td></td></tr>
<tr><td>11.医务人员风险源。缺乏责任心，业务水平差或擅离职守</td><td></td><td></td><td></td></tr>
<tr><td>12.交通风险源。交通堵塞，司机缺乏责任心，擅离职守</td><td></td><td></td><td></td></tr>
<tr><td rowspan="3">教师家长风险</td><td>13.体育教师风险源。缺乏责任心、教学能力和管理经验不足</td><td></td><td></td><td></td></tr>
<tr><td>14.家长风险源。对孩子的身体状况和体育锻炼关注支持不足</td><td></td><td></td><td></td></tr>
<tr><td>15.班主任风险源。对学生身体状况和体育锻炼关注支持不足</td><td></td><td></td><td></td></tr>
<tr><td rowspan="3">管理部门风险</td><td>16.校领导风险源。对体育考试的重视不够，给学生的体育锻炼时间少，对学生的安全教育和体检排查存在漏洞</td><td></td><td></td><td></td></tr>
<tr><td>17.地方教育主管部门。对体育教育的监管和重视不够，体育考试的分值比重低、课时少，体育考试内容安排不合理</td><td></td><td></td><td></td></tr>
<tr><td>18.教育部主管部门。教育方针导向不明确，政策缺乏延续性</td><td></td><td></td><td></td></tr>
</table>

再次感谢您的大力支持！

参考文献

[1] 石岩.体育运动心理问题研究[M].北京：北京体育大学出版社，2007：1.

[2] 孙汉超，秦椿林.体育管理学教程[M].北京：人民体育出版社，1996：289–290.

[3] 胡胜，戴明.循环在体育教学管理中的应用[J].沈阳体育学院学报，2002，4：58.

[4] 陈俊青.简析体育教学管理及其改革[J].教学与管理，2011，6（20）：157.

[5] 陈鑫林，高校体育教学管理初探[J].中国科技信息，2007，24：236–237.

[6] 李秉德.教学论[M].北京：人民教育出版社，2001.

[7] 李小唐，甘肃省普通高校体育教学管理工作现状调查分析与对策研究[J].中国校外教育，2009，5：142–144.

[8] 仲云才，普通高校体育教学管理工作探析[J].上海体育学院学报，2001，25（5）：176–178.

[9] 毛红英，李梅娟，邓冯明.21世纪高校体育教学管理研究[J].皖西学院学报，2005，21（5）：136–138.

[10] 苏平，廖洁莹.关于我院公体选项课教学改革的研究[J].韶关学院学报（自然科学版）,2002，23（3）：113–117.

[11] 秦婕.普通高校体育选项课发展现状的研究[J].首都体育学院学报，2005，17（1）：65-67.

[12] 张来明，郭沛然.普通高校“三自主”体育选项课网络化的实践与研究[J].吉林体育学院学报，2004，20（3）：126-127.

[13] 杨玲.大学生体育选项课认知现状与对策思考[J].吉林体育学院学报，2007，23（6）：128-129.

[14] 何步新.高校体育选项课网上报名系统选课规则初探[J].安徽体育科技，2008，29（6）：79-86.

[15] 王伟.普通高校公共体育选项课中田径项目遭受冷落的原因及对策[J].吉林体育学院学报，2008，24（6）：102-103.

[16] 卓存杭.我国高校体育选项课教学现状研究[J].赤峰学院学报，2009，25（8）：121-122.

[17] 杨永奇，曹成珠.对影响女大学生体育选项课选择倾向因素的研究[J].哈尔滨体育学院学报，2005，23（4）：45-46.

[18] 陈文山.女生为主体的普通高校体育选项课选择倾向的研究—以首都师大为例[J].首都师范大学学报，2009，30（6）：94-97.

[19] 谭小翠，李信就等.影响大学生体育选项课因素的调查与研究[J].北京体育大学学报，2004，27（7）：959-960.

[20] 李鸿飞.对山西农业大学体育选项课的调查与分析[J].山西农业大学学报，2007，27（6）：224-225.

[21] 董科，曾争.高校学生体育选项课的动机及其影响因素研究[J].成都体育学院学报，2008，37（4）：83-86.

[22] 高卫群.江苏省高职院校体育选项课教学现状分析[J].运动，2010，10（6）：64-65.

[23] 金瑜.心理测量[M].上海：华东师范大学出版社，2005.

[24] 张敏强.教育与心理统计学[M].北京：人民教育出版社，2002：456.

[25] 井淼.网上购物的感知风险研究——基于上海大学生的实证分析[M].上海：上海财经大学出版社，2006：74-77.

[26] 张力为，毛志雄.体育科学常用心理量表评定手册[M].北京：北京体育大学出版社，2004：273.

[27] 邱菀华.现代项目风险管理方法与实践[M].北京：科学出版社，2003：119–121.

[28] 贺国芳.可靠性数据的收集与分析[M].北京：国防工业出版社，1995：33.

[29] BRENNAN, R. L. Element of Generalizability Theory.IowaCity[M]: ACT Publications, 1983.

[30] 凌文辁，方俐洛.心理与行为测量[M].机械工业出版社：2003.

[31] Raykow T.Marcoulides G A .A first course in structural equation modeling Mahwah[J]. NJ: Lawrence Erlbaum Associates,2000.

[32] 教育部办公厅.普通高等学校体育场馆设施、器材配备目录.教体艺厅，2004.

[33] 田麦久.运动训练学[M].北京：人民体育出版社，2000：22–24.

[34] 席连正，冯莉萍.珠海大学园区“三自主”体育教学模式的创新[J].武汉体育学院学报，2012，46（2）：94–97.

[35] 卜范龙.北京市十一学校中学生选课走班新“时尚”[EB/OL].央广新闻：2012，9.

[36] 石岩.我国优势项目高水平运动员参赛风险的识别、评估与应对[M].北京：北京体育大学出版社，2005.

[37] 周三多，陈传明.管理学[M].北京：高等教育出版社，2005：70–71.

[38] Renn O.Perception of risk.Toxicology Letterl,2004，149：405–413.

[39] 秦巍峰.学校体育活动中风险管理策略分析[J].产业与科技论坛，2008，7（4）：200–201.

[40] 沈建明.项目风险管理[M].北京：机械工业出版社，2004：49–161.

[41] Stedman,Granham.*The Ultimate Guide To Sport Event Management And Marketing* [M]. New York: MCGraw–Hilllk, 2001.

[42] 宋兆荣，古桥，相建华.现代健身房服务指南[M].北京：人民体育出版社，2000.

[43] 卓志.风险管理理论研究[M].北京：中国金融出版社，2006：76.

[44] SLOVIC, P., FISCHHOFF, B., & LCIHTENSTEIN, S.. Behavioral decision theory perspectives on risk and safety[J]. Acta Psychologica, 1984，56：

183–203.

[45] CHA, Y. J.. Environmental risk analysis: Factors influencing nuclear risk perception and policy implications[M]. Unpublished doctoral dissertation, the University of New York, Albany, New York, 1997.

[46] MAC GREGOR, D., SLOVIC, P., MASON, R. G., & DETWEILER, J.. Perceived risk of radioactive waste transport through Oregon: Result of a statewide survey[J]. Risk Analysis, 1994，14：5–14.

[47] SIEGRIST, M., & CVETKOVICH, G.. Perception of hazards: The role of social trust and knowledge[J]. Risk Analysis, 2000，20（5）：713–719.

[48] 王梅，温煦，吕燕，刘阳.家庭结构对于青少年健康行为的影响[J].体育科学. 2012，32（05）：34–41.

[49] 方敏.青少年锻炼行为阶段变化与变化过程的关系[J]. 西安体育学院学报.2011，28（03）：349–355.

[50] 于红妍，毛丽娟，张丽君.认知、态度、体育锻炼行为：我国学生体质健康监测效果的多维分析[J].北京体育大学学报. 2012，35（08）84–87.

[51] 徐梓轩.基于阶段变化模型理论的大学生锻炼行为研究[J].南京体育学院学报（自然科学版）. 2015，14（05）：118–124.

[52] 彭漪涟.逻辑学大辞典[M].上海：上海辞书出版社，2004.

[53] 汪晓赞，郭强，金燕，李有强，吴红权，季浏.中国青少年体育健康促进的理论溯源与框架构建[J].体育科学.2014，34（03）：3–14.

[54] 王坤，季浏.青少年体育锻炼习惯的概念模型建构[J].体育学刊.2013，20（05）：93–96.

[55] 杜建军，罗琳.青少年锻炼行为促进模型建构与干预策略研究[J].武汉体育学院学报.2017，51（03）：61–69.

[56] 阳家鹏，向春玉，徐佶.家庭体育环境影响青少年锻炼行为的模型及执行路径：整合理论视角[J].南京体育学院学报（自然科学版）. 2017，31（03）：118–123.

[57] 王先亮.全域视角下青少年体育锻炼行为促进模型的构建[J].体育成人教育学刊. 2019，35（03）：62–69.

[58] 李王杰，刘喜山. 以新冠肺炎之殇触发体育锻炼机遇[J].沈阳体育学

院学报，2020，39（03）：18–22.

[59] 钟秉枢，黄志剑，王凯，车冰清，宋昱.困境与应对：聚焦新型冠状病毒肺炎疫情对体育事业的影响[J].体育学研究，2020，34（02）：9–33.

[60] 胡德刚，宗波波，王宝森，张吾龙.新冠肺炎疫情期间大学生居家体育锻炼行为与促进研究[J].武汉体育学院学报，2020，54（06）：80–86.

[61] Maria Fernandez-del-Valle PhD,M á rcio Vin í cius Fagundes Donadio PhD,Margarita P é rez-Ruiz PhD.Physical exercise as a tool to minimize the consequences of the Covid-19 quarantine: An overview for cystic fibrosis[J]. Medicine & Science in Sports & Exercise . 2002（8）.

[62] Ellemarije Altena,Chiara Baglioni,Colin A. Espie,Jason Ellis,Dimitri Gavriloff,Brigitte Holzinger,Angelika Schlarb,Lukas Frase,Susanna Jernelöv,Dieter Riemann.Dealing with sleep problems during home confinement due to the COVID-19 outbreak: Practical recommendations from a task force of the European CBT-I Academy[J]. Medicine & Science in Sports & Exercise . 2002（8）.

[63] Da Silveira Matheus Pelinski,da Silva Fagundes Kimberly Kamila,Bizuti Matheus Ribeiro,Starck Édina,Rossi Renata Calciolari,de Resende E Silva D é bora Tavares.Physical exercise as a tool to help the immune system against COVID–19: an integrative review of the current literature[J]. Medicine & Science in Sports & Exercise . 2002（8）.

[64] Livio Luzi,Maria Grazia Radaelli.Influenza and obesity: its odd relationship and the lessons for COVID–19 pandemic[J]. Medicine & Science in Sports & Exercise . 2002（8）.

[65] Fabian Schwendinger,Elena Pocecco.Counteracting Physical Inactivity during the COVID–19 Pandemic: Evidence–Based Recommendations for Home–Based Exercise[J]. Medicine & Science in Sports & Exercise . 2002（8）.

[66] Borja Sañudo,Ad é rito Seixas,Rainer Gloeckl,Jörn Rittweger,Rainer Rawer,Redha Taiar,Eddy A. van der Zee,Marieke J.G. van Heuvelen,Ana Cristina Lacerda,Alessandro Sartorio,Michael Bemben,Darryl Cochrane,Trentham Furness,Dan ú bia de S á –Caputo,Mario Bernardo–Filho.Potential Application of Whole Body Vibration Exercise for Improving the Clinical Conditions of COVID–19

Infected Individuals: A Narrative Review from the World Association of Vibration Exercise Experts（WAVex）Panel[J]. Medicine & Science in Sports & Exercise . 2002（8）.

[67] 陈宝玲，卢元镇.家庭对大学生体育意识与行为的影响[J].体育文化导刊.2008（01）：100–102.

[68] 朱瑜，郭立亚，陈颇等.同伴关系与青少年运动动机、行为投入的模型构建[J].天津体育学院学报.2010，25（03）：218–223.

[69] 乔玉成.青少年锻炼习惯的养成机制及影响因素[J].体育学刊. 2011，18（03）：87–94.

[70] 王佃娥，杜发强，韩亚娟.我国城市青少年校外体育锻炼行为变化阶段与变化程序关系的研究[J].广州体育学院学报.2018，38（01）：11–16.

[71] 冉清泉，付道领.青少年体育锻炼行为机制的结构方程模型分析[J].西南师范大学学报（自然科学版）.2013，38（10）：112–118.

[72] 董宝林，张欢，朱乐青等.女大学生体育锻炼行为机制研究[J].南京体育学院学报（社会科学版）.2013，27（06）：91–98.

[73] 高泳.青少年体育参与动力影响因素研究[J].北京体育大学学报. 2014，37（02）：33–38.

[74] 高岩，王先亮.父母支持、同伴友谊质量对青少年运动动机与投入影响[J].天津体育学院学报. 2015，30（06）：480–486.

[75] 苏晓红，李炳光，田英.基于社会生态学模型的青少年体育锻炼行为相关因素分析[J].沈阳体育学院学报. 2017，36（04）：70–76.

[76] 李会超.基于社会认知理论对高校学生体育锻炼行为的研究[J].广州体育学院学报. 2019，39（03）：125–128.

[77] 丁小燕，洪平，张蕴琨.江苏省大学生体育锻炼参与行为现状及影响因素分析[J].中国学校卫生，2019，40（02）：206–209.

[78] 魏统朋，陈丽.新冠肺炎疫情背景下大学生锻炼态度、锻炼行为与身体自尊的关系研究[J].体育科研，2020，41（04）：38–42.

[79] 苗亚坤，李真，梁华伟.大学生社会支持自我效能感和同侪压力对体育锻炼行为的影响[J].中国学校卫生，2020，41（10）：1529–1532.

[80] 全国体育场地统计调查制度（国统字[2020]41号）.国家体育总局体

育经济司.https://www.sohu.com/a/429333688_501176.2020.

[81] 关于全面加强和改进新时代学校体育工作的意见.中共中央办公厅，国务院办公厅.http://www.gov.cn/zhengce/2020-10/15/content_5551609.htm.2020.

[82] 毛振明，丁天翠，蔺晓雨.新时代加强与改进中国学校体育的目标与策略——对2007年以来7个关于学校体育工作重要文件的分析与比较[J].北京体育大学学报.2021，44（09）：2-12.

[83] Martin Fishbein & Icek Ajzen. *Belief, Attitude, Intention and Behavior: an Introduction to Theory and Research*[M]: Addison-Wesley Publishing Company,1975：53.

[84] 于可红，卢依娟，吴一卓.大学生锻炼行为影响因素的结构方程模型分析[J].体育学刊.2021，28（02）：103-110.

[85] 戴海琦，张锋.心理与教育测量[M].山东：暨南大学大学出版社，2018：49-50.

[86] 风笑天.社会学研究方法[M].北京：中国人民大学出版社，2001.

[87] 张文彤，董伟.SPSS统计分析高级教程[M].北京：高等教育出版社，2011：364.

[88] 中国健康教育中心.新型冠状病毒感染的肺炎健康教育手册[M]北京：人民卫生出版社，2020：76.

[89] 国家体育总局社会体育指导中心中国健美协会.健身指导员基础理论教程[M].北京：人民体育出版社，1999：120-122.

[90] 国家体育总局健身气功管理中心编.健身气功社会体育指导员培训教材[M]北京：人民卫生出版社，2007：4.

[91] 黄龑.中考体育存在的问题与对策分析[J].体育文化导刊，2010，（8）：87-90.

[92] 金永明，孟金荣.全国中招升学体育考试存在问题研究与对策[J].体育教学，2010，（7）：36-38.

[93] 王瑞元等.运动生理学[M].北京：人们体育出版社，2002：373-379.

[94]《体育保健学》编写组.体育保健学[M].北京：高等教育出版社，1987：190.

[95] 中国社会科学院语言研究所词典编辑室.现代汉语词典[M].北京：商

务印书馆，2010：409.

[96] 汪忠，黄瑞华.国外风险管理研究的理论、方法及其进展[J].外国经济与管理，2005，27（2）：25-31.

[97] Yates,J F & Stone E R.Risk appraisal[A].In J.F.Yates（Eds.）.Risk taking behavior[C].New York:John Wiley & Sons Ltd.,1992：387-408.

[98] 满昌慧.不同类型学生体育安全风险特征探析[J].中国林业教育，2011，29（2）：12-14.

[99] WILLIAMS C A,HEINS RM. *Risk management and insurance*[M].New York:McGraw-Hil,1964.

[100] 陈仕亮.风险管理[M].成都：西南财经大学出版社，1994.

[101] 杨亚琴，邱菀华.学校体育教育组织过程中的风险管理研究[J].西安体育学院学报，2005，22（5）：84-88.

[102] 王苗，石岩.小学生体育活动安全问题与风险防范理论研究[J].体育与科学，2006，27（6）：36~40.

[103] 石岩.中小学体育活动风险管理[M].北京：北京体育大学出版社，2012：66，123.

[104] 刘红，石岩.风险管理视角下我国大学生体育活动猝死问题研究[J].中国体育科技，2008，44（5）：95-102.

[105] 侯柏晨，孙玉琴.高校体育运动风险管理与防范策略研究[J].哈尔滨体育学院学报，2007，25（2）：12-14.

[106] 钱民辉，乔德才.高考体育测试指南[M].山西：山西人民出版社，1992：485-505.

[107] 陈俊.学校体育活动中运动性猝死研究进展[J].实用医技杂志，2009，16（6）：448-449.

[108] 石岩，吴慧攀. 运动员参赛心理风险的理论建构[J].体育与科学，2009，（1）.

[109] 黄希庭等.运动心理学[M].上海：华东师范大学出版社，2003：326.

[110] 刘宇晔.学生体育考试前情绪的自我控制与调节[J].江苏教育学院学报（自然科学版）,2004，21（3）：109-111.

[111] 胡英清.科学健身运动相关问题分析[J].体育学刊，2003，10（1）：

63–66.

[112] 喻坚，刘林箭等.中考体育加试存在的问题及对策[J].山西师大体育学院学报，2004，19（2）：1–3.

[113] 叶万华.无差错工作法与体育安全之我见[J].体育成人教育学刊，2003，19（2）：105–106.

[114] 仵晓民，党炳康.对中招体育考试若干问题的研究[J].渭南师范学院学报，2001，16（6）：92–94.

[115] 刘红，石岩.学校体育活动风险告知理论与方法的研究[J].体育与科学，2009，30（4）：92–96.

[116] 苗苗.大学生志愿者体育赛事服务风险管理研究[D].山西大学，2012.

[117] 石岩，宋洲洋.中老年人体育锻炼风险认知研究[J].体育与科学，2010，31（1）：73 – 80.

[118] 祝蓓里，季浏.体育心理学[M].北京：高等教育出版社，2000：34.

[119] Ivan lewis. Safe Practice in Physical Education and School Sport [M]. New York, 2004：180–202.

[120] Laflamme, Lucie.School–injury patterns: a tool for safety planning at the school and ommunity levels[J]. Accident Analysis & Prevention, 1998, 30（2）：277–283.

[121] 刘宁宁.大学生体质健康干预与科学健身方略研究[M].北京：中国书籍出版社，2021.

[122] 袁方.社会研究方法教程[M].北京：北京大学出版社，1997：408.

[123] 郑旗.体育科学研究方法[M].北京：人民体育出版社，2006：273.

[124] 范明志，陈锡尧.对我国重大体育赛事风险识别的初探[J].体育科研，2005，26（2）：26–29.

[125] 王迪迪.浅谈事故树分析在学校体育安全风险管理中的应用[J].运动，2011，3(19)：1–3.

[126]（美）小罗宾 · 阿蒙，查理德 ·M.索撒尔，大卫 ·A.巴利尔.体育场馆赛事筹办与风险管理[M].沈阳：辽宁科技出版社，2005：92.

[127] 纪宁，巫宁.体育赛事经营与管理[M].北京：电子工业出版社，2004：138.